当代德国教育经典译丛
丛书主编 彭正梅

理论与实践
教育学基本问题引论
修订版

[德]温弗里德·博姆◎著
（Winfried Böhm）
顾 娟 彭正梅◎译

华东师范大学出版社
·上海·

图书在版编目（CIP）数据

理论与实践：教育学基本问题引论/（德）温弗里德·博姆著；顾娟，彭正梅译.—修订版.—上海：华东师范大学出版社，2023

ISBN 978-7-5760-4004-3

Ⅰ.①理… Ⅱ.①温…②顾…③彭… Ⅲ.①教育学—研究—德国 Ⅳ.①G40-095.16

中国国家版本馆CIP数据核字（2024）第021027号

Theorie und Praxis: Eine Einführung in das pädagogische Grundproblem
By Winfried Böhm
ISBN：9783826046933
Copyright © Verlag Königshausen & Neumann GmbH，Wuerzburg 2011
Simplified Chinese translation copyright © 2024 by East China Normal University Press Ltd.
All rights reserved.
上海市版权局著作权合同登记　图字：09-2015-878号

理论与实践：教育学基本问题引论
（修订版）

著　　者　[德]温弗里德·博姆（Winfried Böhm）
译　　者　顾　娟　彭正梅
项目编辑　范美琳
责任校对　郑海兰
装帧设计　俞　越

出版发行　华东师范大学出版社
社　　址　上海市中山北路3663号　邮编 200062
网　　址　www.ecnupress.com.cn
电　　话　021-60821666　行政传真 021-62572105
客服电话　021-62865537　门市（邮购）电话 021-62869887
地　　址　上海市中山北路3663号华东师范大学校内先锋路口
网　　店　http://hdsdcbs.tmall.com

印　刷　者　苏州工业园区美柯乐制版印务有限责任公司
开　　本　890毫米×1240毫米　1/32
印　　张　8.75
字　　数　212千字
版　　次　2024年12月第1版
印　　次　2024年12月第1次
书　　号　ISBN 978-7-5760-4004-3
定　　价　65.00元

出版人　王　焰

（如发现本版图书有印订质量问题，请寄回本社客服中心调换或电话021-62865537联系）

丛书总序

一

德国是教育学的故乡。在那里,教育学被尝试从不同角度做成一个个带有体系性的艺术品,这与当今盛行的英美教育研究是不同的。英美更多地寻求从儿童与成人类似的行动、从社会生活与学校生活的直接统一中去理解教育,并借以推动教育研究,而不寻求建立具有自身逻辑或学科性的教育学。

我国的教育则介于两者之间。我们对教育的理解,不仅强调"学",也强调"习",但更加强调的是"学而时习之",也就是说,"学"是永恒的,而"习"则是"不时的",并不像杜威(John Dewey)那样,把"学"与"习"直接统一起来,强调"Learning by doing"。在儒家传统看来,"学"是"学习成为人",是根本要求,是绝对命令,而"习"是需要契机的,受制于人生此在的偶然境遇。或"独善其身",或"兼善天下",是穷达的问题,是"时习之",但"学"是无条件的。因此,对于好学且早逝的颜回,孟子说:"禹、稷、颜回同道。禹思天下有溺者,由己溺之也;稷思天下有饥者,由己饥之也,是以如是其急也。禹、稷、颜子易地则皆然。"

"学"与"习"的这种关系也预示着,学习有时不是为了"习",或暂时不是为了"习",或暂时不需要"习"。这就为一种人为性的教育开启了空间,即在这种人为的而非自然的空间中,帮助人迈向这种终身性的学习之旅的活动,就是教育;而探讨如何帮助人走向终身性的学习之旅的学问,就是教育学。由于教育活动这种独特的人为性,教育学内在地拥有着自己的逻辑和使命。这是我们教育传统的基本特点。这也是为什么,尽管我们现在大力倡导英美式的教育理解和教育研究,但相对而言,我们对强调教育、教化自身逻辑的德国教育学传统有着更多的亲近感。

就像德国古典哲学及马克思主义哲学在中国的深沉接受一样,与德国哲学相连的德国教育学与我们传统的教育思考,也有着深层的呼应。例如,德国古典美学与中国文化的美育关怀有着令人难以置信的契合。因此,在阅读国内教育学者的作品以及在与他们的交谈中,我都能感受到并确信中德教育这种深层的呼应。对于中国学者的这样一种感受以及我的导师李其龙先生多年来的引导和示范,还有我与德国当代教育学家本纳(Dietrich Benner)二十多年以及与迈尔(Hilbert Meyer)十多年的密切交往,鼓励和促进着我对德国教育学的兴趣和研究。

但我对德国教育学的理解则只能是我的理解,或只是"一"种理解。因此,一直以来,我很想把当代德国流传最广的几部教育学经典作品引入到中文世界之中,让更多的同道和同仁与之直接对话,以激发更多不同的理解,以激发我们自己的教育学思考和促进教育学建设。

或者说,让作品自己说话,因为作品更能激发作品。

具体而言,出版这套丛书有以下五个目的。

第一,弥补文献。目前国内对德国第二次世界大战以后的教育作品引入不多,几乎还停留在言必称赫尔巴特的阶段,不能反映德国在赫尔巴特(Johann Friedrich Herbart)之后的教育学思考及进展。近年来,本纳及布雷钦卡(Wolfgang Brezinka)的作品开始被引入,但德国特色的精神科学教育学或文化教育学的作品及对其批判改造的作品一直没有被引入。

第二,强调教育基本原理的价值。随着教育研究的日益功利化和工具化,教育的基本原理相对受到忽视和轻视。作为一个曾经的后发国家,现代德国经历过皇帝时代、纳粹时代、被美苏占领时代、社会主义时代、资本主义时代和全球化时代,有着丰富的教育原理思考。本套丛书所选图书都是关于教育的基本原理或基本思想的作品。从德国教育传统来看,教育原理的最高境界是体系的艺术品。

第三,增加对德国教学论的理解。在德国,普通教学论与普通教育学两门学科有差异,但也具有高度的一致性。夸美纽斯(John Amos Comenius)的《大教学论》是一本教育原理的经典。国内对德国教学论的理解和认知,主要还是停留在赫尔巴特的教学论上,尽管华东师范大学出版社出版了当代德国著名教学论专家迈尔的四部研究作品。因此,本套译丛也选择了两本教学论作品,一本是克林伯格(Lothar Klingberg)的马克思主义教学论,一本是克拉夫基(Wolfgang Klafki)的批判—建构教学论。在我看来,推动对德国教学论的理解还需要引入德国原创性的教学论经典。

第四,彰显教育的文化性和人文性。目前我们对教育学的思考,正在受到排斥人的尊严、文化性和历史性的过度的实证研究的威胁,迫切需要重申教育学的人文性、文化性、历史性、自主性和世界开放性。教育和教育研究要捍卫成长中的个体的人的尊严以及对此进行思考的教育学的尊严,要对抗那些把教育学缩减为研究眼动和扫描大脑图像的实证风气。本套译丛所选择的几部作品都是反对唯实证主义的研究。

第五,显示启蒙与文化的辩证。教育学固然具有文化性,但不是固守文化性。我们需要批判性地对待他人的文化,但同时也要批判性地对待自己的文化,走向文化和启蒙的辩证。没有文化的启蒙是危险的,没有启蒙的文化是愚蠢的。这是教育学对待一个正在启蒙的全球化时代的基本原则,也是德国教育学经历了不同历史时期的基本经验和教训。

这里拟结合本套丛书的选本对第五个目的略加阐释。本套丛书主要涉及德国文化教育学及其危机之后的发展。

在我看来,在德国现代教育原理的百年发展中,存在着一种启蒙与文化的恒久辩证。赫尔巴特继承了康德(Immanuel Kant)的教育的目的就是使每个人都能够到达"独立使用自己理性的成年状态"的理想,建构了德国具有启蒙精神的教育学体系(1806年出版的《普通教育学》)。但是,赫尔巴特教育学缺乏批判的历史意识或文化意识,无法回应生命成长的历史性和文化问题。

(1) 这种强调文化意识的教育学体现在弗利特纳(Wilhelm Flitner) 1933 年出版,1997 年已是第 15 版的《普通教育学》(*Allgemeine Pädagogik*,本套丛书的第一本)之中。

(2) 但在 20 世纪 60 年代初,这种文化教育学(即精神科学教育学)走向了终结。因为在经验教育学家特别是布雷钦卡看来,它缺乏实证精神和科学证据,无力为教育实践提供有效的方案。而批判教育学认为,文化教育学缺乏批判精神,无法回应新的现实,因此呼唤教育学要重新回到康德的启蒙精神。1963 年,克拉夫基出版了他对文化教育学的教化理论和教学论的理解,并提出了范例的教学论思想。但为了顺应"解放而不是教化"的新时代批判转向,克拉夫基又修正了自己的研究,这体现在 1985 年出版,2007 年已是第 6 版的《德国教化理论和教学论新论》(Neue Studien zur Bildungstheorie und Didaktik,本套丛书的第二本)之中。批判教育学主要借助法兰克福学派的社会批判理论,强调个体的成年状态取决于社会的成年状态,因而在某种意义上是对康德启蒙精神的启蒙。

(3) 但是,在德国教育学不断走向社会批判、意识形态批判和经验研究之际,具有深厚人文传统和哲学传统的教育学界又表达了对教育学被其他学科"殖民"的忧虑,再次强调教育和教育学中的文化关联和辨证本质。出身于文化教育学传统后来又倡导转向批判教育学的莫伦豪尔(Klaus Mollenhauer)在 1983 年出版,2008 年已是第 7 版的《遗忘的关联:论文化与教育》(Vergessene Zusammenhänge: Über Kultur und Erziehung,本套丛书的第三本)中,重新从文化的视角来探讨教育学的基本问题,同时也显示了德国教育学的审美转向。

(4) 博姆(Winfried Böhm)则在 1995 年出版,2011 年已是修订版的《理论与实践:教育学基本问题引论》(Theorie und Praxis: Eine Einführung in das pädagogische Grundproblem,本套丛书的第四本)中,借助亚里士多德对技术、实践和沉思的区分,通过对教育思想史的考察,再次确认教育学本质上是一种实践的教育学,而不是技术学。

(5) 受马克思主义影响的德国教育学家克林伯格在其 1990 年出版的《论教师和学生在教学中的地位》(Lehrende und Lernende im Unterricht,本套丛书第五本)中,从马克思主义的视角指出,师生在教学中的位置存在着一种引导和自我活动的辩证关系。

(6) 本纳则在 1973 年出版,2001 年已是第 4 版的《教育科学主要流派》(Hauptströmungen der Erziehungswissenschaft Eine Systematik traditioneller und moderner Theorien,本套丛书的第六本)中,对德国的现代教育学进行了历史反思,提出了教育学的发展模式。在这种反思的基础上,本纳在其1987出版,2015年已是第8版的《普通教育学》中,从启蒙和文化的辩证的更高层面捍卫了现代教育学的自身逻辑。

因此,本套丛书所选择的六本德国当代经典涉及不同的教育学流派,在逻辑上体现了相互之间存在的某种呼应和回应,体现了德国当代教育学发展中的文化与启蒙的辩证。

多年来,国内教育学界对德国教育学都怀着积极的浓厚兴趣。我之所以去做这些不算学术成果的译介工作,是想回应国内那些对教育理论感兴趣的无数同道中人的直接和间接的关注与支持。

当然,更为重要的是华东师范大学教育学的传统和同仁的鼓舞,特别是叶澜先生的鼓励。叶澜先生指出,不要指责教育学,而是要建设教育学。而我本人也很荣幸地参与到叶先生团队的生命实践学派的建设和讨论中,并自觉地捍卫教育的自身逻辑。而她本人也对德国教育学有很深的兴趣和认识。从德国的教育传统来看,我们现在关于教育学及教育研究的某些提法和做法,失之偏颇,且遗忘了我们自己的传统。

人总是要劳作,人总是要在既定的条件下劳作。而我愿意为教育学而劳作,教育学就是我诗意栖居之处。我确信,而且我也发现,华东师范大学有很多对教育学有情怀的同仁。

我行走在丽娃校园已有二十余载了,徘徊或无奈中,总会感受到三种风景及基于连类取譬的教育学的多元视野。请往下看。

二

普陀东南有名苑,入其中,可见三处景观,可得三重视角。

时代的钟:进入园中,直行200米,便可看到一个巨大的钟,立于一个环形小园之中。小园连通着若干道路,拥挤的人车来往穿行,似乎为不停奔走的时针所驱使,神色匆匆、颜色憔悴。驻足而观,似多不知其所止。

文史的楼：行走的人啊，为什么这么匆匆。倘若后退几步，就会发现有古银杏林，可以休憩，可以徜徉。再退几步，就会发现文史的楼，入其中，或可想象威仪三千，琉璃世界。手之舞之，足之蹈之。走出文史的楼，再看时钟前茫然竞奔的路人，当有行迈靡靡之感。

望月的桥：穿过时代的钟，一座小桥静卧于丽娃河上。立于桥上，抬望明月阴晴圆缺，遂有追问"不动"之思；俯观丽娃粼粼的、流变的微波，难道那不是在昭示纯粹的、清澈的恒定世界？

作为比较教育学人，我常来往于这三个景观之间，或受教益，或有兴发。从这三种风景，亦可得多元的教育学视角。

现实的钟，会引发实证观察以及教育的兴趣。人心怨慕，风俗盛衰，天地生机，见人生足壮观。诗曰："绵蛮黄鸟，止于丘隅。岂敢惮行，畏不能趋。"诗又曰："饮之食之，教之诲之。命彼后车，谓之载之。"

文史的楼，可以兴发我们解释学的人文视角。教育学是人学，"天真的""非量化的"教育学，要优于"不天真的""算计的"实证主义"教育科学"。文化即是人性，即人的曾经的高度。没有贝多芬，何以解释儿童的音乐天赋。诗曰："人而无仪，不死何为。""岂曰无衣？与子同袍。"纲纪礼乐即同袍同衣，是精神的外化，是人的栖居之所。不学《诗》，何以表达自我，何以慎终追远。

望月的桥，可以感兴原理的兴趣，追寻大道至简的模式。苏子说："照野弥弥浅浪，横空隐隐层霄。"王国维先生忧虑地问："试问何乡堪着我？"诗曰："月出皎兮，佼人僚兮。舒窈纠兮，劳心悄兮。"诗又曰："所谓伊人，在水一方。溯洄从之，道阻且长。"

当然，还需要超越三种风景、三种视角的比较视野。我们总会想象和渴望域外的风景，人生安顿总是在别处。没有别处，就不会吾爱吾庐。在实证的、文史的和原理的视野中,还需要一种比较的视野。没有比较,何以了解自我,何以建构自我。没有自我,只能跟随他人。但封闭起来,独搞一套,空气污浊,危害亦大。从建构主义来看,从来都没有所谓的纯粹的照搬照抄。在开放和比较中,自我总是在感悟,总是在思考,总是在形成,总是在发展,总是在建构。在封闭中,只有暗弱、孤芳自赏和巨大的坟式的金字塔。

教育学需要实证的、历史的、原理的以及比较的视野。而比较的视野较为困难,其捷径之一就是借助翻译。多年来,我乐此不疲地做翻译,并把翻译视为比较教育研究的必要部分,依本人浅见,中国教育学的某些关怀和争论,在德语、英语和其他语种世界中早已经历过。我很早就想把这些争论及发展展现给国内同行,鼓舞其勇敢地孤行,使其避免不必要的重复,特别是不必要的眷恋和迟疑。当然,这里的假设是,人类必须走向对某些共同人性的培育,否则我们这个地球会面临更多无法解决的问题。各种力量都可以参与共同人性的商议和塑造。陆九渊说:"东海有圣人出焉,此心同也,此理同也;西海有圣人出焉,此心同也,此理同也;南海北海有圣人出焉,此心同也,此理同也。千百世以上有圣人出焉,此心同也,此理同也;千百世以下有圣人出,此心同也,此理同也。"

三

2006年,我主导翻译并出版了本纳的《普通教育学》(华东师范大学出版社)。后来又翻译了布雷钦卡的《教育目的、教育手段和教育成功:教育科学体系引论》(华东师范大学出版社)和《信仰、道德和教育:规范哲学的考察》(华东师范大学出版社)、《康德论教育》(与李其龙先生合译,人民教育出版社)、《赫尔巴特教育论著选》(浙江教育出版社)、尼采的《论我们教育机构的未来》(商务印书馆)和《不合时宜的考察》(商务印书馆)。因此,加上目前这套丛书,相信读者诸君可借以窥见当代德国教育学的脉络及其特色建构了。

感谢华东师范大学出版社高教与职教分社的领导和编辑,正是他们独特的眼光和勇气,才使得我多年的心愿得以实现。这套青年时期就想做的丛书,像朵小梅花,等到了冬天才开放。但愿读者不要嫌她开得太迟。

最后,要特别感谢我年近八十的恩师李其龙先生。他不仅给了我在学术及人生方面的诸多教诲和教导,还停下手头《雅斯贝尔斯论教育》的翻译工作,亲自加入到本套丛书的翻译之中。其次,要感谢我的博士生顾娟,她对本套丛书的翻译和校对做出了重要贡献。还要感谢参与翻译和讨论的师生们,他们是张莉芬、苏娇、丁莉、彭韬、郭悦娇、毛云琪、温辉和张诗琪。

本套丛书是集体劳作的成果。

希望如此的辛劳,能激发有国际视野、中国特色的教育学的发展。一棵树摇动一棵树,一本书摇动一本书,一种情怀摇动一种情怀。

彭正梅于丽娃河畔

2024 年 5 月 20 日

导读篇

超越"个体化"与"社会化":
博姆人格主义教育学思想解析

德国当代著名教育学家博姆认为,现代教育的航船始终在"个体化"和"社会化"两大旋涡之间徘徊,难以前行。"个体化"尊崇卢梭的自然教育思想,关注的是个体的自然发展,因而要求教育遵循个体的自然发展规律。与之相对,"社会化"尊崇涂尔干的教育社会学思想,关注的是人对社会规则的适应,因而主张教育就是训练人适应未来的社会生活。但在博姆看来,无论是"个体化"还是"社会化",其本质上都是受制于技术主义的思维,把人当作产品进行培育:"个体化"培育符合遗传规律的产品,"社会化"培育符合社会规则的产品。由此导致的局面是,现代教育脱离了教育本应拥有的"实践"本质,蜕变成制造性的"创制",相应地,现代教育科学也忽略了作为"实践哲学"的传统教育学,转而以自然科学为典范构建自身。

要拯救现代教育和教育科学于上述困境,唯一的道路便是,让人格成为教育和教育科学研究的原则与核心。只有充分尊重人格的尊严和自由,充分发挥人格的自主性,让受教者积极参与教育的目的和价值的探讨,并启发受教者自主负责自我的教育和人生,才能让受教者摆脱被动屈从遗传规则或是被动遵从社会规则的两难境地。这就意味着,以人格为核心的教育既不强调个体化,也不强调社会化,而是看重人格的自主抉择和自由行动,但它也并不否定个体和社会。人格必须考虑到人作为个体的自然特性以及所处社会的历史条件,在此基础上决定自己成为什么,并依据自己的抉择构建自己的人生。正是这种自主和自由造就了人的尊严和伟大。

博姆倡导以人格为教育核心的思想来源于他的人格主义教育学。人格主义教育学是在现代人格主义直接影响下形成的教育学思想,这种思想盛行于法国和意大利,博姆对之注入德国本土特色后,使之在德国沉淀了重要的学术影响力。借助人格主义教育学,博姆试图超越"个体化"和"社会化"这两种现代教育的常规范式,寻求第三条道路,以化解两种范式之间不可调和的矛盾①。这种尝试在德国是独具特色的,不仅仅因为它摒弃了"个体化"和"社会化"二元对立的思维,还因为它利用近现代的科学标准,证明了传统教育学的科学性,从而捍卫了传统教育学的地位。本文首先介绍现代人格主义(以下简称人格主义)的人格理解,因为其奠定了人格主义教育学的思想根基,而后进一步介绍博姆人格主义教育学的基本思想,最后剖析博姆人格主义教育学的意义。

一、人格主义视域下的人格

人格主义集结西方人格传统形成了自己的人格理解。这样一种集大成于一体的人格内涵是人格主义应对时代危机作出的回应,其承载了人格主义的精神内核,也为后来的人格主义教育学奠定了思想基础。

---

① Harth-Peter, W. Das Kind im Lichte personalistischer Pädagogik[J]. Das Kind, 1991 (10): 44, 46–47, 49–50, 40.

（一）人格主义的精神内核

人格主义源于 20 世纪 30 年代初在法国兴起的一场以人格为思想旗帜的文化批判运动。这场运动的发起者们认为，人类社会已经深陷一场威胁人类自身存在的文化危机，具体表现为盲目追求科学化，宗教精神淡漠以及妄自迷恋人的力量。在这些意识的驱使下，人类不顾地球的承受限度大规模地开发自然，不顾人的自由和尊严把人作为技术发展的工具和对象。如果任由这一危机继续发展，人将丧失自己最根本的属性——人格。

为了摆脱这一危机，以法国哲学家艾曼纽·穆尼埃（Emmanuel Mounier）、加布里埃尔·马塞尔（Gabriel Marcel）、保罗·利科（Paul Ricœur）为代表的一些革命者呼吁重拾古典哲学、基督教和人文主义的传统，建立一种与近代自然科学和技术科学相对的科学观。这种科学观尊崇人格的主导地位，以之为出发点对人进行观察和思考，并继而让观察和思考所得的结论成为引领人类一切重要事务的准绳。穆尼埃在 1936 年所著的《人格主义宣言》（Manifeste au service du personnalisme）中认为，凡是持有这一科学观的思想和文化理念都应归属于人格主义[1]。

从穆尼埃对人格主义的定义可见，人格主义是一种思想流派，而非局限为某种特定的思想。然而在意大利哲学家里格贝罗（Armando Rigobello）看来，只有穆尼埃创建的人格主义才是狭义的、真正意义上的人格主义[2]。这是因为，真正的人格主义必须对人

---

[1] Böhm, W. Theorie und Praxis. Eine Einführung in das pädagogische Grundproblem[M]. Würzburg: Verlag Königshausen & Neumann GmbH, 2011: 124, 134, 133, 120, 126, 21 – 23, 31, 58, 180, 147 – 159, 43, 138, 140.
[2] Harth-Peter, W. Religion und Bildung im Lichte des modernen Personalismus[A]. In: Heitger, M., Wenger, A. (Hrsg.). Kanzel und Katheder. Zum Verhältnis von Religion und Pädagogik seit der Aufklärung[C]. Paderborn: Ferdinand Schöningh, 1994: 514 – 515, 524, 514.

格内涵有着明晰的界定,把人格视作人身上原初、本真的存在,并且同时把人格作为思想的核心。广义的人格主义可能对人格具有较为清晰的认识,但却没有把人格作为其思想的根基;而那些对人格的内涵尚且认识不清,却自称为人格主义的流派其实配不上"人格主义"的称号。

美国学者杜瓦(Dries Deweer)认为,穆尼埃创建的人格主义的思想核心是,描述一种保障人格的自由和发展的社会制度的先决条件。虽然社会制度不可能完全做到服务于每一个个体人格,但其可以解决三重任务:一是消除压迫;二是维护人的自由和独立;三是使责任成为社会生活的基础。任务的解决需要依靠国家的地位和作用,因此穆尼埃又设想了"一个为多元社会服务的国家"的理念。这不是一个集中所有权力的国家,而是一个通过各种各样的社区和机构运作的国家,这些社区和机构构成了相互平衡的政治共同体。[①]

在穆尼埃看来,这样的国家应当发展个性化的民主。个性化的民主需要一个以自由、责任和正义为精神的制度框架,从而尽可能保障每一个个体人格都能在这种制度中发展自我,实现自我。同时,个体作为社会公民也应当最大限度地参与国家政治。因此,人格主义希望建立一种广泛的自下而上的政治民主,并通过赋予社区尽可能大的政治自主权来保持国家政权与人民的紧密联系。[②]

总而言之,穆尼埃创立的人格主义有着强烈的政治诉求,其精神内核是,只有把人理解为人格,只有恢复对人的尊严和自由的尊

---

① Deweer, D. Mounier and Landsberg on the Person as Citizen: The Political Theory of the Early Esprit Movement[J]. American Catholic Philosophical Quarterly, 2014, 88 (03): 491 - 497, 508 - 509.
② Deweer, D. Mounier and Landsberg on the Person as Citizen: The Political Theory of the Early Esprit Movement[J]. American Catholic Philosophical Quarterly, 2014, 88 (03): 491 - 497, 508 - 509.

重，才有可能建立一种具有个性化民主的社会文明。在这种社会中，每个人都能过上最充实的生活，得到最全面的发展，并且能够最大化参与社会政治生活，相应地，每个人也都应作为道德主体坚守对自己、对他人以及对社会的承诺和责任。

由此可见，人格主义旨在帮助每一个具体的人在社会这个大的共同体中获得有尊严、有希望、有意义的人生。这一立意的形成与人格主义的上帝视角有着不可分割的联系。人格主义把人格视为上帝本性在人身上的延续，由此，人获得了与上帝对话的能力，也获得了与他人对话、交流的能力，人与人之间因而建立起紧密的联系，形成了人格的共同体。在这种共同体中，每个人都是上帝的子民，都有自己的人格，因而都有权利、有能力度过有尊严、有希望、有意义的人生。与之相对，穆尼埃批判萨特的存在主义是一种绝望哲学，因为它缺失上帝的视角，导致人丧失了与他人之间的关联，变成了孤立、孤独的事实存在[1]。

(二) 人格主义的人格内涵

从人格主义的精神内核中，我们可以窥见人格离不开自由、尊严这些关键词语。事实上，这些字眼早在文艺复兴时期就被人文主义郑重提出，之所以它们会被人格主义再次赋予极高的价值，源于现代社会对人的客体化、物质化和工具化所造成的对人的自由和尊严的践踏。然而，仅仅重提人的自由和尊严，在人格主义看来是不够的，穆尼埃认为，要解决现代社会的弊病，必须首先全面纠正现代社会对人的本性的扭曲认识。因此，人格主义首先致力于对人格的内涵作出明晰的界定。

---

[1] Harth-Peter, W. Religion und Bildung im Lichte des modernen Personalismus[A]. In: Heitger, M., Wenger, A. (Hrsg.). Kanzel und Katheder. Zum Verhältnis von Religion und Pädagogik seit der Aufklärung[C]. Paderborn: Ferdinand Schöningh, 1994: 514–515, 524, 514.

人格概念有着悠久的历史。事实上,"人格主义"这一说法也并非由穆尼埃等人首创,因此其人格主义经常被冠以"现代人格主义"的名号。人格最早可以追溯到早期基督教神学对人的理解。例如,早期基督教神学家德尔图良(Tertullian)就使用了 Persona(Person 的拉丁文写法)这个词,来指称个人身上区别于旁人的特质①。德尔图良进一步认为,上帝同时拥有"圣父""圣子""圣灵"三种不同的人格,这三种人格共为一体,本性相同,同为永恒。由此,"三位一体"的说法首次被提出。古罗马帝国时期基督教神学家奥古斯丁(Aurelius Augustinus)丰富了德尔图良的"三位一体"理念,把上帝的本性延续到个人身上,认为个人身上的人格就是上帝本性的复刻②。

作为上帝本性复刻的个人人格显然是拥有强大的能动性和生命力的。然而,进入中世纪后,这种生命力却在人格概念逐渐固化的定义中慢慢丧失了。例如,中世纪早期基督教神学家波爱修斯(Boethius)把人格理解为"拥有理性为本性的个别实体"("naturae rationalis individua substantia")。这种理解聚焦的是理性以及经院哲学的核心概念——实体(Substanz)。实体指向的是一种存在(Sein)概念,即一种"独立存在的、承载所有可能的属性的载体"③。相比之前人格作为上帝本性的复刻,"以理性为本性的载体"的人格概念

---

① Hillaker, A. P. Substance and Person in Tertullian and Augustine[J]. Fidei et Veritatis: The Liberty University Journal of Graduate Research, 2018 (1): 6.
② Schweidler, W.. Der Personbegriff aus Sicht der Philosophie. Zur Aktualität des Personbegriffs[A]. In: Hackl, A., et al. (Hrsg.). Werte schulischer Begabtenförderung. Begabungsbegriff und Werteorientierung[C]. Frankfurt am Main: Karg-Stiftung, 2011: 26 – 29, 30 – 31.
③ Ludewig, C. Der Substanzbegriff bei Cartesius im Zusammenhang mit der scholastischen und neueren Philosophie[J]. Philosophisches Jahrbuch, 1892 (5): 157 – 171.

缺乏了感性、活力和生机①。

  直到文艺复兴时期人文主义出现，人格的理解才重新被注入生命的活力。人文主义对人格的理解既吸收了古代社会的世俗认知，也吸收了基督教的思想。按照古罗马律法，只有那些遵照自由意志做出行动的人才是有人格的。此外，在古希腊、古罗马的戏剧中，有关人格的理解存在于一种被叫做 Personare（Persona 的动词形式）的过程当中，这个过程就是舞台演员扮演角色的过程。观众看重的是，演员能否在这个过程中自由地处理自我和角色的关系，以及能否做出合适的选择去诠释角色的特点。② 由此可见，古代社会对人格的世俗认知也已经关注到了人的自主选择和自由行动这两个重要的要素。加之基督教中认为人与上帝相似（Gottebenbildlichkeit）的思想，人文主义最终把人格理解为拥有自主性，能够自主抉择和构建自我生命的主体存在③。

  人文主义对人格的理解奠定了穆尼埃等人格主义者对人格的定义。事实上，在穆尼埃看来，现代人格主义就是一场"新文艺复兴运动"④，通过这场运动，现代社会面临的文化危机应当得到解除，并且能够建立起一种新的文明。这种文明建立在人的本性——人格之上，而人格就是理性（Vernunft）、自由（Freiheit）、语言

---

① Harth-Peter, W. Religion und Bildung im Lichte des modernen Personalismus[A]. In: Heitger, M., Wenger, A. (Hrsg.). Kanzel und Katheder. Zum Verhältnis von Religion und Pädagogik seit der Aufklärung[C]. Paderborn: Ferdinand Schöningh, 1994: 514 – 515, 524, 514.
② Harth-Peter, W. Das Kind im Lichte personalistischer Pädagogik[J]. Das Kind, 1991 (10): 44, 46 – 47, 49 – 50, 40.
③ Schweidler, W. Der Personbegriff aus Sicht der Philosophie. Zur Aktualität des Personbegriffs[A]. In: Hackl, A., et al. (Hrsg.). Werte schulischer Begabtenförderung. Begabungsbegriff und Werteorientierung[C]. Frankfurt am Main: Karg-Stiftung, 2011: 26 – 29, 30 – 31.
④ Mounier, E. Der Personalismus[M]. Hamburg: tredition GmbH, 2021: 1.

(Sprache) 紧密结合形成的统一体，同时也是存在（Sein）、认知（Wissen）和欲望（Wollen）的统一体①，且这个统一体有着动态的张力②。动态张力产生的原因是，人一方面是按照上帝的样子创造出来的，因此生而具有人格，生而拥有理性、自由、对话的能力于一体；另一方面，人又必须要成为人格，即成为会思考、会交流、会自由行动的人。利用与生俱来的理性、自由和对话的能力，去认知自我、决定自我，最终实现自我，这就是人格的动态张力，也是人的毕生使命。

当然，人格不只是一个以自我为中心的主体，其同时也还处在与他人的人格关联和社会关联中。人格的社会关联与人格的自我实现同等重要，且自我实现必须置于社会关联之下。因此，要正确理解一个人的人格，需要从多个方面进行思考，包括个人对自我和世界的认知，个人与自我的关系，个人的自我实现，个人与他人和社会的关系，以及社会对个人的影响等③。

总的来说，人格主义所理解的人格是人身上存在的、让人成为"真正的人"的那部分特质。这部分特质不像人的生理特征、心理特质和社会属性那样，可以通过经验性的研究被检测和描述出来。相反，人格只能依靠人的内在体验被人感知到。人格的可贵之处在于：一方面，人格能够认知到个体存在的生理、心理和社会特点；另一方面，人格也认识到，自己可以且有能力跳出自然和社会赋予自己的限制特性，努力成为自己想要成为的样子。然而，实现这一目标

---

① Böhm, W., et al. Projekt Erziehung. Ein Lehr- und Lernbuch[M]. Paderborn: Ferdinand Schöningh, 2010: 166.
② Böhm, W. Theorie und Praxis. Eine Einführung in das pädagogische Grundproblem[M]. Würzburg: Verlag Königshausen & Neumann GmbH, 2011: 124, 134, 133, 120, 126, 21-23, 31, 58, 180, 147-159, 43, 138, 140.
③ Froese, L. Erziehung und Bildung in Schule und Gesellschaft[M]. Weinheim: Beltz, 1967: 157-158.

需要自由的思考和行动。只有那些意识到人格所拥有的自由,并负责任地运用自由去思考和行动的人,才能真正实现这一目标,完成从"经验的人"到"真正的人"的蜕变。①

从人格的这种内涵来看,人格兼具本体性和主体性两大特性。本体性主要体现为以下三个方面:首先,人格是人人共有的必备本质属性;其次,人格是人的本质属性在个体身上独一无二的表现形态;第三,人格是真实存在的,可以由人通过内在体验感知到。主体性指的是,人格拥有自主意识,能够认识自我和构建自我。借助本体性和主体性这两大特性,人格不仅能够自我认知,能够通过自我负责的选择和行动构建自我,而且能够构建人格的共同体,同时构建世界②。在不断的权衡、选择、决定和行动中,人格会变得更加理性,更加懂得运用自由,以及在对话交流中表达自我和构建自我。最终,人格完成使命,成长为一个统一的、成熟的自我,并保持对自我的忠诚③。

综上所述,人格概念在西方文化传统中有着复杂且混乱的语义,其至少在法律、神学和哲学等领域被使用到。现代日常用语又经常把人格等同为人的个性或者人的自我发展需要,使之打上心理学的烙印。在如此庞杂混沌的语义背景下,人格主义扎根基督教和人文主义的人格传统,对人格概念做出了上述明晰的界定。这种界定带有形而上学的色彩。事实上,人格主义追求的也正是,反对科学技

---

① Harth-Peter, W. Das Kind im Lichte personalistischer Pädagogik[J]. Das Kind, 1991 (10): 44, 46 - 47, 49 - 50, 40.
② Schmid, M. Personale Wissenschaft: Einordnungen und Abgrenzungen [A]. In: Bertsche, O., Lischewski, A. (Hrsg.). Pädagogik nach Winfried Böhm[C]. Paderborn: Ferdinand Schöningh, 2012: 35, 42.
③ Böhm, W. Theorie und Praxis. Eine Einführung in das pädagogische Grundproblem[M]. Würzburg: Verlag Königshausen & Neumann GmbH, 2011: 124, 134, 133, 120, 126, 21 - 23, 31, 58, 180, 147 - 159, 43, 138, 140.

术思维对人的范畴的侵蚀，力图建立"以形而上学为导向的人类文明和文化"①。

二、博姆的人格主义教育学

尽管人格主义从其产生之初就呈现出强烈的教育关联，把教育思考视为其人类学思想和哲学思想不可或缺的一部分，但它作为一种政治文化批判运动，毕竟不具备教育性的动机。真正有着教育性的动机，尝试拯救现代教育和教育科学危机的，是在人格主义基础上形成的人格主义教育学。人格主义教育学兴起并主要盛行于法国和意大利，但是，德国当代著名教育学家博姆（Winfried Böhm）却将之与德国教育学传统结合，形成了独具特色和地位的人格主义教育学。

博姆的人格主义教育学的主旨可以被概括为一句话——"教育就是实践"。在博姆看来，只有坚守实践本性的教育才是尊重人的人格本性的，不过，这里的实践不等于现代日常用语中的实践概念。为了阐释自己的教育学思想，这位非常多产的教育学家一生笔耕不辍，其多部著作被翻译成外语，先后流传到了美洲、非洲、欧洲其他国家以及亚洲的日本和韩国，可见其思想在国际学术界取得的重要地位。

1985 年，博姆出版了自己的代表作《理论与实践——教育学基本问题引论》（Theorie und Praxis. Eine Einführung in das pädagogische Grundproblem）。该书对"教育就是实践"这一主旨思想做出了论证，借助这一论证，博姆人格主义教育学的基本思想也清晰地呈现

---

① Böhm, W. Theorie und Praxis. Eine Einführung in das pädagogische Grundproblem[M]. Würzburg: Verlag Königshausen & Neumann GmbH, 2011: 124, 134, 133, 120, 126, 21 - 23, 31, 58, 180, 147 - 159, 43, 138, 140.

在人们面前。

(一) 人本是人格, 也要成为人格

人格主义已经阐明, 人一方面生而就是人格, 人格是人存在的根本特质, 另一方面, 人格又必须通过自主的抉择和行动成为人格, 因此, 人格兼具本体性和主体性, 并且具有动态的张力。基于人格主义的人格理解, 博姆对人格的内涵做出了更加明晰的归纳和提炼。

1. 人格的三大标志和三大构成

有待人格自由去实现的使命、人格的共同体以及人格自我负责任的行动是人格的三大核心标志。每个个体人格都有一份独一无二、不可重复的使命, 这份使命有待人格自己去发现, 通过自由创造性的选择和行动自己去实现。这份使命就是, 构建自我, 让自我成长为想要成为的人格。但是, 这种成长不会在人格的内在隔绝中, 而是要放在具体的情境下才能得到实现, 即个体的生理、心理和社会条件所构成的情境。在此情境下, 人格不仅要学会在人格共同体中与他人的人格建立关联, 而且要学会为自己的抉择和行动负责。对此, 穆尼埃指出, 人格对自我使命的自主探索和实现就是人格的自由, 并且这种自由的目的不是让人学会克制, 而是学会负责①。

人格的三大构成关乎于人格的主体性。在博姆看来, 人格的主体性包含反思性的思考、语言宣告的能力以及自由行动的可能, 这种表达是对人格主义所讲的理性、语言和自由三大要素的升华, 正是这些要素构成了人格的根本。语言宣告的能力是反思性的思考的前提, 因为语言是意义创建的核心要素, 此外, 语言还具备或能创造出共同性, 它促使人格跳出个体的自我存在, 建立出人格的共同

---

① Böhm, W. Theorie und Praxis. Eine Einführung in das pädagogische Grundproblem[M]. Würzburg: Verlag Königshausen & Neumann GmbH, 2011: 124, 134, 133, 120, 126, 21-23, 31, 58, 180, 147-159, 43, 138, 140.

体；反思性的思考意味着，人可以通过思考和反思批判地审视自己的本能和倾向，不会放任自我本能的需求肆意地自然发展；借助语言宣告的能力和反思性的思考，人格才能做出自由的选择和行动，由此负责任地履行自己的使命。

2. 人格不是自然或社会的产物，而是自我的产物

博姆认为，现代教育充斥着一种矛盾性的对抗：一方面，教育被理解为"个体化"，即培养个体意义上的"自然人"，另一方面，教育又被理解为"社会化"，即培养适应社会的"社会人"。

"自然人"是"自然"造就出来的个人。培养"自然人"的教育理念源自于卢梭。在卢梭看来，儿童个体自然生长的进程蕴含着某种特定的发展秩序，这种自然秩序符合人的本质属性，因而是好的，应当被作为教育的规范，教育不是对儿童生长的有力干预，更谈不上引导或改变自然的生长进程，而至多是对儿童自然生长的支持或准备，且始终以间接的方式。换句话说，教育应当退居"自然"之后，甘当"自然"的助理或帮手。卢梭的理念引发了卢梭主义的天真幻想和肯定自然批判社会的思潮：朴素的、不受社会文化与文明侵蚀的儿童天性被认为是完美的、理想的状态，它真实存在，也可以在教育上被制造出来。卢梭或者说卢梭主义的追随者有很多，其中最知名的当属意大利教育学家蒙台梭利（Maria Montessori），她提出了"以儿童为中心"的教育理念。此外，德国19世纪末至20世纪30年代盛行的改革教育学运动，美国20世纪上半期的进步主义教育思潮，以及德国20世纪60和70年代爆发的反教育运动和反权威教育运动也都受到了卢梭思想的影响。

"社会人"指符合社会既定标准、能够适应社会的人。法国社会学家涂尔干是培养"社会人"阵营的典型代表。在他看来，人的天性是野蛮的、未驯化的，需要经过社会的引导和约束才能获得教养，即"真正的人性"只能从社会中获得①，由此，教育只能从其所处的社会中汲取培养的目标和意义，并且应当钻研如何操控人的社会化过程，以便把人引向社会安排好的既定轨道。涂尔干的思想催生出了肯定社会批判自然的思潮：倘若教育以儿童个体的自然发展秩序，即儿童"粗野"的天性为教育的规范，那么教育就将倒退到原始水平之下，并将陷入个人主义的泥潭。

博姆没有在"个体化"和"社会化"两者中选择其一，而是对两者分别作出了驳斥。在他看来，两种教育范式都犯下了一个基本的逻辑错误："个体化"的前提是必须清楚认知儿童的自然发展规律，然而规律作为儿童内在的发展秩序是无法被清楚观察到的；"社会化"暗含的前提是将社会秩序作为教育的规范，然而社会秩序在任何时代都不可能是完美至善的。除此以外，无论是"个体化"还是"社会化"，都从人那里剥夺了其本该拥有的构建自我的权利，"个体化"将这一权利转交给自然，让人成为自然的产物，"社会化"则将之转交给社会，让人成为社会的产物。

然而，按照人格的内涵，人不应是自然的产物，也不应是社会的产物，而只可能是自我的产物。自然的产物意味着，人受自然生长规律的掌控，被自己的本能、倾向、兴趣和需求左右，仿佛生活在天真的动物状态下；社会的产物意味着，人受社会环境的变化驱动，在社会中随波逐流，是扮演某个角色的渺小存在。这两种状态都不符合人的人格本性：人生而就是人格，必须自主构建自我，自主实现人格的使命。未来的人格是由当下人格的自主选择和自由行动造就而成的，人只能是自己的产物，是自身历史的书写者。

---

① Harth-Peter, W. Das Kind im Lichte personalistischer Pädagogik[J]. Das Kind, 1991 (10): 44, 46 - 47, 49 - 50, 40.

(二) 人格的教育不是理论或创制，而是实践

既然人格必须由自我本身构建，那么教育要做的便是，尊重人格的自主性，为人格的自我构建提供支持和帮助。如此教育究竟与"个体化"或"社会化"两种常规范式下的教育有何不同？它们是否属于同种性质？针对这一问题，博姆通过引入理论、实践和创制三个概念的本真含义作出了探讨。

1. 理论、实践和创制以及西方三大世界观

了解理论、实践和创制概念的本义必须追溯到古希腊哲学。在古希腊人那里，理论（Theorie）关乎于一种生活形式。这种生活形式是哲学家所具有的：他们享受舒适的生活，具备闲情逸致，自发地静观和沉思世界永恒的、静止不变的原理，所以，理论可以简单概括为静观的沉思，通俗一点讲，就是对世界原理的理解。实践原本指，除奴隶从事的体力劳动和哲学家的理论活动外，古希腊自由男子可以选择的任何一项活动。但是，亚里士多德在《尼各马可伦理学》中将实践细分为自由行动的实践（Praxis）和生产制造的创制（Poiesis）。自由行动的实践（以下简称实践）关乎于政治家的生活形式，即在理性的选择和决定下做出自由的、负责任的行动。创制（Poiesis）则关乎于手工匠的生活形式，指对物品和工具的生产制造。

博姆认为，实践和创制有三点本质区别：第一，创制是以结果为导向的，它只能从最终制造出的某一结果，某一产品中获得自身的价值和意义，而实践的意义和价值始终承载于行动本身。无论行动者是否成功达成预计的行动目标，仅仅因为行动的发生，它就已经实现了自身的目的，例如善良和正义行为的行使；第二，实践作为负责任的行动，只能发生在人身上，因而完完全全是一种人类学现象。实践的真正动因在于人的一个决断，而这一决断又源于一种追求和一种反思。没有经过理性思考，没有目的指向的实践行动是不存在

的，而创制作为工具制造的活动也可以发生在动物身上；第三，实践是在践行正义和善，这些内涵缺乏本体稳定性和逻辑必然性，因此实践只能让人获得实践智慧，即对情境的机智理解——亚里士多德称之为"善谋"（Wohlberatenheit），而创制则能让人获得特定的产品。①

对比近现代用语中经常提及的理论和实践的相互关联和作用，博姆指出，两个概念的意义已然发生了颠覆性的转变。在近现代，理论无关乎对世界初始原理的沉思，而是以实用目的为导向的技术诀窍（know-how）②或者说操作规则，实践无关乎自由的、负责任的行动，而是被等同为创制，即利用操作规则进行的生产制造。理论指导实践，实践丰富完善理论。与此同时，实践的本真含义，即自由的、负责任的行动，逐渐从人们的视线淡出，不再受到关注。这是因为，自由行动飘忽不定、难以琢磨，无法依靠技术诀窍被预先确定，而现代人所期待的恰恰是，减弱或者消除行动的不确定性。对此，行为主义甚至直接否定人的行为的自由可能，把行为直接归因于环境的刺激或者基因的限定，通过科学认知决定行为的条件和因素，就能制造出特定的行为。

理论和实践概念的转义与西方世界观的演进有着密不可分的关联。古典时期的世界观把理论（静观和沉思）作为最高价值的人类活动；中世纪基督教的世界观赋予实践（自由的、负责任的行动）最崇高的地位，因为行动是基督教的根本因素③。一方面，基督徒必

---

① Böhm, W. Theorie und Praxis. Eine Einführung in das pädagogische Grundproblem[M]. Würzburg: Verlag Königshausen & Neumann GmbH, 2011: 124, 134, 133, 120, 126, 21-23, 31, 58, 180, 147-159, 43, 138, 140.
② Flores d'Arcais, G. Die Erziehung der Person[M]. Paderborn: Brill Schöningh Verlag, 2017: 45.
③ Böhm, W. Theorie und Praxis. Eine Einführung in das pädagogische Grundproblem[M]. Würzburg: Verlag Königshausen & Neumann GmbH, 2011: 124, 134, 133, 120, 126, 21-23, 31, 58, 180, 147-159, 43, 138, 140.

须自主行动去皈依这一信仰，另一方面，基督徒作为上帝的子民，能够且必须通过行动构建自己的生命，从而为追随上帝，追求完美至善做出努力；到了近代，世界观转变为尊崇创制这一人类活动，并尝试把创制模式从自然探究和技术生产领域迁移到人类事务的领域上，由此建立"行为的技艺"。行为主义就是这种迁移的典型产物。博姆认为，西方世界观的演进呈现了人类主宰自己、征服世界的强烈欲望，或者说反映了人类试图摆脱神灵和上帝束缚的情结，这种情结类似于儿童或未成年人摆脱父母的心理，即"从自我无能转向幻想自我全能的崇拜"①。

2."个体化"或"社会化"的教育属于创制

博姆认为，"个体化"和"社会化"这两种常规范式的教育都属于创制。相较而言，"社会化"的教育属于创制更容易为人理解。这是因为，"社会化"的教育模式是，认知人的"社会化"过程的决定条件和影响因素，通过控制这些变量来操控人的社会化，从而培育出一个理想的"社会人"。这样的教育模式具有明显的创制思维，即利用特定的操作规则制造一个符合预期的产品。与之相对，"个体化"的创制思维似乎掩盖在了浪漫主义的面纱下，即认为个体的自然生长是最理想、最完美的，教育应以"无为"的方式呵护个体的自然生长，保护个体的天性。但是，如果揭开这一面纱就会发现，"个体化"实际也是期望了解儿童自然的成长规律，然后让教育遵循这一规律，从而科学地培育出理想的产品——"自然人"。

总之，"个体化"是从物种遗传的角度，"社会化"是从社会规则的角度，幻想利用特定的规律或规则制造出一个理想的人。在这

---

① Böhm, W. Theorie und Praxis. Eine Einführung in das pädagogische Grundproblem[M]. Würzburg: Verlag Königshausen & Neumann GmbH, 2011: 124, 134, 133, 120, 126, 21-23, 31, 58, 180, 147-159, 43, 138, 140.

样两种创制模式的探索下，人要么是服从自我需求和本能的自然产物，要么是屈从社会要求和期望的社会产物，都不是能够自主思考和抉择、自由行动和构建自我的独立人格。

3. 人格的教育属于实践

如上所述，人格的教育只能是为人格的自我实现提供的外在支持和帮助。这意味着，教育可以启发和推动人格的自我实现，却决不能制造它。因此，教育从一开始就是一场包含失败风险的冒险行动。教育者的人格明知这一风险，却依然愿意为此负责，也对自己的教育者身份负责——无论是职业身份还是亲属身份。在此过程中，教育者的任何行动都是其人格在理性思考之后做出的，都带有一定的目的指向，且这些目的最终都指向正义和善，而教育者的教育行为本身就是在践行正义和善，即使结果并不理想。基于这些，人格的教育只能是实践，不可能是创制，更不可能是作为静观的沉思的理论。

教育者的人格与受教者的人格构成了紧密的人格共同体。基督教认为，人的有限人格通过信仰上帝，与上帝的无限人格建立起一种亲密的对话关系，基于这一信仰，人必须同样尊重他人的人格，与他人人格发生对话。只有当"我"被"你"呼唤，并且对此作出应答时，"我"的人格才会真正存在。鉴于人格之间对话式的伙伴关系，教育关系应被理解为相互尊重的人格之间构成的对话共同体。教育者不可摆出哲学家的姿态，对受教者的成长作出静观和沉思，也不可独白式地对受教者的成长作出技术性的筹划。与教育的实践本性相应，教育者应当与受教者展开论证性的对话，激发其认知自己的人格使命，并就具体的教育目标和教育行动与受教者讨论沟通，最终达成共识，促成共同的行动。在这一共同体中，教育者和受教者都应对自己的行动负自主责任，教育者不能逃避自己的教育责任，更不能越俎代庖替代受教者负责。

除了论证性的对话，以人格为原则的教育方法还具体包含两个要素：价值的示范和生活范例的演示①。博姆批判那种把价值强加在受教者身上的教育方法，他认为，价值应在教师和教育者身上示范出来，应在生活范例中演示出来，并且通过教育者指向受教者的论证性对话得到阐明，从而让受教者在信服价值的基础上做出自由的、自我负责的选择和行动。至于演示的范例为何一定要来自生活，这是因为，人的行动无法依据科学理论确定下来，只有来自生活的或然情况才能代表生活的常态，因而也才有可能为真。

(三) 真正的教育科学不是"教育科学"，而是教育学

澄清了教育的本性——实践，博姆又在此基础上探究了教育学的基本问题，即教育理论和教育实践的关系问题。借此，什么是真正的教育科学，以及传统教育学与经验性的"教育科学"之间的关系问题也得到了阐释。

1. 教育理论不是技术诀窍，而是关于实践的知识

教育不是创制，因此，教育理论也不应是针对创制活动的技术诀窍。但是，人们却总在现实中期望教育理论具有"实用性"，期望它能够为教育实践提供细致、实用的指导，例如，教育理论应当指导人们如何制定教育标准和教育内容，如何施展特定的教育方法和技巧，且指导应当是切实可行的，最好能够提供具体的、可操作的规则，这样，教育就能以最大精度和最高效率把人培育成预期的样子。

博姆批判上述做法扭曲了理论和实践的内涵，进而践踏了人格

---

① Böhm, W. Theorie und Praxis. Eine Einführung in das pädagogische Grundproblem[M]. Würzburg: Verlag Königshausen & Neumann GmbH, 2011: 124, 134, 133, 120, 126, 21-23, 31, 58, 180, 147-159, 43, 138, 140.

的尊严。在他看来，教育理论应当是关于教育实践的知识。这种知识指导实践，但不是以提供技术诀窍的方式，而是为实践的价值取向和行动目标提供指引，并且根据这些指引反思已经做过的实践行动。价值取向和行动目标的指引是必要的，因为教育实践作为人格自由的行动，包含多样的取向和意义可能，如果缺乏正确的指引，教育的实践行动可能会误入歧途。

2. 教育学创造实践的知识，是真正的教育科学

教育学的任务是，探讨教育过程中实践行动的价值取向和行动目标，因此，教育学是有关实践的科学，其获得的认知是有关实践的知识，即教育理论。然而，由于实践是人格在各种情境下做出的自由的行动，所以教育学不可能像自然科学那样，采用经验描述和逻辑推理的方法去认知和规范教育的实践行动。基于这一点，教育学往往被诟病为不科学的，并且呈现出明显的边缘化趋势。对此，博姆依据近现代对科学的定义标准，经过严密的论证，证明了教育学就是真正的教育科学。

教育学的科学性体现在人格的内在体验这个独特的认知路径上。内在体验由人格主义精神领袖之———兰茨贝格（Paul Ludwig Landsberg）提出，它与外在经验相对，指人格对自我的直接意识。博姆认为，内在体验是认知人格的唯一路径，也是一条科学的路径，因为它同时满足科学认知的三大属性，即必然性、普适性和可检验性。这三大属性同时也是近现代鉴定科学所依据的标准。

首先，关于人格的内在体验一定是必然的，因为人格存在是人身上无法去除的本质属性；其次，关于人格的内在体验也是普适的，因为人格之间存在紧密的关联，这种关联可以让人参与并体验他人的人格存在，并将这一体验迁移到自己身上；最后，内在体验作为兼具共性和个性的内容，可以通过人格相互间的对话和论辩得到论

证和检验。① 由此得证，教育学获得的认知是科学的知识，教育学也是一门真正的科学。

经验描述和逻辑论证的研究方法不适合教育学，对话和论辩才是教育学展开科学研究的方式。通过这种研究，教育学就人们内在体验到的人格存在的价值和意义展开讨论，并进而就教育实践的价值取向和行动目标展开论证，最终达成某种共识。这些共识是教育从根本上所需要的，因为作为自由的行动，教育最需要的就是针对行动目标和行动意义取向的价值引领。由此，教育学成为引领教育实践的纲领，理所当然是真正意义上的教育科学。

3. 经验性的"教育科学"是教育学的辅助

按照博姆的理解，真正的教育科学并不针对具体的教育情境提供具体的技术建议，而是以人格为原则，探讨教育行动的目标、意义等价值问题。这种教育科学观与德国教育科学家布雷钦卡的教育科学观完全相左。布雷钦卡认为，目标和价值问题的探讨属于哲学这种前科学的领域，真正的科学应该摒弃一切价值的问题，只对外在经验可以感知到的事实展开研究。因此，布雷钦卡视经验性的"教育科学"为真正的教育科学，并且提出了"从教育学走向教育科学"的口号②。

而在博姆看来，经验性的"教育科学"在其探究过程中，把人客体化和物质化，把人的行为作为经验描述和逻辑分析的对象，这种做法违背了人的人格本性。经验性的"教育科学"也有两种常规

---

① Böhm, W. Theorie und Praxis. Eine Einführung in das pädagogische Grundproblem[M]. Würzburg: Verlag Königshausen & Neumann GmbH, 2011: 124, 134, 133, 120, 126, 21-23, 31, 58, 180, 147-159, 43, 138, 140.

② Schmid, M. Personale Wissenschaft: Einordnungen und Abgrenzungen[A]. In: Bertsche, O., Lischewski, A. (Hrsg.). Pädagogik nach Winfried Böhm[C]. Paderborn: Ferdinand Schöningh, 2012: 35, 42.

的研究范式:"自然主义"和"社会主义";"自然主义"与"个体化"的教育范式相应,认为教育科学应当研究儿童自然的发展规律,研究教育如何遵循这一规律,以制造出儿童的自然发展状态;"社会主义"与"社会化"的教育范式相应,认为教育科学应当研究"社会化"的决定因素和发展变量,研究教育如何控制变量以使"社会化"达到预想的效果。两种针对教育的"科学"探索都在试图寻求教育的技术诀窍,以此操控教育的结果,其背后隐藏的是对技术万能的崇拜,是对人格自主抉择和自由行动的权利的漠视。

但是,经验性的"教育科学"也并非一无是处。博姆指出,经验性的"教育科学"应当放弃对技术万能的崇拜,找准自己的定位,为教育学提供辅助和补充①。例如,"自然主义"范式的"教育科学"可以补充有关儿童身心发展特点及规律的认知,"社会主义"范式的"教育科学"可以提供有关社会发展特点及需要的知识,借此,教育实践既能享有教育学给予的价值和目标引导,又能参考"教育科学"的经验认知,从而针对具体情境做出尽可能恰当的行动。

上述对于教育学和经验性的"教育科学"之间关系的界定,目的在于抵御教育学面临的现代危机,即逐渐被"教育科学"吞噬,丧失作为科学的独立地位。因此,博姆主张重新回归教育学的传统,维护教育学作为真正的教育科学的地位。事实上,无论是"从教育学走向教育科学",还是"从教育科学回归教育学",布雷钦卡和博姆都没有用一种可能取代另一种可能的意图。两者只是基于不同的科学观,更加偏向于其中一种可能。

总结以上三个部分的论述可以看到,博姆人格主义教育学的核

---

① Böhm, W. Theorie und Praxis. Eine Einführung in das pädagogische Grundproblem[M]. Würzburg: Verlag Königshausen & Neumann GmbH, 2011: 124, 134, 133, 120, 126, 21-23, 31, 58, 180, 147-159, 43, 138, 140.

心思想是，以人格为原则去引领教育，以人格为核心去构建教育，教育不是把人当作产品的创制，而是负责任的实践行动，是对人格自我构建和实现过程的支持和帮助，相应地，真正的教育科学的任务也不是开发教育行动的技术诀窍，而是对教育行动的价值问题作出探讨。

三、博姆人格主义教育学的贡献

博姆直面现代教育在"个体化"和"社会化"两极之间徘徊的困境，深入剖析了这两种教育范式背后把人视作产品去培育的创制思维。为了打破教育唯技术至上的局面，博姆呼吁教育以人格为原则与核心，重新回归实践的本性。从其基本思想来看，博姆至少做出了以下五点贡献：

1. 人格作为教育的原则与核心：超越"个体化"和"社会化"

博姆的第一大贡献在于，丢弃二元对立的做法，在"个体化"和"社会化"两种现代教育的范式之外，找到了第三条路径，即以人格为原则与核心的教育路径。这条路径化解了"个体化"和"社会化"之间的矛盾，因为它跳出了创制的思维，不再把人客体化和物质化，而是去培养真正能够践行主体性，懂得运用理性和自由构建自我人格的人。人格的教育既不强调个体化，也不强调社会化，而是看重人格的自主抉择和自由行动，但它也并不否定个体和社会，因为人格必须在个体和社会赋予自己的限制条件下，决定自己成为什么，并依据自己的抉择构建自己的人生。由此可见，人格的教育没有把个体和社会作为两个对立概念，而只是作为人格主体所面临的外在限制条件的两种创造机制。这两种机制并不矛盾，因为人格既存在于个体意义上，也存在于社会意义上。而人格的教育所培养的，是既要会综合考量个体自然特性和社会历史条件，又要会平衡个体发展需求和社会整体发展需要的人。基于这些可以得出结论：人格的教育超越了"个体化"和"社会化"这两种教育范式。

2. 教育作为实践的本真含义：澄清教育和教育科学的本性

博姆的第二大贡献在于，澄清了教育和教育科学的本性。教育是自由的、负责任的行动实践，教育科学是对教育行动的目的和意义等价值问题作出哲学思考的教育学。对此，德国不少教育学思想得出过与博姆相似的结论。例如，19世纪末起出现在德国的精神科学教育学认为，教育是历史性的精神文化现象，因此，教育科学的任务就是，在新的历史情境下不断理解并解释教育现实，进而利用解释得到的意义为教育行动提供指导和反思的启示。这意味着，教育科学应当为教育行动提供价值问题上的指引。德国当代著名教育学家本纳（Dietrich Benner）也把教育学认定为实践的哲学，认为教育是培养自由人的实践，教育的基本原则就是尊重人的不确定的可塑性，并敦促其自我活动即自我实践[①]。虽然这些思想同样高屋建瓴地指出了教育和教育科学的本性，但却未能如博姆那样追根到人的人格本性，从而为该问题给出合理、有力且清晰易懂的解释。

3. 内在体验作为教育学的认知路径：捍卫教育学的科学性

一直以来，人们总是批判教育学缺乏科学的认知路径和研究方法，由此诟病其科学性，进而质疑其作为一门独立学科的地位。博姆的第三大理论贡献就在于，认定人格的内在体验为教育学的认知路径，确定论证性的对话为教育学的研究方法，并且依据近现代科学的标准，证明了这一认知路径和研究方法的科学性。由此，教育学的科学性得到了最有力的论证，其作为独立学科的地位也得到了最坚决的捍卫。与博姆相比，德国精神科学教育学虽然也认为自己

---

① 彭正梅. 现代教育的自身逻辑的寻求及其对创新人才培养的意义[J]. 外国教育研究，2010，37（9）：16-21.

解释历史的认知途径和研究方法是科学的、客观的,但它所谓的科学性并未参照近现代对科学的定义和要求,因而不具备说服力。

4. 人格作为世界性的原则:促进多元文化和谐共生

因为他人人格与自我人格享有一样的权利和尊严,且他人不局限在特定的文化、民族或宗教圈内,所以,博姆称人格为一种世界性的原则①,即人格具有普世性。这种普世性源自于人格主义的文化观。在人格主义这里,文化既不是某个民族,也不是某种宗教所具有的局限性文化,而就是实实在在的人的文化,这里的人冲破了特定文化的狭隘观念,代表的是一种"超文化"的人。但是,这并不意味着,人的自我构建就不会在某种既定的文化视野下进行,相反,人的人格主体都会在既定文化(通常是母语文化)中创建出自己的世界观,并通过创造性的文化活动构建自己的世界,只是这些世界观不会被偏激的文化歧视,也不会被极端的民族主义左右。由此可见,以人格为原则和核心的教育还有助于世界多元文化的和谐共生。

5. 人格使命作为教化:弘扬德国教育学的传统

博姆的人格主义教育学具有浓厚的德国教育学的传统,这种德国特色不仅为博姆在众多人格主义教育学流派中占据了一席之地,也让德国传统教育学得到了更好的弘扬。博姆教育学思想的德国特色一方面体现在,他对教育和教育科学的本性的认识与德国精神科学教育学大体一致,另一方面,也是更为重要的一个方面体现在,人格使命与教化的内涵基本吻合。教化是德国教育学传统中的重要概念,其德文表述 Bildung 与 Bild(图像、形象)紧密相连,表达的

---

① Böhm, W. Theorie und Praxis. Eine Einführung in das pädagogische Grundproblem[M]. Würzburg: Verlag Königshausen & Neumann GmbH, 2011: 124, 134, 133, 120, 126, 21-23, 31, 58, 180, 147-159, 43, 138, 140.

内涵是，人如何成为应当成为的形象，即如何确立自己的人性①。而人格的使命是，自己决定自己成为什么样的人，并通过自己自由的行动成为这样的人。由此可见，教化过程就是人格履行自己使命的过程。此外，教化关乎于人与世界之间的自由互动②，通过这种互动，不仅人对世界的认知发生了改变，人自身也发生了变化。而人格作为一种世界性的原则，也是在世界中，而不是在文化中履行自己的使命。通过与世界展开对话，人认知到自己的人格存在，然后以更高的要求约束自我，经过一系列选择和决定，人最终朝着一个方向建构自我，同时也建构世界。世界也是人格使命的来源之处。③

综上所述，博姆结合德国教育学的传统，建构出了独具特色的人格主义教育学。这种教育学的贡献在于，为现代教育走出危机给出了重要的价值指引。这一指引就是，摒弃现代教育的创制思维，重新回归教育的实践本性。教育作为实践，应当尊重人格的尊严和自由，激发受教者实现人格使命的自主意识和责任，应当改变现代教育的独白模式，建构平等对话式的教育，并赋予受教者参与教育决策和共同商讨教育行动的权利。

在改变现代教育模式的同时，现代教育科学也须同样克服自己的创制思维，克制自己对经验性的实证研究的过度钟情和依赖。教育科学研究者应始终做到以下几点：第一，在开展研究前，首先明确自己的研究目的和研究意义；第二，在形成研究方法前，首先预估

---

① Ladenthin, V. Bildung am Ende? [A] In: Ladenthin, V. (Hrsg.). Philosophie der Bildung[C]. Bonn: DenkMal Verlag, 2012: 15.
② 底特利希·本纳, 顾娟, 商仪. 教育与教化的区别及其对当今教学研究的意义——论教化性的教育性教学[J]. 基础教育, 2018, 15 (06): 5-14.
③ Böhm, W. Theorie und Praxis. Eine Einführung in das pädagogische Grundproblem[M]. Würzburg: Verlag Königshausen & Neumann GmbH, 2011: 124, 134, 133, 120, 126, 21-23, 31, 58, 180, 147-159, 43, 138, 140.

研究可能带来的后果；第三，在获得认知结论的同时，也要思考结论背后的伦理道德。① 而这些有关目的和意义的价值问题只能从实践哲学中获得指引，因此，教育学有着超越历史的恒久意义，其不应也不能被丢弃。

总的来说，博姆的人格主义教育学是对现代教育和教育科学日益技术化的一种反驳，是对教育的人文主义传统的重新捍卫，是把教育从资格化和社会化的趋势中提升出来，重新强调教育的核心是主体自我的生成②。关于这一点，我们也可以从儒家传统中找到回应：教育就是"学以成人"，就是把"天命之性"即人格发展出来，使人内不屈服于自己的欲望，外不屈服不仁道的强权，仰不愧于天，俯不怍于人。这就是近代先贤倡导的思想之自由，人格之独立。鲁迅称之为立国之根本。这才是立德树人的本义。

顾娟　彭正梅

---

① Lischewski, A. Theorie und Praxis. Perspektiven für ein erneuertes pädagogisches Wissensc-haftsverständnis [A]. In: Bertsche, O., Lischewski, A. (Hrsg.). Pädagogik nach Winfried Böhm[C]. Paderborn: Ferdinand Schöningh, 2012: 28.
② 格特·比斯塔, 赵康. 教育研究、学科和理论再审思及主体化教育新视角——格特·比斯塔教授访谈录[J]. 现代教育论丛, 2022 (06): 5-15+109.

"……因为只有通过其对立面才能认识某个事物。"
（弗里德里希·丹尼尔·恩斯特·施莱尔马赫）

献给比尔吉塔、古伊多和卡特琳娜

老卢卡斯·克拉纳赫:《帕里斯的裁判》,1528/29年。
(三位美丽的女神分别象征理论、实践和享乐)

目 录

序 ... 1

第一篇
理论—实践—创制或者：这些概念原本之所指 ... 1

　　前科学日常用语中的理论和实践 ... 5
　　理论和实践的最初词义 ... 8
　　理论的意义内涵 ... 12
　　实践和创制的区分 ... 15
　　理论、实践和创制的"对象" ... 20

第二篇
静观—行动—制造或者：西方三大世界观 ... 23

　　古典时期的世界观及其理论的优越地位 ... 25
　　基督教的世界观及其对于实践的尊崇 ... 30
　　近代世界观及其创制的统治地位 ... 43
　　理论和实践概念的彻底转义及其影响 ... 48
　　创制思想在教育学中的渗透 ... 59
　　行为主义牵引下的教育科学 ... 61
　　按语："上帝情结" ... 65

第三篇
教育学或教育科学或者：一种关于教育的、从教育中来的或为了教育的理论 ... 69

  教育与教育学——行动与知识 ... 71

  教育学——不属纯粹理论 ... 73

  教育学——一种实践的知识 ... 80

  幻想一种技术性的教育科学 ... 83

  教育——创制或实践？ ... 88

第四篇
教育作为创制或者："教育科学"的探索 ... 93

  约翰·杜威及其"教育科学"的纲领 ... 96

  肯定自然批判社会的范式 ... 101

  批判自然肯定社会的范式 ... 129

  反对引人走向既定轨道 ... 142

第五篇
教育作为实践或者：人格的教育 ... 147

  自然的产物、社会的产物、自我的产物 ... 150

  个体、角色扮演者、人格 ... 155

  人格主义的贡献 ... 157

  人就是人格 ... 162

  人成为人格 ... 169

  人格和共同体 ... 172

人格作为世界性的原则 … 175

人格和"教育科学" … 179

内在体验作为确信人格存在的直接路径 … 187

由内在体验确信人格存在到科学认知人格存在 … 195

教育学作为实践的理论 … 203

教化、可塑性和教育 … 206

真理、或然和实然 … 212

行动与共同行动 … 221

序

海特格尔①认为,"理论和实践在教育学中的关系问题直接属于教育学的自身问题。因此,要澄清这一问题,只能从教育学本身出发,不可以依据其他来解决"。这里,我们借用他的观点并对之加以补充:理论和实践的关系不仅仅是教育学的先天问题,而且还是教育学真正的根本问题。

早在教育学萌芽于古希腊思想之时,这一问题就已经表现为教育学的根本问题了。它贯穿了整个西方教育学史,并且总是不断地要求人们结合当前时代对之做出批判性的论述。教育学中的理论和实践问题特别需要人们就教育行动做出一个基本抉择,这一基本抉择同时也对人总体的生命构建具有根本的意义。这样一个基本抉择是:人是选择偏向理论的、致力于沉思的静观的生活,还是选择偏向实践的、致力于责任性的行动的生活,抑或是选择沉沦于享乐和感官性趣的生活。老卢卡斯·克拉纳赫(Lucas Cranach)正是以这一基本抉择为寓意画出了那幅著名的画作《帕里斯的裁判》。

本书通过思考最终把人理解为人格,把教育理解为实践。书中没有把教育作为一种社会事实来探究,也无意描述教育如何于何时何地真实地发生,而是把教育理解为一种总是有待重

---

① Marian Heitger(1927—2012),德国教育学家。——译者注

新领悟和解决的使命。这些交代似乎有些多余，本书努力想做的就是给教育下一个理想的定义，并清楚地呈现出教育的轮廓，而这种教育是与人作为人格以及人类社会作为一种自由的、共同行动的人格共同体相符和相适的。由此，本书所做的探究建立在这样一种对教育学的理解之上，这种理解认识到，教育学的优势不在于缜密的描述和现实的分析，而在于具有激发力量的批判思考和未来构设。

书中内容来源于我在国内和国外多所高校的授课讲稿。自 1985 年首次问世之后，该书作为一本有用的教育学入门书籍为许多教育学专业的学生提供了帮助，不仅在德国，在其他国家亦是如此。继美洲国家组织在墨西哥发行该书（帕茨夸罗，1991）之后，西班牙也很快出版了该书（马德里，1995）。1994 年，华盛顿特区发行了该书的英文译本，译者理查茨（Alden LeGrand Richards）在前言中写道：本书清楚地表明，北美的教育科学家与他们的欧洲同行之间不止隔着一个大洋和一门语言。1997 年，该书被译成韩语在首尔出版，2007 年又被译成荷兰语在根特出版。

这里呈现给大家的是再次修订和校正之后的新版。新版保留了本书作为入门书籍的特点，并且主要面向那些无论是从历史层面还是系统层面都还不具备较为宽泛的教育学基础知识的读者。尽管书中多次指向其他作者和其他关联，但本书并非一种史学性的研究，而只是进行了具有明确系统性的思考。恳请有兴趣的读者对之给予善意的批评指正。

温弗里德·博姆

(Winfried Böhm)

第一篇

理论—实践—创制或者:
这些概念原本之所指

19世纪初的那不勒斯流传着这样一则轶事:在一个萧瑟的秋日早晨,一位病人来到城里最著名的神经科医生的诊所。他向医生抱怨自己深受抑郁症的困扰,心头总是萦绕着忧伤,尤其在晚上,那种压抑的对生活的恐惧经常向他袭来。他再也笑不出来,失去了往日的生活乐趣。医生听了他的讲述后给他开了一剂罕见的药方。他告诉这位明显患有抑郁症的病人,目前全国闻名的滑稽演员卡里尼正在本地做访问演出,他的表演真正地绽放出了生活的乐趣。卡里尼能喷涌出无数让人振奋的笑话,他的幽默发自他充满生活热情的心灵深处,没有哪个观众不为他的幽默所动。观看他两个小时的表演能使痛苦的灵魂得到真正的洗涤。医生说自己曾经看过两次卡里尼的表演,被逗得捧腹大笑。除了建议病人今天晚上立即去剧院让卡里尼治疗自己,医生无法给出更好的、更有效的疗法。病人愕然一惊,随之变得更加严肃且喃喃自语,不知在说些什么。这个建议对他没有帮助,这个疗法在他这里不会有结果,因为他正是卡里尼本人。

这则令人轻松愉悦的故事背后隐藏着一个人生哲理,[①]每个人都曾在某个时候、在不同的生活领域、以某种方式体验过这一哲理:存在与表象、思考与行动、观念与真实、发生与解释、想要与应该、想象与现实、科学与生活并不统一,更谈不上是一类或同一个东西。

我们没有必要将这一哲理立刻夸大,然后像一些人一样从字面上理解"世界剧场"(theatrum mundi)[②]的图像,这些人视整个世

---

① 这则轶事的基本框架源自《爱默生作品全集》(*The Complete Works of Ralph Waldo Emerson*)第八卷,伦敦,1884年,第174页。施泰恩(Alfred Stern)只是稍加润色进行了讲述:《笑和哭的哲学》(*Philosophie des Lachens und Weinens*),慕尼黑,1980年,第30页。
② theatrum mundi 是在西方文学和思想中发展起来的一个隐喻概念。其将世界描绘成剧场,人类则扮演角色投入其中构成戏剧,而上帝则是戏剧导演。

界及整个社会生活为唯一的(低劣的)剧场,将社会现实的戏剧延伸至人类生活的全部领域,①然后径直谈论"戏剧主宰一切"(Theatrokratie)。不过,事实当中确实不仅只有政客、国家领导人、士兵、银行家、商人、医生、教授和教师会经常表现出一种更加偏向戏剧而非日常生活的行为。至少,他们遵守舞台上的有效准则。②

没有人能够像鹿特丹的伊拉斯莫(Erasmus von Rotterdam)那样伟大,他在自己的作品《愚人颂》里把现实生活的镜面摆在人们眼前,并嘲讽地揭露了人类生活的双面性:"当某人为了让观众看清舞台上演员真实自然的面容而试图撕扯下他们的面具时,难道不会破坏整体的幻象吗?难道不值得所有人像驱逐疯子一样把他赶出剧院吗?因为如果那样,呈现在我们面前的将会突然变成完全不同的景象。刚才的女士现在变成了一位男士,刚才的年轻男子现在变成了一位白发老者,国王突然变成了奴隶达玛③,而上帝则变成了一个身材矮小之人。澄清错误就意味着破坏表演的幻象,而令观众着迷的正是这种装束和布景的变换。那么,人类生活最终又和戏剧有什么分别呢,每个人都在此之中扮演着一个角色,在舞台上表演着,直到导演让其下台为止。"④

观念与真实、思考与行动在教育上分裂对立,对此我们早已司空见惯。譬如卢梭(Jean-Jacques Rousseau)——现代教育学杰出的奠基

---

① 此处需参见莱曼(Stanford Lyman)和斯考特(Marvon Scott):《社会现实的戏剧》(*The Drama of Social Reality*),纽约,1975年。
② 艾福伦奥夫(Nicolas Evreinoff)在他颇具启发性的作品《生活中的戏剧》(*The Theatre in Life*)(伦敦,1927年)一书中已经指明这一点。据称,美国喜剧演员鲍勃·霍普(Bob Hope)曾颇具讽刺意味地说过:"除了当喜剧演员我还能做什么?要若要从政,我的表演才能还不够。"
③ 古典时期非常常见的奴隶名字。——作者注
④ 鹿特丹的伊拉斯莫:《愚人颂》(1508年),舒尔茨(Uwe Schultz)重新翻译出版,法兰克福(Insel-TB),1979年,第47—48页。参见凯泽尔(Walter Kaiser)颇具见解的研究:《愚蠢的赞美者》(*Praisers of Folly*),剑桥(美国马赛州),1963年。

人物,其本人却没有时间也没有兴趣关心自己的小孩,而是把他们送到了育婴堂;①玛利亚·蒙台梭利(Maria Montessori)——备受推崇的儿童维护者及儿童中心教育论的先驱者,把自己的学术生涯置于自己私生子的教育之上,小马丽奥十四岁之前都被她隐匿在农村由保姆照顾;圣若望·鲍思高(Giovanni Don Bosco)——世界闻名的预防教育法的提出者及一切体罚最坚决的反对者,却以扇违纪少年耳光的方式来处理自己家里遭遇的严重的管教问题;裴斯泰洛齐(Johann Heinrich Pestalozzi)——著名的国民学校之父及要素方法的天才创造者,其教育实验几乎无一例外地均以失败告终,由他创办的伊韦尔东示范学校曾经发生过教师之争,这一事实不仅在文献上有证可循,甚至可以说是家喻户晓。他的儿子雅各布命运悲惨,其所受的教育先是让其深受精神困扰,最后甚至驱使其走向死亡。② 诸如此类的例子还有很多。如果有人打算编写一部悉数展现教育思想所有历史支流的发展的教育学全史,并继而认为可以借此忠实地映照教育的历史发展,即教育在各个时期是如何真实发生的,那么在将这一映像与教育的事实历史进行比照时,比照的结果一定会让他一次又一次地大跌眼镜。③

前科学日常用语中的理论和实践

在前科学的日常用语中,我们习惯上把这里用智慧的双眼审视的

---

① 福希特瓦尔(Lion Feuchtwanger)在他的卢梭长篇小说《愚人智慧》(*Narrenweisheit*)中做出过这样的思考:在没有一个小孩可以确定是自己的亲生骨肉的情况下,卢梭是否真的应该抚养这五个孩子。
② 参见索埃塔德(Michel Soëtard):《裴斯泰洛齐》(*Pestalozzi*),琉森-洛桑,1987 年。
③ 参见我的文章《一个仍然有待书写的教育学历史的事后辩解》(*Nachträgliche Rechtfertigung einer noch zu schreibenden Geschichte der Pädagogik*),摘自《科学教育学季刊》(*Vierteljahrsschrift für wissenschaftliche Pädagogik*):1982(58),第397—410 页;该文重新刊印于《人格教育学之构想》(*Entwürfe zu einer Pädagogik der Person*),巴特海尔布伦,1997 年,第 13—27 页。

理论和实践之间的不相协调称为两者之间的矛盾对立。譬如,那些反复出现、抱怨我们的学术教育和理论教育"脱离实践"的牢骚,有谁没有听过?承担学校日常工作的年轻教师和肩负专业教育任务的教育者甚至称之为一种"实践休克";当然,其他学术职业的情况也几乎如此。我们已经习惯于许多(教育的)"实践者"普遍生疏于理论,甚至对理论怀有敌意。同样,我们也习惯于人们抱怨所谓的"纯理论"不能在实践上取得结果。实习教师和教育学专业的学生往往认为,对于未来的职业工作而言,自己在实践中积累起来的经验要比自己全部的"习得理论"重要许多,尽管这些经验仍然十分具有主观性和纯粹的偶然性。期待从教育科学中获得"实践"帮助的家长们,要么觉得案例性的解决方案是在敷衍自己,要么因为参考教育科学中所谓的教育专家的技巧而感到迷惘;每一个有些许生活阅历的人,在看到一个初出茅庐的年轻教育者大谈特谈老年教育学的问题,或者在威严的白发长者面前高谈阔论子孙的教育问题时,都会感到奇怪。作为大学教授,我们偶尔也会遭遇这样的情况:相比进行令人信服的论证,单纯地说明我们自己也曾做过学校实践工作并教育过自己的孩子,更能让我们在教师和受过教育的外行面前树立起教育上的专业权威;对此,稍微有些头脑的人肯定知道,大部分的教育主题和问题,尤其也包括本书中即将探讨的,都要求人们对之做出完全不同的思考,简单地援引自己的学校工作经历或空洞地参照自己为人父母的经验是行不通的。略微有些内行经验的人肯定清楚,只有当我们超越自己狭隘的、偶然的经验,不再无休止地把自己"带入进去"(有时采用这种异常简朴的叫法),而是让自己径直地"走出来",才可以要求科学的客观性,并由此要求我们所做的论断更加普遍有效。

在学术研究中,高深的理论学说不受信赖的现象并不少见,尤其当它们以哲学的方式阐述自己时,一些"流派"就会取代它们的位置享受学术界的宠爱，这些"流派"公开宣扬自己和理论不沾边，是行动和生活的学说。因此，人们轻率地丢弃了对伟大的教育理论家的研习，转而"与实践相关联"①地去探究那些伟大的实践家的教育经验——从爱哈杭②到储林格③，从马卡连柯到蒙台梭利，从鲍思高到弗莱雷④。不过出于羞愧，人们往往这样欺骗自己：这些实践家也稳固地立足于一种教育理论之上，尽管其可能只是一种隐性理论；如果不具备理论基础，他们的行动只能算是徒劳的付出或尝试的摸索，难以达到一种教育实践的地位。

在20世纪60年代后期和70年代的某些高校内，教育科学研讨课被自我体验小组及其他治疗小组取代，这些小组把尽情体验自我的心理问题及社会心理问题视同于修习教育科学，甚至时而将两者混为一谈。当人们试图把教师和教育者的学术培养与"实践相关的项目"联系起来，把学术培养聚焦于"实践"工作之上，并让它在"实地环境"中进行时，人们大多没有考虑到那句至今依然有效的古训："单纯的实践其实只能提供例行的解决方式和极度受限的、什么都决定不了的经验；只有理论才能教导人如何通过实验和观察去探究自然，从而从自然中得出确切的答案"，尤其是"每日活动及反复印刻下来的个体经验只会极大地束缚人的视野"⑤。

因此，如果我们今天依然像上面为数不多的回顾所展现的那样，

---

① 现在"与实践相关联"在许多地方简直就是一个具有魔力的词语，它的频繁使用与它在概念上的明晰度极不相称。至少，今天人们所要求的"实践关联"——无论它到底意味着什么——已经占据了学生政治运动时期所呼吁的"社会关联"的位置。
② August Aichhor(1978—1949)，奥地利教育家和心理分析师。——译者注
③ Hans Zulliger(1893—1965)，瑞士儿童心理分析师和作家。——译者注
④ Paulo Freire(1921—1997)，巴西教育学家和哲学家。——译者注
⑤ 赫尔巴特：《关于教育学的两个讲座》(*Zwei Vorlesungen über Pädagogik*)，1802年，摘自科尔巴赫(K.Kehrbach)和福吕格尔(O.Flügel)编：《赫尔巴特作品全集（按时间排序）》(*Sämtliche Werke in chronologischer Reihenfolge*) 第一卷，朗根萨察，1887年，第284页。

在前科学的领域并且在（教育）科学的入门阶段，习惯于把理论和实践几乎矛盾地对立起来，把"实践"一词与经历的生活、主动的行动和直观的行为联系起来，而把"理论"一词与抽象的观念、纯粹的推想以及完全脱离现实的意识形态联系起来，那么我们就会面临这样一个问题：这些做法是否过于粗糙简单，几乎经不起一场严格的考查。有没有可能出现这种情况：日常用语中对"理论"和"实践"两个词的运用，导致我们在使用这两个概念时完全不加批判且异常混乱，以至于用这两个概念不仅不能准确地抓住，即理解真实的目标对象，甚至简直会像梦游者一样错过这些目标对象？有没有可能这两个概念的过度使用消磨了它们的特性，以至于它们不再能够称呼其实质所指，而是像假币一样欺骗我们，让我们以为获得了真实的理解？至少，当我们看到"理论"和"实践"这两个名词作为特别的流行词语在所有人中流传开时，当我们看到真正的战斗随着"缺乏理论的实践"和"缺乏实践的理论"这样的指责出现而打响并进行到底时——战斗不仅发生在学术的竞技场——我们就会产生上面的怀疑。

由此可见，本书要做的第一步思考便是，对"理论"和"实践"这两个概念本身寻根究底，追溯到它们形成的起点，从而明确它们最初的含义。

理论和实践的最初词义

罗伯特·乔利[①]在他那本引人注目的、以古典时期各种生活方式为哲学主题的著作[②]中详细而又令人信服地阐明了，理论和实践的概念一直可以追溯到古希腊哲学最初的萌芽阶段。在古希腊人那里，理

---

① Robert Joly（1922—2011），比利时史学家。——译者注
② 罗伯特·乔利：《古典时期各种生活方式的哲学主题》（*Le Théme Philosophique de Genres de Vie dans l'Antiquité Classique*），比利时皇家学院，布鲁塞尔，1956年。

论和实践指称的并不是两种不同类型的认知。上述将理论作为抽象学说,将实践作为实际生活当中的具体运用,从而使二者相互对立的做法,对古希腊人而言完全是无法想象的。虽然古希腊哲学视野中已经开始探讨行动相关的思考与深思熟虑的行动之间的关系,但这种探讨决不可被归类为理论和实践的一对概念,更谈不上被理解为理论和实践之间的相互对立。①

从古希腊早期的创作开始,到毕达哥拉斯(Pythagoras)、柏拉图(Plato)和亚里士多德(Aristotle),再到西塞罗(Cicero)、塞内卡(Seneca)和昆体良(Quintilianus)的古罗马传统,一直到进入中世纪之前,理论和实践的概念都与区分不同的生活构建方式联系在一起。古希腊人喜好且有天赋地将复杂的事物归结于简单合理的解释模式,相应地,他们曾试图把丰富多变的日常生活简化为三种典型的生活类型,即理论型、实践型和享乐型。

对于古希腊早期的抒情诗人而言,这一主题早已是文学创作的常用主题;苏格拉底之前的学者将其作为哲学反思的固定内容;雄辩家们将其视作练习雄辩的绝佳场所;柏拉图通过论述该主题与毕达哥拉斯的学说建立关联,并在《理想国》中与区分政治体制并行,直接联系自己的灵魂三分说对该主题作出了讨论;亚里士多德则主要以他关于人的幸福所做的思考为背景对这一主题作出了探究,在他那里,理论、实践和享乐这些专有名词获得了最清晰的概念轮廓。无疑,人们还可以找到其他的称谓方法,有些甚至划分出了五种生活类型。这些称谓依思想家而异,有时甚至在一个思想家早期和晚期的作品中都不一样,譬如柏拉图。但是,在这一主题的历史中,上述三分类型占据着牢

---

① 此处和下文参见罗波科维茨(Nicholas Lobkowicz)所做的更加详细的论述:《理论和实践:从亚里士多德到马克思的概念史》(*Theory and Practice. History of a Concept from Aristotle to Marx*),诺特达蒙-伦敦,1967 年。

固的主导地位，以至于我们可以放心地只对它展开研究。由于我们这里只是要明确这些概念的内涵，因此可以撇开如下事实不作考虑：赫拉克利特（Heraclitus）可能是第一个从哲学深度理解该主题的人；柏拉图主要结合他的社会心理关联和政治关联对该主题作出扩充；亚里士多德在该主题与伦理之间建立起重要的联系，此后，新柏拉图主义（尤其以普洛丁为代表）又赋予了该主题一种明显的本体论意义。

这个关乎不同生活方式的主题，原则上包含三个基本要素——这对于本书思考的内在关联尤为重要。三个要素分别是：第一，确立人类活动指向的目标；第二，判定这些目标中哪个最高、最好；第三，想象并构建一种能够体现这一目标价值的具体的生活存在。① 其中，第二个要素是决定性的要素。这是因为，认为不同生活方式不可相互统一的观念至少从赫拉克利特时期就已开始反复出现。这一观念特别直观地表现在欧里庇得斯（Euripides）的戏剧中，也特别鲜明地呈现在早期柏拉图和亚里士多德的思想中，并在欧洲思想史的后期为不同的世界观的形成——古典时期的世界观、中世纪基督教的世界观、近代的科学的世界观——发挥了巨大的作用。作为这一观念的例证，我们只消联想一下沉思的人生（vita contemplativa）与行动的人生（vita activa）这对矛盾在中世纪晚期向近代过渡时所引发的热议。

这样一种对生活方式作等级划分的价值判断其实早已存在。赫拉克利特在其第 29 篇遗稿中清楚地写道："因为存在某种东西，最优秀的人偏爱这种东西胜过其他一切事物，这种东西就是逝去事物的永恒声誉。不过，许多人就那样躺在那儿，犹如满身肥膘的牲畜一样。"② 亚里

---

① 参见罗伯特·乔利：《古典时期各种生活方式的哲学主题》（*Le Théme Philosophique de Genres de Vie dans l'Antiquité Classique*），比利时皇家学院，布鲁塞尔，1956 年，第 7 页。
② 引自迪尔斯（Hermann Diels）：《前苏格拉底学者的遗作》（*Die Fragmente der Vorsokratiker*），也可参见其中的第 104 篇遗稿："他们的精神或理性究竟是什么？他们相信平庸之人，拜许多人为老师，因为他们不知道：大多数人都很糟糕，优秀的只是少数。"

士多德在他的《尼各马可伦理学》中对这种价值判断也作出了贴切的表述：享乐的生活，即那种沉迷于单纯的感官享受和激情放纵的生活，只能带给人低级的幸福，因而只能满足粗鲁庸俗的下层民众。与之相对，那些高雅的有教养之人，只会在实践的生活和理论的生活之间做出选择。前者表现为政治家的生活，即负责任地参与城邦的公共生活，后者表现为哲学家的生活，即不带任何利益地"静观"和研究那些永恒的、不变的原理。

毕达哥拉斯把沉思的生活等同于哲学的生活，至少从他开始，大约经过一千年的古典哲学时期，人们在理论的生活和实践的生活之间几乎毫无保留地将优先地位给予了前者。[①] 关于理论的生活，人们可能是把毕达哥拉斯描绘的哲学家的形象奉为了典范——正如西塞罗在《图斯库兰谈话集》中所论证的那样。毕达哥拉斯描绘的哲学家是指那些享受特殊权利的人，这些人获得了多数人得不到的恩赐，可以全身心地对最美的、最初的、神圣的和永恒的事物进行纯粹的静观，因而可以最近距离地靠近上帝和至高的幸福。有一点可能会立即被人注意到，且汉娜·阿伦特也曾明确指出[②]：三种生活方式，即理论的、实践的和享乐的生活方式全部都是自由的生活方式，所有辛苦劳作、维持平淡生活和迫于日常生计的职业从一开始就被排除在外。

如果我们在本书的思考中完全不考虑社会历史背景的问题，——没有古典时期的奴隶制度，人们很难实现那种纯粹净心沉思的奢侈生

[①] 柏拉图完全倾向于理论的生活，亚里士多德相对温和，而新柏拉图主义又再次以极端的方式倒向理论的生活（冥想变成内心的净化，变成一种以净化思想为目的的修士见习期）；只有在文化融合的希腊化时代，才出现了一种追求"杂糅的生活"的观念，因而该观念也就成为这一时代的典型特征。
[②] 参见阿伦特（Hannah Arendt）：《人的境况》（*The Human Condition*），芝加哥，1958年，其德文新版标题为《行动的人生抑或劳作的人生》（*Vita active oder Vom tätigen Leben*），慕尼黑，1981年，第18—20页。

活,也很难专心投身于城邦的公共利益①,这一点确实十分明了和清楚——那么,我们就可在"美",即非直接的益处和用处这一点上,特别清楚地看到三种生活方式的共同点和不同点。三种生活方式都没有什么实际益处,也不受任何强迫约束——既没有奴隶所受的强迫,也没有君主所受的约束! 但是,享乐的生活只沉迷于享受肉体上的美妙感觉,实践的生活在城邦中践行的行为虽美但却易逝,只有哲学家所过的理论的生活才接触到永恒不朽的美的境界。至少,古希腊人觉得,理论的生活不如沉迷于享乐的生活乏味,也不如献身于政治的生活忙碌,因此他们认为这种生活更加幸福,它能让过这种生活的人最近距离地接触神的境界。②

如果我们现在更加确切地追问,理论和实践作为不同的生活形式到底指什么,它们为人类活动设立了何种目标,那么,我们只需对理论(theoria)概念再作稍微精确一点的阐释,而对实践(praxis)概念则需作出进一步的区分。③

理论的意义内涵

总是有人反复地提醒我们:古希腊哲学始于对永恒不变的事物的惊奇赞叹,其核心在于沉思地静观这些永恒不变的事物。也许这些人说的是有道理的,他们建议我们在一个宜人的仲夏之夜慵懒地躺在爱

---

① 首先参见雅加德(Pierre Jaccard):《劳动者的社会心理学》(*Psycho-Sociologie du travail*),巴黎,1966 年;最详细的阐述见格罗茨(G.Glotz):《劳动着的古希腊人》(*Le travail dans la Grèce ancienne*),巴黎,1920 年;也可参见杜威:《哲学的改造》(*Die Erneuerung der Philosophie*)(1943),德文版于汉堡,1989 年。
② 参见博姆(Winfried Böhm):《哲学的导向》(*Philosophische Orientierung*),出自《普通教育科学》(*Allgemeine Erziehungswissenschaft*)第一册《教育科学手册》(*Handbuch Erziehungswissenschaft*)1(研究版),帕德博恩,2011 年,第 59—76 页。
③ 参见博姆(Winfried Böhm):《理论作为教化的目标——以理论为目的的教育》(*Theorie als Bildungsziel: Erziehung zur Theorie*),出自《普通教育科学》(同上)第二册《教育科学手册》2(研究版),帕德博恩,2011 年,第 3—12 页。

琴海小岛或爱奥尼亚海岸的沙滩上,惊叹地仰望头顶的浩瀚星空,以获得静观"构造完美、浑然自成、永恒不朽的宇宙"的亲身体验及感官体验,这种体验可能就是古希腊哲学思考中的根本体验。我们都知道,柏拉图至少为哲学给出了一个流传广泛、传统深厚的普遍概念,他在《提迈欧》一书中称哲学为一种通过观察神圣上苍而得到的神的馈赠,并且认为,只有静观上天理性的循环才能从根本上改变我们自身的思考能力。[1]后期常见的"沉思"(contemplari)一词的原义是,将地球和上天的神圣域界全部囊括在人的凝视之中。因此,理论就是一个理解现实的过程。在这一过程中,"超验对现实的有效性被具体地开掘出来"。经过证实,理论概念本身可以追溯到一个宗教的意义上,进一步说,这一意义与观看参与占卜和礼拜仪式相关。[2]

当我们今天容易习惯性地把理论和科学混为一谈时,我们必须完全清楚,这样一种观点等同在古典传统中是找不到任何辩解的,或者至多只能找到一个特别有限的解释。虽然亚里士多德事实上将理论的概念与科学的概念联系在一起,但他明确区分了三种不同的科学:一种与行动相关,一种服务于生产性制造,还有一种是沉思的科学。他称第一种为实践的科学,第二种为创制的科学,第三种为理论的科学,并只让第三种科学与理论发生直接的关联。从三种科学的排序来看,亚里士多德显然把最后一种理论的科学置于最重要的地位。如果进一步追问理论科学的对象到底是什么,我们就会立刻明白,为什么亚里士多德将之称为"初始的科学",又是什么促使他把这一科学(且只有这一科学)等同于理论这种沉思的静观。

为了突出这一初始科学的特点,亚里士多德在其《形而上学》一书

---

[1] 柏拉图(Platon):《提迈欧》(»Timaios«),第 47 页 a—e。
[2] 参见劳什(Hannelore Rausch):《理论——从宗教的意义到哲学的意义》(*Theoria: Von ihrer sakralen zur philosophischen Bedeutung*),慕尼黑,1982 年,引文出自第 68 页。

中引入了智慧(sophia)的概念,并且通过如下方式将富于智慧之人与仅仅富于经验之人(empeiros)区分开来:富于经验之人只知事物其然,而富于智慧之人不光知其然,更知其所以然。① 知识被理解为对事物原因的认知,其可以被分化为不同的知识等级:富于经验之人可能比只具感官感受之人更加智慧;掌握一门技艺之人可能比单纯拥有经验之人更加智慧;引领性的艺术家可能比手工匠更加智慧。亚里士多德所指是要表明,智慧的内容就是最初始的原因和原理。智慧是一门关乎于特定原理和特定原因的科学,这一点对他来说毫无争议。② 作为初始的原理和原因,其标准被确立如下:它们是一般性的,人们可以借助它们知晓一切从属于它们的事物;感官经验为所有人共有,因而绝不能作为智慧之人的标志,一般原理因为距离感官可感知的内容最为遥远,因此最难为人辨识;只要原理和原因是初始性的,人们就可以对它们做最精确的运用,而那个述及它们的科学也会变成最具统率性的科学;最后,对原因的认知使这门科学变得可教,这是因为,"那些指明每种事物原因的知识能够教人认识这门科学。"③

从历史上看,只有在获得必需的条件,过上可以承受的和舒适的生活后,在具备投身这种研究的闲情雅致后,人们才会去寻求这种智慧,也才会发现这门科学。因为,这时候寻求这门初始的科学纯粹是为了该科学本身,而不是迫于某种外在的压力或出于某种浅层的利益考虑——这点是亚里士多德最为看重的。也是出于这一原因,我们可以称这门科学为自由的科学,称投身这门科学的人为自由的人,因为这些人是为了自己,而不是为了某种其他的利益。④ 在另一处地方,亚里士多德更加突出地表明,这种理论的科学不容许以任何形式被拿来

---

① 亚里士多德(Aristoteles):《形而上学》(*Metaphysik*)A 卷,981a,25—30。
② 亚里士多德(Aristoteles):《形而上学》(*Metaphysik*)A 卷,981b25—981c5。
③ 亚里士多德(Aristoteles):《形而上学》(*Metaphysik*)A 卷,981a,25—30,982a25。
④ 亚里士多德(Aristoteles):《形而上学》(*Metaphysik*)A 卷,982b,24—26。

直接运用和使用。他通过严格地区分理论科学的研究对象、实践科学的认知对象以及创制科学的认知对象,将理论科学的对象确立为:"如果真的存在永恒的、静止的和独立的东西,那么,认知它明显是沉思的科学的事情;不能靠自然科学(因为自然科学研究运动的对象),也不能靠数学,而是要借助一门早于两者出现的科学。其原因是,自然科学虽然探究独立的东西但不探究静止的东西,数学虽然一部分研究静止的东西,但又不研究独立的东西而是研究物质之中的东西。而初始的科学却研究既独立又静止的对象。虽然所有的原因肯定都是永恒的,但最永恒的还是这些独立的、静止的原因,因为正是它们造就了那些可见的、神圣的事物。"①

此处,我们完全不需要对亚里士多德给出的初始的科学的定义做进一步扩充,因为我们只想搞清楚理论这一专有名词原本的词义。关于这一问题,此处有两点可以确定:第一,人们在关乎初始的原因和原理的初始科学的意义上寻求理论,不是出于某种"实践"的目的,也不是为了做某种"实践"的运用,而是纯粹为了获得认知和脱离无知;第二,这种理论的研究对象是那些永恒的、不变的和不朽的东西,即初始的、不变的原理。换句话讲:从严格意义上看,只有那些除了本身而言没有其他变化的,即必然如此(没有其他可能)的东西,才可以被拿来认知,从而成为理论的研究对象。

实践和创制的区分

关于理论的研究对象,我们会在后面继续做出探讨,并会联系它来探究教育学的科学属性。但是在此之前,我们必须转向实践的概念,并且如上文所说,对这一概念做出进一步的区分。

---

① 亚里士多德(Aristoteles):《形而上学》(*Metaphysik*)E 卷,1026a,13—19。

前面我们已经指出,实践这一概念应该首先是被亚里士多德作为多义词汇从古希腊的日常用语中摘取出来,并作为技术术语(terminus technicus)加以使用的。从非常宽泛的词义上看,这一概念起初几乎包含了当时一位自由男子可以选择的任何一种活动,这种宽泛的理解只将奴隶所从事的体力劳动排除在外,当然在一定程度上也排除了上文所指意义上的思考、反思和"静观"的理论活动。如果仔细观察,我们就会发现,区分实践的概念对于本书探讨的主题极为重要,这也是亚里士多德在不同的地方所尝试的,即在实践(praxis)和创制(poiesis)之间做出区分。他在《尼各马可伦理学》中如是说道:"在容许变化的事物那里,可以区分出制造的可能与行动的可能。制造与行动是两种不同的活动。"①创制指的是一种生产性制造(Herstellendes Machen),即巧妙地生产和制造工具,以及熟练地完成客体化的任务,因此创制是根据工艺的类型来指称知识的。相反,实践关乎的却是负责任的、自我决定的和观念指引下的人的行动,其主要表现在政治的生活中。

如果我们想要在更精确、更本真的意义上搞清楚实践的概念,就必须至少认清如下三种区分实践的标志,这样才能更好地看清教育应该被划分到哪个范畴。

1. (创制的)制造始终以获取一种结果,一种产品,即生产对象为目标,它只能从最终产品中获得意义和价值;与之相对,(实践的)行动的意义和价值始终承载于行动本身,仅仅因为它作为一种"行使善良和正义的行为"发生,它就已经实现了自身的目的,无论行动者是否成功地达到了预计的行动目标。譬如,建造桥梁属于一种创制的制造,它的价值只能从最终的成果中获取——一座建好的、可供人横跨山谷

---

① 亚里士多德(Aristoteles):《尼各马可伦理学》(*Nikomachische Ethik*),第六卷,1140a 2,也可参见 1140b3;同样可参见亚里士多德:《政治学》(*Politik*)1254a6,《大伦理学》(*Magna Moralia*)1197a3—5,以及《分析后篇》(*Analytica Posteriora*),71b 21—22。

的桥梁；相反，出于慈悲的博爱去救济需要帮助的人，这一行为本身就是好的，即使这笔救济出于某种原因未能到达想要帮助的人的手中。如果我们选取《大伦理学》中的一则例子，就可以看到：建造一间房屋表现为一个过程，作为一种生产性制造的过程，它必须一次性完成。如果它不能结束，不能带来确定的、已完成的结果而持续进行着，那么这一过程本身就是无意义的。① 相反，长笛表演这一行为本身就拥有意义，早在表演结束前，这一行为就已经实现了自己的"结果"。如此，我们在观看的时候已经同时看到，在考虑的时候已经同时考虑过，在幸福生活的时候已经同时幸福地生活过。相反，正在康复并不等于已经恢复健康，正在消瘦并不等于已经干瘦，开始生产并不等于已经完成生产。因此，亚里士多德在他的《政治学》中特别强调指出，人类生活的价值承载于生活本身之中，因而，人的生活不可以因为生活之外的目的被工具化和功能化，从这一点来看，人的生活，原则上属于实践而非创制。亚里士多德的这种观点产生了深远的影响。我在其他地方是这样表述该观点的：对一个人的利用就等于对这个人的盗用。②

2. 第二种区分标志与亚里士多德的这一观点存在着非常紧密的联系：实践不是一种生物学现象，而是一种完完全全的人类学现象。亚里士多德将"实践的哲学"指明为哲学中那个研究人的问题的部分，他这样做并非出于偶然，而是因为实践只发生在人身上，这一点又是因为，实践行动的起源，即实践行动的真正动因存在于一个决断之中，而这一决断又来源于一种追求和一种反思，这种反思指明了行动的目

---

① 大概没有人会为一个不可迁入的房屋而支付建筑工人相应的酬劳。
② 博姆（Winfried Böhm）：《儿童教育的问题》（*Problemas de la Educación e Infancia*），出自《各个阶段教育的问题》（*El Problema de las Etapas en Educación*），科尔多瓦，1981 年。也可参见《儿童早期教育理论》（*Theorie der frühkindlichen Erziehung*），出自福克斯（Birgitta Fuchs）和哈特-彼得（Waltraud Harth-Peter）编：《儿童早期教育的其他可能》（*Alternativen frühkindlicher Erziehung*），乌尔兹堡，1992 年，第 11—35 页。

的。于是，没有经过思考的实践行动是不存在的，没有经过理性的、目的指向的考虑的实践行动也是不存在的，虽然仅凭思考和考虑本身尚不能产生什么行动。无论如何，行动的起源总是存在于人的身上。

因此，实践并不等于任意一种行动，也不等于任意一种操作，它不是简单地指那些或多或少带有一些偶然出现或者随处可以发生的行为，实践指的是人以善为目的发出的道德的行动和以共同福祉为指向发出的政治的行动。

3. 当我们在这种实践与理论及理论科学的认知要求之间进行对比时，就会发现第三种区分标志。理论因其严格的科学特性追求知识（epistéme），即确切的认知，并且因其研究不变的、静止的对象而能够获得这种确切的认知；与之相对，实践的对象——正义、善、伟大——既缺乏本体的稳定性又缺乏逻辑的必然性，这使得实践只能让人获得实践智慧（phrónesis），即一种对情境的机智理解——亚里士多德将之称为"善谋"（Wohlberatenheit）。于是，实践便与技术性的工艺制造（创制），与严格的原理科学的确切认知（理论）明显地区分开来。出于多种原因，这一点很值得人们注意。

首先，实践哲学根本不追求以获得认知为目的去认知，正如亚里士多德在《尼各马可伦理学》中所写的那样，"我们进行哲学思考，不是为了了解什么是伦理的价值，而是为了成为德行高尚的人。否则这种哲学思考就是无用的。因此，我们必须重视行动的领域，重视如何构建个别行为的问题。"[①]换句话讲，实践哲学最关注的不是认知德性的本质，它与形而上学和逻辑学是不同的；形而上学，即上文所讲的初始科学，最注重认知不变的存在及其范畴；逻辑学最注重认知思考的固定原理及其演绎推理的形式。相反，实践哲学关注的是，我们如何才

---

① 亚里士多德（Aristoteles）：《尼各马可伦理学》（Nikomachische Ethik），1103b26—28。

能成为德行高尚的人,如何才能做出正确的行动。

其次,对于实践的认知而言,想要像数学或形而上学那样,借助逻辑推断从必定有效的前提推导出必定有效的结论,这是不可能的。因为,人类行动的实践缺少那种必要的稳定性和持续性,而这既是由于实践原则上所具有的情境特性,即行动情境具有多变的属性和特点,又是由于实践缺乏普遍的适用性。"因此",德博拉夫①对这个由亚里士多德明确提出的伦理上的基本认识评论道,"在其有效力这一方面,实践认知本身也承载着一个偶然的因素,今天我们也许会把这一偶然因素叫作实践的历史社会相对性。这意味着,我们不可以借助所谓的行为科学来对人的实践作出不受时间限制的、具体的意义规范。"②关于这一事实,哈特曼③用十分清晰的话语指明并阐述道:伦理的价值是相对的,但并不像人们所说的那样因评判价值的主体,而是因人类生活的现实结构以及这一生活中的主要情境类型而具有相对性。因为,这些在哈特曼看来构成了价值的外围现象,确切地说是价值的语义来源。④

最后,我们应看到亚里士多德对人的行动领域和实践认知领域不可能存在确切的认知所作出的解释。真正的、决定性的原因在于,人的行动是自由的。在《形而上学》这本古老的书中,亚里士多德谈到了能力(潜能)与实现(现实化)之间的区别,他指出,人类灵魂中理性部分的能力原则上可以在这种或那种方向中变成现实。不能概念化的能力,即非理性的能力——近代心理学称之为"本能"——只能促使人

---

① Josef Derbolav(1912—1987),德国教育学家。——译者注
② 德博拉夫:《欧洲伦理学概况》(*Abriß europäischer Ethik*),乌尔兹堡,1983 年,第 26 页。
③ Nicolai Hartmann(1882—1950),波罗的海德国哲学家,批判实在论的代表人物。——译者注
④ 哈特曼:《尼各马可伦理学的价值维度》(*Die Wertdimension der Nikomachischen Ethik*),柏林,1944 年。

做一件事情。与之相对,那些与概念相联系的能力,即理性的能力可以促使人做一件事情,也可以促使人做与此相反的事情。因为不可能两件事情同时都做,所以必须有某种东西把能力朝某种特定的方向引导,这种东西就是选择和决断。①

通过上述论证,我们在这里可以得出一个重要的结论:无论在伦理学、政治学还是教育学中,任何时候都不可能从科学的角度预先确定,某种特定的情境或情况下该做什么,不该做什么。此外,这一结论还包括:在伦理上、政治上和教育上,换言之,在实践上,不可能存在一个覆盖每种个别情况并且一次就能将所有情况都预先决定好的法则。每种法则都是作出一个一般的表述,然而某些个别情况下人们无法找到一个始终有效的一般规则,所以,法则只能将全部个别情况作为一个整体(epi to pléon)来考虑。对于由此埋下的错误隐患,法则的制定者肯定都非常清楚。尽管如此,亚里士多德向我们保证,这种方法仍然是正确的,"因为错误不在于法则和法则的制定者,而是在于事物的本性,因为生活万象皆是如此。"②

理论、实践和创制的"对象"

此刻,我们可以暂停第一步所做的思考,问问我们通过思考领悟到了什么。

前科学的日常用语流行把理论和实践对立起来,这种做法容易给人造成一种虚假的非黑即白的印象。我们怀疑这种做法,通过探究两种概念起初的意义对这一做法提出了异议。经过证明,理论和实践的区分可以追溯到不同的生活构建方式的区分。自西方哲学开端以来,

---

① 亚里士多德(Aristoteles):《形而上学》(*Metaphysik*),1047b35—1048a24。
② 亚里士多德(Aristoteles):《尼各马可伦理学》(*Nikomachische Ethik*),1137b17—19。后面继续谈及新修辞学时,我们还会再回到这个问题。

探讨不同生活形式的主题一直长盛不衰,对我们来说,这一主题包含三个部分:确立人类活动在不同生活形式中各自指向的目标;评判哪种目标最具优越性;最后,构设一种能够体现这种较高价值的具体的生活存在。我们首先区分出理论的、实践的和享乐的三种生活形式,并把享乐的生活形式保留给了缺乏教养的、粗俗的下层民众,然后再过渡到对前两种生活形式做进一步的思考。理论的生活表现为哲学家不带任何利益的静观,实践的生活表现为政治家负责任的行动,两者可以明显地区分开来,确切地说,这种区分要通过对比理论和实践各自的对象才能完成。同样通过对比各自的对象,我们又从实践中区分出创制的生活,其表现为手工匠技术性的生产制造。理论及理论科学的对象是永恒的、不变的、不朽的和静止的事物,即初始的原理和原因,正如我们紧接着亚里士多德给出的初始科学的定义所表述的那样。因此,只有那些必然是本身所是的东西才可以成为理论的研究对象,只有认知这一对象才能让人获得确切的、稳定的知识。实践的对象是人在选择和决定下发出的(人的)自由的、负责任的行动。由于行动情境多变的属性和特点,这种行动既不可能制定一个能够覆盖所有个别情况的法则,也不可能确立一条能将善、正义、伟大等一次固定下来的规定。创制的对象是物品和工具的生产制作以及娴熟的手工匠的技术生产,这种活动与实践的行动相对,可以被准确地称作"制造"(Machen)。

　　前面我们提到了,区分不同生活方式的根本思考在于,确定人类活动的目标并对这些不同的活动做等级评判。那么,在接下来的第二步思考中,我们应该探讨的问题便是在沉思的静观、负责的行动,以及生产性制造这三种人类活动中,究竟哪个最为优越。

第二篇

静观—行动—制造或者:
西方三大世界观

如果我们具有这一基本认识,即西方哲学始终围绕着人、世界与绝对之间的关系问题展开探讨,如果我们能够继续想到,这一问题的回答不仅包含着一种特定的世界观,而且肯定包含着一种对于人在世界中的地位及人相对于世界、相对于绝对(宗教上称上帝)的地位的明确判断,那么,认定这个西方思想的核心问题拥有三个"伟大"的回答并把这些回答始终作为三大彼此区分的世界观就不足为奇了。这三大世界观分别是古典时期的世界观、基督教的世界观和近代科学的世界观。它们之所以彼此区分,主要是因为它们各自把三种人类活动中的一种排在首要位置。我们在这里(尤其出于平衡文章内容的考虑)显然不能对这些世界观逐一进行探讨,更不能足够详细地对它们作出描述。在本书的框架下,我们只能用寥寥几笔对它们稍作勾勒,并根据我们思考的需要,重点关注这些世界观如何对人类活动作不同的等级评判。

古典时期的世界观及其理论的优越地位

上一章我们已经讲明,在第一个世界观中——我们习惯称之为古典时期的世界观,沉思的静观被赋予了人类活动价值列表上的最高值。除了那些已经提到的崇尚理论的生活类型的原因,我们现在还可以列举出其他理由,并对它们作出解释。[①]

古希腊人完全没有创世之神这样的想法,也没有探讨过已经存在的事物是如何形成的问题及改造宇宙的问题。如我们所见,他们是怀着一种惊叹之情在对永恒不变的宇宙及宇宙中发挥作

[①] 参见塔纳斯(Richard Tarnas):《西方思想的激情》(*The Passion of Western Mind*),纽约,1991 年;德译本标题为《观念和激情——西方思想之道路》(*Idee und Leidenschaft. Die Wege des westlichen Denkens*),慕尼黑,1997 年。

用的秩序和法则作出思考的。按照耶格尔①的经典表述，古希腊人"在各个地方探究那个于事物自身之中发挥作用的'法则'，并且追求以这一法则为准绳来进行人的生活和思考。"②古希腊人的这一基本观念清楚地体现在了古阿提卡③的悲剧之中：这种来源于神话的悲剧追求的是，宣扬和赞颂永恒的宇宙法则的效力。法则化身成公正女神狄刻，人们必须无条件地遵守。④因此，古希腊悲剧的教育意义是一种原始的意义，其目的在于，(反复)提醒人们注意这一法则并让人们相信，生活必须按照这一法则来进行。⑤

古希腊人没有站在世界之外的某一点来观察世界——他们(尚)不知晓这一点的存在——因此，他们在宗教信仰中只想象到一个至高无上的"众神及人类之父"，但是这个众神之父仍旧属于世界，并与繁星密布的天空和其他诸神一样归于世界之中，正如亚里士多德所说，神只不过是"不朽的人"。他们最多只是在权力上胜过人类，在道德上却不一定如此。我们恰恰能从神话中看到，神在很大程度上比人类更加奸猾狡诈和邪恶贪婪。"众神如同人类一样皆有爱与恨、快乐与痛苦，他们的行动往往非常随性，因而不值得人信赖。因此，神并非'完全不同'的，也不是超然于世界而存在的。他们的意志也受永恒的世界法则的约束。"⑥可能正是由于神具有人的特性

---

① Werner Jaeger (1888—1961)，20 世纪的古典主义者。——译者注
② 耶格尔：《教育：古希腊人的养成》(*Paideia. Die Formung des griechischen Menschen*)第一卷，柏林，1959 年第四版，第 11 页。
③ 希腊中东部地区名。——译者注
④ 详细参见费格森(Francis Fergusson)：《戏剧的思想》(*The Idea of a Theater*)，普林斯顿(新泽西)，1949 年；也可参见吉帕帝(Fernando Ghibardi)：《戏剧的历史》(*Storia del Teatro*)第一卷，米兰，1961 年。
⑤ 主要参见温斯托克(Heinrich Weinstock)：《人文主义的悲剧》(*Die Tragödie des Humanismus*)，威斯巴登第五版，1989 年。
⑥ 舒普思(Hans-Joachim Schoeps)：《本质和历史》(*Wesen und Geschichte*)，古德斯罗，1961 年，第 145 页。

且同样受制于命运的力量,尼采(Friedrich Nietzsche)和布克哈特(Jacob Burckhardt)才沉浸在这美丽的古希腊诸神之像背后所隐藏的痛苦之中,陶醉在这些景象所隐含的悲伤之中。

郭蒂尼①曾经做过这样的典范表述:"古希腊人知晓命运力量的存在,这种力量掌控着所有人,甚至包括至高无上的神灵,古希腊人也知道统治性的公正和理性秩序的存在,这种公正和秩序管理和校正着发生的一切。但是,这些无上的力量并不与世界对立,而是构成世界最终的秩序。"②借此,郭蒂尼无疑对古典时期的宗教和世界观作出了既准确又简明的概括。当安提戈涅(Antigone)③表明她行动的原则时,索福克勒斯(Sophokles)借她之口清楚地道出了那个不可动摇的基本立场:上天所具有的不可改变的、未成文的法则,不是今天也不是昨天生成的;它们不会消逝,也没有人知道它们从何而来。在《俄狄浦斯王》一剧中,作者借助合唱庄重有力地阐述了宗教上的根本信仰:"但愿我永远坚持自己的追求不动摇,即以文字和作品献身纯粹的虔诚,履行在神圣的苍穹之境永恒存在的法则。它是上苍天然的结晶,不是人类易逝的创制物。它永远不会遗忘,也永远不会沉睡。"④

人本身被内在的分裂和矛盾撕扯着;人与神一样会受到涅墨西斯⑤的惩罚,即命运的压制。人只不过是自身悲剧命运的"气息和影子"⑥,是其命运的玩物,因为人不仅受到公正女神狄刻,而且受到纯粹

---

① Romano Guardini(1885—1968):意大利出生的德国天主教神父、作家和学者。——译者注
② 郭蒂尼:《近代的终结》(*Das Ende der Neuzeit*),莱比锡,1956年,第16页。
③ 《安提戈涅》是古希腊悲剧作家索福克勒斯公元前442年的一部作品,被公认为是戏剧史上最伟大的作品之一。——译者注
④ 引用在维拉莫维茨(Wilamowitz)对威廉·耐斯特尔(Wilhelm Nestle)作品的译作中:《从神话到上帝理性》(*Vom Mythos zum Logos*),斯图加特,1940年,第453页。
⑤ 希腊神话中被人格化的冷酷无情的复仇女神,其会对在神祇座前妄自尊大的人施以天谴。——译者注
⑥ 索福克勒斯:残篇809。

机缘女神①堤喀的掌控。一旦人在狂妄的自我崇拜中相信，自己可以摆脱那个支配一切的法则或者选择偶然作为主宰自己的女神，那么他注定会遭到众神的报复，神会让他体会到自身的虚无，让他从自己想象的此在②的最高端跌落至痛苦的最深处——俄狄浦斯王就是最令人震撼的例子。这背后的原因是，如同神不可以按照自己的意志构造（或改造）宇宙一样，人也不应胆敢主宰自己的幸福或者意图战胜神灵和命运。

为了能够更加生动地理解古典时期的世界观，并继而全面了解基督教给这一世界观带来的激烈变化，这里还需要特别强调一点：古典的世界观，例如亚里士多德在他的著作《论天》(De coelo)中所描绘的以及托勒密详细阐述的那样，是建立在球体这一图像构造的基础上的。地球处于一个有限的形体，即世界球体的中心；这个世界球体的表面一层围绕着恒星天体，而恒星天体周围又环绕着若干层的行星天体。这种世界观中决定性的、承载性的思想是，围绕着地球的天空是神圣的。恩披里柯③对该思想的形成如是说道："……为何白天太阳升起，夜晚繁星错落有致；他们应该是由此推断出，一定是神的存在才创造出了这样有序的运动。"④原始宗教认为，神居之所一般通过较高的地理位置（譬如山上）显示自己与众不同⑤，与之相对，古典时期的人认为天空本身就是神圣的，它引发人们从天文学的角度去认知那个可以借助日月星辰观察到的更高秩序。在托勒密那里，这个动机凝结成一

---

① 又称命运女神。——译者注
② 出自海德格尔的哲学思想，指人的存在。——译者注
③ Sextus Empiricus(160—210年)，古罗马哲学家、医生、怀疑论者。——译者注
④ 引自戈德贝克（Ernst Goldbeck）：《人和人的世界观》(Der Mensch und sein Weltbild)，莱比锡，1925年，第33页。
⑤ 作者在写下这些句子时回想起那些虔诚的印第安人向他展示一座山和解释山中神的居住地时带有的令人敬畏的严肃。当时，也就是1981年，他正在霍皮人的圣城老奥拉比逗留较长一段时间。

个观点,即我们必须不按照尘世的发生,而是由苍穹之发生的自身本性出发,由不可改变的天体运动过程本身出发,做出我们的判断。

虽然人们知道古典时期已经萌生了从原子论角度解释世界的想法,它把世界理解为一种纯粹机械化的过程以及无意识运动着的原子的作用——德谟克利特(Democritus)和卢克莱修(Lucretius)是这一思想强有力的捍卫者①——但是亚里士多德和托勒密(Ptolemaeus)给出的世界观却在数百年里一直占据着上风,而这一世界观恰恰在一个基本方面有着十分重要的意义。亚里士多德在他的世界观中区分出两种运动类型:天体的圆周运动以及尘世发生过程中的直线运动。后者通过向前和向后的运动总是从一个矛盾过渡到另一个矛盾并由此产生变化,而圆周运动不分前后并且不会给运动的事物带来任何改变。因此,做圆周运动的天体世界是不变的;它不会表现出生成,也不会表现出消逝;这个世界中没有增长也没有消减;它不受任何痛苦的侵扰也不受任何缺陷的损害。在音乐剧《博伊伦之歌》②的开篇合唱中,卡尔·奥尔夫③用一种具有说服力和感染力的艺术形态呈现了这种循环式的历史理解。

正如我们所知,直到 1572 年,第谷·布拉赫④才证实了天体的可变性。然而,当他发现那颗新的星球时,他自己一开始都不敢相信眼睛所见。当伽利略借助望远镜观察到太阳黑子,记载出金星相位,发现了木星、卫星,由此不仅以可见的方式展现出新的事物,而且证明了人们早已熟知的天体上所发生的变化时,经院哲学的反对者们却向他提出抗议。典型的反对意见是,对神圣的世界秩序的虔诚敬畏和宗教

---

① 建议此处查阅卡尔·马克思于 1840 年撰写的与此相关的博士论文。
② Camina Burana,英译 Songs of Beuren,又译为《布兰诗歌》,是奥尔夫最为著名的代表作品。——译者注
③ Carl Orff (1895—1982),德国作曲家、音乐教育家、指挥家。——译者注
④ Tycho Brahe (1546—1601),丹麦天文学家和占星学家。——译者注

敬仰应当遏止他对神圣苍穹作出如此不敬的研究;面对井然有序的宇宙,只有满怀赞叹的观察和保持距离的静观才是作为造物的人该有的唯一合适的行为。

但是,经院哲学提出的异议仅在表面上符合古希腊人的宗教信仰。这样说是因为,中世纪冥想性的世界观察与古希腊人的宗教理念建立在完全不同的根基之上,尤其是,这种冥想性的观察在基督教世界观中获得的意义与之在古典世界观中获得的意义是完全不同的。

基督教的世界观及其对于实践的尊崇

当我们今天简单化地把古希腊时期称为欧洲和西方文明的源头时,可能就会非常轻易地忽视,基督教也曾给世界观带来过激烈的、颠覆性的变化。这些变化首先表现在,基督教思想打破了理论的静观在古典时期所拥有的优越地位,转而将行动推向了人类活动的最高位置。

如果我们也想在这里用寥寥几笔勾勒出基督教的世界观,从而让人们了解行动在基督教中占据的优越地位,那么我们必须首先指明,基督教对于上帝有着新的理解并且把世界认知为上帝的一种造物。上帝在基督教中是一个人格化的创世主,其创造出了天与地。这种认为世界由上帝创造而来的信条来源于犹太教,后在《圣经·新约》中变成了不可推翻的信仰。在亚略巴古(Areopag)[①]的著名讲道中,使徒保罗(Apostel Paulus)以几乎无以复加的煽动性宣扬了这一震撼古希腊文化世界的极端信仰。

因此,我们必须搞清楚:"可见的世界是被创造出来的。这句我们习惯的话语在古希腊形而上学看来竟是一种彻底的颠覆。"特雷斯蒙

[①] 又称战神山议事会,位于雅典卫城的西北,在古典时期作为雅典刑事和民事案件的高等上诉法院。——译者注

特①补充道:"对于那些坚持古典形而上学论原理的近代哲学而言,这句话仍然具有颠覆性的意义。"②基督教中绝对人格化的上帝既不融于世界,也不属于世界,而是完全独立于世界之外,端坐于世界"之上"统治者的宝座。在没有任何必要需求、享受自由的无限权力的情况下,他凭借自己玄妙莫测的决定从虚无之中创造出了世界。在这之中,基督教认识到了上帝的两种启示:第一种间接表现在上帝的造物、造物的精巧构造以及秩序之中;第二种是上帝直接说出和写下的话语。它们意味着上帝关于自我的两种启示,基督徒要做的就是带着信仰去信任这些启示,并让自己的生活与这些启示发生关联。

单单由此,我们已经可以感觉到行动是基督教中的根本因素,也就是说,一方面这一信仰必须是一个行动的信仰,即信仰者自己决定去皈依的信仰③——中世纪哲学称这种信仰为主观的信仰(fides, qua creditur);另一方面,人通过个人的决定自己构建自己的生活。除此以外,根据《圣经》里面的信条,上帝按照自己的形象和样子创造了人类,从而以非常特别的方式赋予人超越其他造物的优越性,人的这个原则上看来"行动"的特性又在很大程度上得到了增强。④这样说是因为,上帝本质上被视为造物主,所以,《圣经·旧约》中所说的上帝按照自己的形象和样子创人的意思必定是指,上帝同样也赋予人造物主的使命,或者至少是共同的造物主。《旧约》诠注这样认为:"人被称为上帝

---

① Claude Tresmontant (1925—1997),法国哲学家、希腊文化家和神学家。——译者注
② 特雷斯蒙特:《论希伯来的思想》(*Essai sur la pensée hébraïque*),巴黎,1953年,德译版标题为《圣经思想与古希腊传统》(*Biblisches Denken und hellenische Überlieferung*),杜塞尔多夫,1956年,第11页。
③ 至于这种行动的信仰的理解会给教育带来什么影响,请参见我在《什么是基督教教育?》(*Was heißt christlich erziehen?*)中所做的解释性论述,因斯布鲁克-乌尔兹堡,1992年。
④ 此处参见特林克斯(Charles Trinkhaus)的奠基作品:《以我们的形象和样子》(*In Our Image and Likeness*),共两卷,伦敦,1970年。

在这个世界上的代表和代理。上帝意愿让人代替他现身并行使他的统治权力。因此,主宰一切造物和整个地球的统治力量需要特别通过上帝的话语来转移到人的身上。"①

在过去的历史中,人们经常用画笔去描绘创世记的场景。在这一场景中,动物们被带至亚当面前,从他那里分得自己的名字②。通过这一场景,相信人类拥有超越其他造物之优越地位的信仰获得了生动形象的表达。人通过给动物命名这一后续的创造行为,使得这些造物在人的思想中变成具体的实物,从而体现出一种对于动物界的、从某种程度而言"创造性的"和"管理性的"统治。此外,这幅图景还表明,基督教中关于创世的思想并没有将创世限定为上帝在世界形成之初所做的那一次创造行为,而是将创世视为一种贯穿历史的、承载历史的、每时每刻都在重新发生的持续创造(creatio continua)——后面我们还会专门对此作出思考。伯格森③将这种创世思想纳入到自己的思想范畴,特雷斯蒙特也对其作出过特别强调。创造在持续地进行,它存在于我们之中,围绕在我们周围。我们还未到达第七个创世日:"创世仍在持续进行中。"④继托马斯主义哲学解释了创世的奥秘之后,阿尔冯斯·奥尔⑤对基督教的这种神学的基本信仰作出了如下清晰的阐述:"单纯的因果联系仅限于某物由另一物引起。但是在创世的关联中,存在被传送给另一个存在的目的是让自身发挥效用。可以理解的是,

---

① 施莱纳(Josef Schreiner):《人在旧约诠注中所具有的上帝形象》(*Die Gottesbildlichkeit des Menschen in der alttestamentlichen Exegese*),出自斯派克(Josef Speck)编:《教育学及其相邻科学中有关人的理解》(*Das Personverständnis in der Pädagogik und ihren Nachbarwissenschaften*)第二卷,明斯特,1967年,第61页。
② 在迈泰奥拉的修道院中,人们可以欣赏到关于该场景特别著名的、令人印象非常深刻的绘画作品。
③ Henri Bergson (1859—1941),法国哲学家,其"创化论"之说强调创造与进化并不相斥,因为宇宙作为"一个生命冲力"在运作,一切都是有活力的。——译者注
④ 特雷斯蒙特:引文出自《圣经思想与古希腊传统》,杜塞尔多夫,1956年,第29页。
⑤ Alfons Auer (1915—2005),德国神学者。——译者注

拥有理性的造物能够以特别的方式参与上帝对世界的掌控,因为他能够在某种特定的程度上辨识出造物存在的合理性。这样,人就可以与上帝一同做上帝的事情,他可以根据自己对上帝计划的洞见将事物引向符合事物本质的目标,并把上帝规定的秩序施加在它们身上。这之中体现出上帝对人的尊重和信任,人被任命为造物主的属下,被任命为上帝圣意的执行者。"①

因为基督教理解的上帝是完全人格化的,所以上帝按照自己的样子创造人类同时还意味着,人就是人格,而这至少又包含两重含义。首先,人作为有限的人格可以与上帝的无限人格进入一种对话关系——奥古斯丁(Augustine)曾充分利用该观点来建立一种基督教专有的哲学②,但是,人作为自由决定的人格,可以寻求、接受或者拒绝这一对话。其次,人作为人格,能够自主地掌控自己生命的构建。人自己可以决定,是按照上帝启示的造物秩序安排自己的生活,还是选择对抗这一秩序。如果说,古典时期的人深陷命运不能自拔,并且视自己为众神的玩物——尤其是抗争性的狄刻女神(掌管主宰一切的公正、宇宙法则)和堤喀女神(掌管机缘、命运),那么,基督教中的人却被明确赋予掌控自己生活的命运、书写自己生活的历史的使命;如果说,古典时期的人可能因为亵渎神灵而触犯法则,那么,基督教中的人却能够通过自己自由的决定去违反上帝造物的秩序;如果说,人的罪责在古典时期表现为对法则的客观侵犯,必须通过神的惩罚性干预才能重新树立法则,那么,在基督教中,犯罪却变成人的主观行为和人格过错,人应当自己去承担责任并独自作出辩解。无论人做出怎样的决

---

① 奥尔:《拥抱世界的基督徒》(*Weltoffener Christ*),杜塞尔多夫(1960年),第三版(1963年),第84页。关于这个问题也可更详细地参见慕斯纳(Franz Mussner):《救世主、宇宙万物与教会》(*Christus, das All und die Kirche*),特里尔,1955年。
② 此处参见贝尔林格(Rudolph Berlinger):《奥古斯丁之对话的形而上学》(*Augustins dialogische Metaphysik*),法兰克福,1964年。

定,他的伟大以及他超越其他造物的优越性就存在于他能够自由决定的能力之中。①

如果用形容词"自主的"(autonom)来形容人的人格,我们必须确保不对之作出错误的理解。人的人格的自主性并不意味着违背常规,它不是指人可以不受任何约束地尽情发挥自己的主观性。如果是这样,则意味着一种混乱的个人主义。根据《圣经》的理解,如果人寻求的是自我本身,并且仅仅追求以"自我崇拜"的方式实现"自我本身",那么人反而不能赢得和辨识自己真正的人性。相反,人应当丢弃自我,即把自己交托给一个他者,托付给一个更加伟大的人:"上帝与人的人性同在,只有他才能解救人,让其赢得真正的'人性'"。②

按照这种理解,那些想着自私地维护自己的存在的人却会在现实意义上丢失这种存在,这在基督教对人的身份的理解中似乎是一种悖论③。对此,《马太福音》中的一段话作出了精辟的表述:"谁意愿拯救自己的生命,谁就会丧失自己的生命;谁为我抛弃自己的生命,谁就会得到自己的生命。"④施纳肯堡⑤对此评论道:"在《圣经》中,人就这样站在上帝面前,用'你'称亲切地与上帝,这个伟大的绝对超越人之上的,但又面向人、向人启明自己的对象交谈,并进而寻找到人真正的

---

① 在意大利人文主义文艺复兴的高潮期,皮科(Pico della Mirandola)以经典的、影响力巨大的方式表达出了基督教中规定的人的根本特性。他的这种方式是,通过对创世史重新作出阐释从而视人在宇宙中的特别地位为,人不可能是被确定好的,而是需要通过自己的行动去确立自己在世界中的位置,因而,人可以并且必须成为他自己以及他的世界的创造性的建造者。
② 施纳肯堡(Rudolf Schnackenburg):《透过新约看基督教意义上的存在》(*Christliche Existenz nach dem Neuen Testament*)第 1 册,慕尼黑,1967 年,第 11 页。
③ 此处参见赫茨(Hubert Henz):《基督教意义上的身份和教育》(*Christliche Identität und Erziehung*),出自《教育展望》(*Rassegna di Pedagogia/Pädagogische Umschau*),1983 年第 41 期,第 85—102 页。
④《马太福音》16,25。
⑤ Rudolf Schnackenburg (1914—2002),德国天主教神父和新约学者。——译者注

'自我'以及人性所有的高地和低谷。"①借助这一评论,施纳肯堡同时对神学中人与上帝相像的基本观点以及有关人与上帝对话式伙伴关系的论点作出了解释。

人具有自主的独立性,由此,人可以依据自己的创造能力支配以及自主地构建自己的生活。除了指明这一点,《圣经》中还表现出对于上帝的明确向往。人的行动,如《圣经》中许多地方明确表述的那样,是一种"为追随上帝所做的改变",是在对道德责任的要求下为追求完美至善所做的努力。② 对此,狄尔泰把这个伴随基督教而产生的人格的原则准确地概括为:"一个超越社会存在的领域,在此之中,个人孤独地面对着上帝这样一种人格的存在。"③

对于这一观点,我们还需要再做一点解释,这样才能全面评估行动在基督教中占有的优越地位,以及从其形成的原因去理解这一地位。在解释的过程中,我们必须首先注意到这种对于世界和人的新的理解中的两个层面:第一个层面是,时间和历史的概念发生了变化;第二个层面是,爱的信条成为了基督教中行动的最高准绳。

基督教将世界理解为上帝的造物,这种理解包含着一种思想,即上帝在创造世界的同时也创造了时间;如若在世界从虚无中被创造出来之前就存在着某种时间的、运动的和可变的东西,这将是无法想象的,在此之前应该只存在永恒的造物主——上帝本身。创世的思想必然蕴含着一个时间的世界,这个世界从被创造出来的那一刻起便开始了。④ 奥古斯丁

---

① 施纳肯堡(Rudolf Schnackenburg):引文出自《透过新约看基督教意义上的存在》(*Christliche Existenz nach dem Neuen Testament*)第 1 册,慕尼黑,1967 年,第 18 页。
② 施纳肯堡:《从基督教福音看基督徒的至善》(*Die christliche Vollkommenheit nach den Evangelien*),出自《精神与生活》(*Geist und Leben*),1959 年第 32 期,第 420—433 页。
③ 狄尔泰(Wilhelm Dilthey):《教育学史》(*Geschichte der Pädagogik*),出自《狄尔泰全集》(*Gesammelte Schriften*)第九卷《教育学》(*Pädagogik*),斯图加特第三版,1961 年,第 93 页。
④ 此处参见卡姆莱(Wilhelm Kamlah):《基督教及历史性》(*Christentum und Geschichtlichkeit*),斯图加特第二版,1951 年。

可能是首个将基督教的历史观全面表达出来的人,他凭借自己关于上帝之城的论著对西方思想贡献了几个世纪的重要影响,他曾经用下列句子清晰地表达自己的观点:"人们有理由通过下面一点将永恒和时间区别开来,那就是,时间附带着持续更替的变化性,而永恒中却不存在任何变化。"基于《圣经》中关于创世的描述,奥古斯丁排除了这样的假想:上帝可能在创造世界之前已经创造了其他什么东西。此后,他又作出了如下论证:"毫无疑问,世界不是在时间之中,而是与时间一起被创造出来的。这是因为,在时间中发生的事情既发生于某一时间之后也发生于某一时间之前,即在逝去的时间之后,在将要到来的时间之前;单单认为只有逝去的时间是无法想象的,因为逝去的时间不可能在一个造物的可变运动上一直流淌下去,这样的造物是不存在的。正相反,世界与时间一同被创造出来,因为在世界被创造出来的同时也创造出了产生变化的运动,创世分为六日或七日似乎正是指向这一点。……不过,这些创世日到底属于哪种类型,光是想象这一问题就已经非常困难——如果有可能作出想象的话——更谈不上去解释这一问题了。"①

无论人们以何种方式解释这种对创世日的描述,总是在引入一种阶段性的历史阐释,譬如波那文都(Bonaventura)对六日创世所做的解释那样。然而,这样一种历史阐释与古典时期的循环观恰恰是背道而驰的:整个世界史开始于创世,后在上帝之子为了救赎原罪不得不取肉身为人时,即在"时候满足"中达到顶点,最后,历史不可遏制地走向世界的覆灭以及末日审判这一世界的末日。从这种末世的观点来看,几十年甚至几百年都是无足轻重的——对于奥古斯丁来说,王朝历史

---

① 奥古斯丁(Aurelius Augustinus):《上帝之城》(*Gottesstaat*)第十一卷第6节;此处引自《基督教神父著作全集》(*Bibliothek der Kirchenväter*):《神圣教父奥古斯丁选集》(*Des heiligen Kirchenvaters Aurelius Augustinus Ausgewählte Schriften*)第二卷,肯普滕,1914年,第151—152页。

的更替无外乎是人类对"无限丰富的愚蠢消遣"的尽情挥霍;真正重要的是被创造以及消逝的事实,是历史生动的双义性。历史已经在"时候满足"中得到实现,但是它仍需要被引向它的终结。这种动力同样也适用于人类个体的生命。生育和分娩、自然的个体以及人在代际更替中所具有的生物地位,这些都不重要;重要的是,人是选择在存在的短暂时间内、通过负责任的人格行动去获得永恒的幸福,还是选择荒废人的存在,继而由此陷入永恒的地狱。

这一双义性同时还伴有另外一种双义性。对此,奥古斯丁在其《上帝之城》中也做出了非常详细的论述。奥古斯丁自己完全清楚,基督教的世界观及历史观很难从宇宙论和理论上得到证明,就像古希腊的宇宙论很难在理论上被基督教的信仰驳倒一样。这是因为,古典时期理论作为对可见事物的思考性的观察与基督教中信仰一个不可见的造物主上帝,以及选用一种末世论的意义视角去理解历史,是不一样的。奥古斯丁的表述非常精炼:"在看到世界存在的同时,我们也看到了上帝的存在,于是就产生了信仰。"①对于这一关于基督教立场的经典表述,卡尔·洛维特②以更加简短的形式作出了评论:"信仰的对象在理论上是不可认知的,人们必须通过实践去信奉它。"③

事实上,基督教的论证以人们对实践和道德的虔敬为目的。基督教信奉三大基本美德——信仰、希望与爱,这些美德不可从理论上被推

---

① 奥古斯丁(Aurelius Augustinus):《上帝之城》(*Gottesstaat*)第十一卷第 4 节,第 146 页(本人—温弗里德·博姆特别强调此处);可详细参见博姆(Winfried Böhm):《圣·奥勒留·奥古斯丁》(*Aurelius Augustinus*),出自孟泽(Clemens Menze)等编:《人类图像——致鲁道夫·拉桑纪念文集》(*Menschenbilder. FS. für Rudolf Lassahn*),法兰克福,1993 年,第 29—45 页。
② Karl Löwith (1897—1973),德国著名哲学家,曾跟随胡塞尔与海德格尔研究哲学。——译者注
③ 洛维特:《世界史和极乐的到来》(*Weltgeschichte und Heilgeschehen*),斯图加特第七版,1979 年,第 149 页;此处也可参见塞维尔(Jean Servier):《极乐世界的梦想》(*Der Traum der großen Harmonie*)(巴黎 1967)德译版慕尼黑,1971 年,第三章。

导出来或者以某种形式得到"证明",而是要求人们从实践上加以领悟。①

关于信仰要说明的是:约翰福音中所说的降临世界的"圣言"(Logos)带有一种批判的力量,这里的批判(Kritsch)取其最本真的含义,即一种区别和甄选的力量。这些"话语"和这些"真理"让每个人都面临一种选择,即是信仰并追随启示者,还是坚持不信并抗拒救赎的使者。② 这个非此即彼的选择决定了人是归属于上帝之城(civitas dei)还是地上之城(civitas terrena)③。前者意味着一种充满牺牲、奉献、顺从和谦卑的"存在(Sein)"的生活方式,后者代表一种充斥着自爱、自利、虚荣和傲慢的"占有(Haben)"的生活形式。④ 至于希望,奥古斯丁针对非基督教的立场反驳道:古希腊人所认为的循环往复,从根本上来看是没有希望的,因为过去和未来原则上获得了同等的价值。这种观念缺乏信仰和爱,并且不含任何希望;与之相对,基督教中预言新的事物,即救赎,一种永恒的幸福。这份希望异常坚定,没有任何坚实的"事实"体验能够将它撼动,因为它在原则上是一种信仰,是不受任何失望侵扰的。⑤

---

① 此处参见海特格尔(Marian Heitger):《信仰、希望与爱作为教育的道德》(*Glaube, Hoffnung und Liebe als pädagogische Tugenden*),出自迪科(Joachim Dikow)编:《论教师的道德观》(*Ethos des Lehrers*),明斯特,1985 年,第 20—36 页。
② 此处详细参见布兰克(Josef Blank):《批判——关于约翰福音的基督论以及末世论的研究》(*Krisis: Untersuchungen zur johanneischen Christologie und Eschatologie*),弗莱堡,1964 年。
③ 此处参见博姆(Winfried Böhm):《教育的烦恼——双城的对抗》(*Der Antagonismus zweier ciuitates als pädagogisches Ärgernis*),出自《精神与文字——奥古斯丁研究文集/科尼黎乌斯·佩特鲁斯·迈尔 80 岁寿辰纪念文集》(*Spiritus et Littera. Beiträge zur Augustinus-Forschung. FS zum 80. Geburtstag von Cornelius Petrus Mayer*),乌尔兹堡,2009 年,第 449—457 页。
④ 后来,马塞尔(Gabriel Marcel)把这对源于基督教的矛盾概括为存在和占有两个概念,弗洛姆(Erich Fromm)又以更加通俗的方式重新探讨了这一主题。此处参见马塞尔:《存在与占有》(*Sein und Haben*),德文版帕德博恩,1954 年,以及弗洛姆:《占有或存在》(*Haben oder Sein*),德文版斯图加特,1976 年。
⑤ 此处参见奥古斯丁(Aurelius Augustinus):《上帝之城》(*Gottesstaat*)第十一卷第 21 节;引文出自《基督教神父著作全集》(*Bibliothek der Kirchenväter*):《神圣教父奥古斯丁选集》(*Des heiligen Kirchenvaters Aurelius Augustinus Ausgewählte Schriften*)第二卷,肯普滕,1914 年,第 236—241 页。

这种信赖的、无条件的希望是基督教对自我以及对世界理解中的一个基本特点。洛维特①曾经凭借自己较好的心理学上的移情能力，用一位母亲的形象来展现这一特点："一位无条件地信任自己儿子的母亲是没有过错的，即使在外人看来，事实似乎并不能为这一信任作出辩护。相反，如果儿子以谎言来惩罚母亲的信任，那么他就是有过错的。"②但是，这种源于信仰万能的和仁慈的创世主而产生的希望是不可能受到谎言的惩罚的。因此，这一希望应该成为人们摆脱对天意的顺从的理由。在奥古斯丁看来，顺从天意完全是不可接受的、难以置信的、无法忍受的和极度摈弃上帝的。如果我们的命运事实上只是同样内容的永恒往复，且没有获得救赎和永恒幸福的希望，那么，在顺从天意时我们必定会感到非常绝望。将时间想象为循环式的运动只会让我们被一种虚假的、欺骗性的幸福所蒙蔽："在此情况下，幸福就是期待着我们的不幸，而不幸就是期待着我们的幸福。但事实上，我们在尘世中遭受着当下的痛苦，死后又恐惧着来世的苦难，从未获得过幸福，确切说来一直是不幸福的。"③

当代思想很难再继续追随奥古斯丁这条追求真理和认知自我④的道路，因为这条道路的前提是，只有在那些能够理解基督教信仰的人的面前，真理，即人格化的上帝才会显现。如此，奥古斯丁从认知和理论的角度提出的要求——"信仰以便认识"(Glaube, um zu erkennen)，

---

① Karl Löwith (1897—1973)，德国著名哲学家。——译者注
② 洛维特：《世界史和极乐的到来》(Weltgeschichte und Heilsgeschehen)，斯图加特第七版，1979年，第188页。
③ 奥古斯丁(Aurelius Augustinus)：《上帝之城》(Gottesstaat)第十二卷第21节；引文同出自《基督教神父著作全集》(Bibliothek der Kirchenväter)；《神圣教父奥古斯丁选集》(Des heiligen Kirchenvaters Aurelius Augustinus Ausgewählte Schriften)第二卷，肯普滕，1914年，第238页。
④ 此处详细参见舒普夫(Alfred Schöpf)：《真理和知识——奥古斯丁关于认知的阐释》(Wahrheit und Wissen: Die Begründung der Erkenntnis bei Augustinus)，慕尼黑，1965年。

归根结底是将人类的认知与信仰联系在了一起。反过来我们也应考虑到,奥古斯丁努力证明了,借助信仰来获取知识的道路并不是非理性的,也更加不是反理性的。在此过程中,奥古斯丁得到了一个特别具有现代意义的观察结果:所有哲学思想都以某种前科学的信念为出发点。基于这一结果,奥古斯丁完全有理由发问:为什么"强烈的好奇"(curiositas)①就应当比基督教信仰中对上帝的信赖更加理性呢?好奇以获取知识为目的而看重每一个思想观念;基督教虽然信仰上帝,但上帝却发出这样的关于自己的启示:上帝就是道路,就是真理和生命。

至于最后一个美德——爱,它不仅是基督教最本真的核心,而且将古典世界与基督教世界最为清楚地横亘开来。这并非指在基督教之前人类没有乐善好施的一面,而是说基督教在爱的方面带来了一些新的理解。借用罗姆巴蒂②的精确表述可以说,爱是"这样一种因素,其消除自我让其皈依上帝,继而经由上帝以及出于对上帝之爱去爱他人,换句话讲:爱最先是宗教上的,然后是道德上的责任,是一种以上帝之名去爱他人的责任。"③一方面,这种爱是对理论在古典时期所占据的优越地位的最激烈的反抗,另一方面,它又是行动,即实践的优先地位的最生动的证明。

布鲁门伯格④在解释所谓的第三个洞喻(由阿诺庇乌(Arnobius)

---

① 舒普夫(Alfred Schöpf):《奥古斯丁》(*Augustinus*),出自霍夫(Otfried Höffe)编:《哲学经典大师》(*Klassiker der Philosophie*)第一卷,慕尼黑,1981年,第154—176页;关于此问题也可参见库恩(Helmut Kuhn):《爱的概念史》(*Liebe. Geschichte eines Begriffs*),慕尼黑,1975年,尤其参考第89及后续几页。
② Franco Lombardi (1906—1989),意大利哲学家。——译者注
③ 罗姆巴蒂:《现代世界的诞生》(*Die Geburt der modernen Welt*),德译版科隆,1961年,第60页;关于基督教中爱的问题可以参见瓦纳赫(Viktor Warnach)对此所做的非常详细且例证充分的论述:《上帝的恩惠——爱作为新约神学的根本动因》(*Agape: Die Liebe als Grundmotiv der neutestamentlichen Theologie*),杜塞尔多夫,1951年。
④ Hans Blumenberg (1920—1996),德国哲学家和思想史学家,被认为是20世纪德国最重要的哲学家之一。——译者注

继柏拉图和亚里士多德之后于公元四世纪初所作)时清楚地表明,阿诺庇乌做出这一比喻的用意恰恰是为了证明,古典人类学认为人天然拥有追求理论和真理的倾向的基础论点是荒谬的。至于第三种洞喻与柏拉图及亚里士多德洞喻的矛盾所在,布鲁门伯格将矛盾本质总结为:"古典时期关于人的理解越难得到证实,基督教美德对于人的实现所起的作用就越清楚。"① 信仰,希望,尤其是(实践的)爱取代了(理论的)真理的地位。事实上,基督教中决定性的新认识就是:基督徒对上帝的爱以及对邻人的爱而引发的行动成为人完善自我的最高形式,以及人构建自我的最佳途径。

使徒保罗尤其对这种爱给予高度的赞美,他在致哥林多教会的第一封书信中无比清楚地写道:知识只会令人膨胀,爱却使人感化。对于他自己,保罗也如是说道:即使我能说万人的方言,天使的话语,如果没有爱,我就成了鸣的锣,响的钹一般。② 福音传教士约翰将他所宣告的"在新的光亮中存在"完全等同于对邻人的博爱:"谁爱他的兄弟,谁就处于光亮之中,不会有任何不悦。"③ 耶稣本人也非常明确地将博爱的戒律置于首要的位置,并宣称它与爱上帝同等重要。由此,《旧约》中的这条戒律不但没有废除,反而还成为一个原则,得到了升华和圆满。④ 在马太记录下的耶稣和富有的年轻人的谈话中,博爱思想得到了一致的表述。耶稣要求他的谈话对象除了只在法律上遵守戒规外,还必须抛开自我及一切,依据爱上帝和爱邻人的原则去做出行动。施纳肯堡对这一谈话评论道,为了追求完美至善,"年轻人必须做出极端的行动,在他的情况下就是抛弃财

---

① 布鲁门伯格:《哥白尼世界的起源》(*Die Genesis der koperkanischen Welt*),法兰克福,1975 年;1981 年袖珍版,第 34 页。
② 《哥林多前书》第一封 13,2。
③ 《约翰福音》2:9—10。
④ 《马太福音》22:37—40。

富追随基督。"①这里我们谈到了戒律,但它并不是指外部强加的要求,而是伴随爱自发形成的一条道路,并且似乎是从爱中自然产生的:戒律只应被理解为"爱的表现",除此理解别无其他。②

我们无法描绘,这种行动的爱的原则是如何在基督教世界观的形成过程中逐渐贯彻自己并最终获得成功的(这一原则尤其需要抵抗新柏拉图主义及希腊化时期对沉思的静观的尊崇)。这里请允许我再次提及奥古斯丁。作为思想家,奥古斯丁为我们无法描绘的这幅图景标注出了比较清晰的轮廓,并将其置于一幅固定的框架中。如此,即使这些轮廓非常粗糙,我们还是可以认为,理论生活超越实践生活的优越地位最迟在奥古斯丁那儿走向了坍塌;同样,古典时期的那种观念(这一观念还与当时支持奴隶制度的社会相关联),即所有日常必需事务必须居于自由、尊严的完美生活之下,也最迟在奥古斯丁那儿走向了终结。新柏拉图主义把实践行动单纯地看作清除去往更高境界的障碍,也遭到了奥古斯丁的摈弃。对于奥古斯丁以及在他勾画后逐渐丰满起来的基督教世界观而言,实践的生活,即实践行动的实施,本身就是目的而不单纯仅是手段。如果基督教的爱的行动也适用于一个不是人类永久家园的世界,那就必须把这种行动当成唯一的、真正重要的东西来实施,并且认真对待它们。③

赐饥者餐食、留行者住宿、舍赤身者衣衫、教不知者知识、使迷途

---

① 施纳肯堡:《从马太福音看基督徒的至善》(*Die christliche Vollkommenheit nach Matthäus*),出自《透过新约看基督教意义上的存在》(*Christliche Existenz nach dem Neuen Testament*)第 1 册,慕尼黑,1967 年,第 149 页(本人——温弗里德·博姆特别强调此处)。
② 罗茨(Johannes B.Lotz):《爱是三者的统一》(*Die Drei-Einheit der Liebe*),法兰克福,1979 年,第 181 页。
③ 罗波科维茨(Nicholas Lobkowicz):引文出自《理论和实践:从亚里士多德到马克思的概念史》(*Theory and Practice. History of a Concept from Aristotle to Marx*),诺特达蒙—伦敦,1967 年,第 66 页。

者知返、引桀骜者谦逊、予病者探望、解囚禁者枷锁、树绝望者信心、令死者安葬,这些都是基督徒慈悲悯人的表现,也是对基督教行动的预先检验。虽然认为这些"行动"足以表明一个人的基督徒身份过于夸张,但是有一点是可以肯定的,即他作为基督徒是有义务去履行这些行动的——即便为世俗之事弄脏自己的双手也毫不在意。接受爱的馈赠的邻人,不是古希腊和古罗马文化中所限定的城邦和帝国的公民,也不是犹太教中所限定的优选民族的同胞,邻人不光是那些由于亲缘、友谊、爱情或同情与我们亲近的、熟悉的或有关联的人,而且是(或者说恰恰更是)那些陌生的、不引人注意的、潦倒的、令人反感甚至厌恶的人。《马太福音》中关于最后的世界审判这样写道:那时,每个人所做的爱的行动都会被拿来作为审判他的依据,尤其是他对最卑微的兄弟所做的爱的行动。那种宣称爱着上帝,但却不用自己的行动向他人证明这种爱的人,尤其会遭到唾弃。①

关于这样一种世界观,乐善好施的撒玛利亚人的寓言无疑最具启发意义,《圣经》因而也对这一寓言作出了讲述。除了传教内容之外,这一寓言还清楚地指明了基督教的行动,或者说实践(Praxis)与创制性制造(poietisches Machen)之间的本质区别。行动的博爱原则要求人们主动帮助陷入困境之人,即使结果徒劳而返——人不可能逆转困境,给予帮助也是一种善行。行动的质量并非由实际的有效结果决定,而是由支撑行动实施的精神和信念决定。这大概就是奥古斯丁那句非常容易遭人误解的话所要表达的意思:"爱并且做你想做的事吧!"

近代世界观及其创制的统治地位

人类活动的地位在近代又再次发生了彻底的改变:这时,人的优越

---

① 罗茨(Johannes B.Lotz):引文出自《爱是三者的统一》(*Die Drei-Einheit der Liebe*),法兰克福,1979年,第205页。

性不再由理论的静观以及实践的行动而造成,而是改由人的一种能力造成,即让自然和世界臣服于自己以及自己的生产性制造(创制)的能力。

用寥寥几笔粗略地勾勒出基督教世界观的做法已是一次冒险,并且这次冒险付出的昂贵代价是,这幅基督教世界观的草图不得不放弃所有细微的阴影部分。原本,中世纪基督教人类学的四大典型流派起码都应包含在草图之中,它们分别是奥古斯丁、托马斯·冯·阿奎那(Thomas von Aquin)、佛朗士·冯·阿西西(Franz von Assisi)以及约阿希姆·菲奥里(Joachim de Fiore)。① 如此看来,想要通过简单几笔就呈现出近代的科学的世界观,这根本就是没有希望的。如果非要无畏地做此尝试,那么似乎这样解释比较合理,即我们所关心的不是描绘整个世界观的全貌,而仅仅是突现其中一个层面,当然这个层面具有典型的代表性。原则上说来甚至存在这样一个疑问,即这样一个统一的近代世界观是否真的存在;还有一个疑问是,近代这一时期是否真的已经结束。如此一来,这些问题也就同样指向了其他两种"世界观"。至少在基督教的世界观上,统一的世界观是否真实存在的疑问是难以掩盖的;最后,疑问也会指向,我们是否真的早已摆脱基督教的世界,生活在后基督教的世俗世界中。

此处,我们不得不将疑问搁置一边而主要去阐明创制的统治地位。在阐明这一地位时,我们探讨的是弗兰西斯·培根的思想,因为他是近代第一个也是最有力地赋予创制统治地位的人。接着,我们必须指明近代思想的一个基本特点,这一点对我们在这里讨论的内容具有很大的启发意义,其通常被称为世俗化。然后,我们将会引出对近代思想世俗化发展的一个解释,并且是从心理分析的角度,这可能是

---

① 此处参见苏荷多斯基(Bogdan Suchodolski)所做的杰出研究:《中世纪哲学人类学四大流派》(*Les quatre types d'anthropologie philosophique au moyen age*),出自《七世纪的托马斯·冯·阿奎那》(*Tommaso d'Aquino nel suo VII centenario*)第七卷《学者》(*L'uomo*),那不勒斯,1974年,第182—191页。

最让人意想不到的一点。这一解释只是从众多解释模型中找出一个做出来的。使用这一模型不是要用它来得出确定的答案，而是要用它来实现解释模型的功能：打开视野、启发问题。关于近代科学世界观的世俗化过程，我们只需记住这种世俗化的基本特点，并借助少许几个典型例证加以想象，如果再做过多的说明反而会画蛇添足。最后，关于弗兰西斯·培根，需要说明的是，有关培根的研究已经充分表明，他对现代自然科学的影响远比现在人们认为的要小得多，而且他的作用远不止自然科学的宣传员和思想家这两个身份。培根对于未来的影响在于——对此不存在任何质疑——他以自己的热情和说服力维护了那种新科学的思想。这种新的科学不再固执地坚守既空洞又无用的猜想，而是终于结出了有用的实践成果。新的科学应当是"实践的"，也就是说，培根认为新的科学应当能够在技术和工业的进步中获得运用和利用。所有人，尤其是从事科学的人，应当以改善人类的生存条件和造福大众的福祉为目的，出于神圣的使命团结在一起。[①]不久之后，笛卡尔在其具有划时代意义的、有关正确运用理性的方法的著作[②]中，以人能够想到的最清晰的、同时又很简短的方式，将培根的这种意思和意图表达了出来。在这篇著作中，笛卡尔将自己出版这一作品的原因解释为，"获得对生存有大的利用价值的知识，放弃经院中所教授的空想的哲学，转而寻求一种实践的哲学。实践的哲学教我们精确地认知火、水、空气、星星、天体物质以及其他存在于我们周围的物体的力量和作用方式，就像我们精确地去学习手工匠不同的工艺技巧一样。正是通过这种认知，我们才能像运用工艺技巧一般，将这些物体

---

① 此处尤其需要参见法灵顿（Benjamin Farrington）：《培根——工业科学的思想家》（*Francis Bacon: Phiosopher of Industrial Science*）（首印 1949 年）纽约，1979 年。
② 笛卡尔：《谈谈方法》（《谈正确运用自己的理性在各门科学中寻求真理的方法》，莱顿，1637 年），格莱贝（Ludger Gräbe）重新翻译出版，汉堡，1960 年。

运用于适合它们的用途,从而让我们自己成为自然的主人和拥有者"。①

对于这里使用的"实践"一词,大家肯定会感到非常疑惑。既然现实情况是"创制"拥有统治的地位,为何培根本人(还有笛卡尔)都在谈及"实践"以及科学的"实践化"呢？事实上,这一疑惑恰恰引出了最关键的一点,即培根对理论和实践的概念重新进行了解释。培根宣称自己的一部作品有别于亚里士多德的逻辑学著作,并为其添上了一个讲究的名字——《新工具》。在此作品中,培根有意阐述了理论和实践概念的转变。②

那么,"实践"现在到底指什么呢？还有,认知自然要与手工艺相互联系又是什么意思呢？通过批判当今的科学,我们可以间接地找到这些问题的答案：从古希腊人那里流传下来的对于真理的寻求,由于其先验的思考方式已经远离了物质本身。仅仅在"人类精神的狭小空间"内寻求真理,这种方式脱离了自然,并最终变成与经验无关的。几百年来,这种对于真理的寻求没能做出一个真正缓和或改善人类境况的行动③；行动少,空话多,这种方式只是纯粹的纸上谈兵,虽然能够引发无限奇特的争辩,但却完全不适用于认知自然,尤其是掌控自然；事实上,它所产生的只是一连串的教师和学生,而这其中却没有一个人能成为发明者④。手工匠的机械工艺却与之不同,那里有发明的产生,它们实际上改变了地球的面貌,对此,培根反复使用了印刷术、火药和指南针的例子。这些发明又带来了无数的变化,它们是哲学的世界智

---

① 笛卡尔:《谈谈方法》(《谈正确运用自己的理性在各门科学中寻求真理的方法》,莱顿,1637年,格莱贝(Ludger Gräbe)重新翻译出版,汉堡,1960年,第50页(本人——温弗里德·博姆特别强调此处)。
② 这部作品完成于1607年,出版于1620年。布尔(Manfred Buhr)编:《新工具》(*Das neue Organon*),柏林,1962年。下文的阐述和引文皆出自这一版本。
③ 培根:《新工具》(*Das neue Organon*),第73条格言。
④ 培根:《新工具》(*Das neue Organon*),第71条格言。

慧做梦都难以企及的。在培根看来,这些成就能够取得的原因在于,机械工艺是以物质的确定性为出发点的,是以"自然和经验的光亮"为依据的[1],并且,它们在与自然的劳动相处中从不会丢失与物质本身的联系。

培根严格区分了哲学以及神学的研究范围,并将如下观点作为自己的支撑论点:存在的世界虽然是万能的上帝的造物,但在原则上却没有表现出与造物主拥有共同之处,尤其是,造物主向人类隐瞒了造物的最高法则和最终目的。通过这一方式,培根成功地把世界缩小到了物理性的宇宙之上,并且得出结论:研究物理宇宙的形成原因和发展过程才是科学认知的唯一使命。[2] 科学的使命不再是沉思的静观以及对世界是什么和为什么的探究——确切地说,这样一种理论或哲学甚至会被人们当成谬论来审视,或被归为蒙蔽人类理性的假象[3]——相反,科学的使命变成了对"怎么样"的探究。"知的目的是预知",这句话成为新科学的座右铭,而"带着怎么样的问题去理解世界的方法"将会让世界变成人类的一个奇迹"。[4]

由此,世界作为纯粹的事实、工具性的思维以及人类对自然的掌控相互缠绕在一起,这一点在培根有关基督教原罪说的独到阐释中得到了清楚的说明。[5] 培根认为,原罪因人那自负的意图而起,人不满足于分配给他的知识类型,而是想要去探究上帝的想法。在此之后,世

---

[1] 培根:《新工具》(*Das neue Organon*),第 74 条格言。
[2] 此处参见施拉德(Wiebke Schrader):《"为什么"问题的消解》(*Die Auflösung der Warumfrage*),阿姆斯特丹,1975 年,以及安德森(Fulton. H. Anderson):《培根的哲学》(*The Philosophy of Francis Bacon*),芝加哥,1948 年,纽约新印本 1975 年。
[3] 关于培根的假象学说请参见法灵顿(Benjamin Farrington):《弗兰西斯·培根的哲学》(*The Philosophy of Francis Bacon*),利物浦,1970 年。
[4] 施拉德(Wiebke Schrader):引文出自《"为什么"问题的消解》(*Die Auflösung der Warumfrage*),阿姆斯特丹,1975 年,第 35 页。
[5] 这里我参考的是顺贝尔格(Dirk Schönberg)未出版的哲学硕士论文,标题为《归纳法和工业实践——论培根的解释中存在的问题》(*Induktive Methode und industrielle Praxis: Ein Beitrag zur Begründungsproblematik bei Francis Bacon*)(乌尔兹堡大学,1981 年)。

界原本和谐的状态因为原罪被打破,人类丧失了对世界的统治,世界似乎变得难以驾驭。通过新科学,人类才能重获这种主权和权力,这就是新科学最本真的目的。

按照培根的观点,两种学术思想阻挡了这种"人类王国"的进步,即唯理主义和怀疑主义。它们妨碍人大胆地占有自然和有力地支配自然,唯理主义是出于懒惰和无忧,而怀疑主义则是出于无望和绝望。与之相对,新科学的进步在于,科学家作为"自然正当的翻译者",懂得"通过行动和实验去推导原因和原理,并继而由原因和原理再次推导新的行动和实验……"① 如果我们在读这句话的同时一起读一下《新工具》中著名的第三句格言——"人类知识与人类权力归于一;因为凡不知原因时即不能产生结果。要支配自然就须服从自然"②——我们就能看到理论的新理解中包含的全部要素。

理论和实践概念的彻底转义及其影响

科学认知从经验和实验出发,寻找因果性的自然运行法则,其目的是通过服从这些法则来获得掌控自然的规律,即创造技术成果的规律。这种带有操作性的理论以手工匠的机械工艺为出发点,其目标是促进并系统地扩充机械工艺,使之发展成一种工业的实践。对此,迪克特赫斯③的观点应该是有道理的。他认为,培根由行动和实验推导原因和原理、再由原因和原理推导新的实验和行动的方法,就是在将手工业的工艺流程系统化。④ 在此基础上,我们还可以接着说,这种方

---

① 培根:《新工具》(*Das neue Organon*),第 117 条格言。
② 培根:《新工具》(*Das neue Organon*),第三条格言。(中文翻译参考许宝骙译本,商务印书馆,1986 年。——译者注)
③ Eduard Jan Dijksterhuis (1892—1965),荷兰科学史学家。
④ 迪克特赫斯:《世界观的机械化》(*Die Mechanisierung des Weltbildes*),德文版柏林,1956 年。

法标志着一种多元技术的科学的诞生,预示着一种多元技术的教育的出现。这是因为,这种新的实践不仅建立在手工业者的经验之上,而且还以科学的"真实原理"为基础,也就是说,它把科学和机械工艺联系在了一起,由此,这种新的实践远远超越了手工业的实践。

于是,理论的这个新定义与古典时期的理论理解形成了天壤之别。现在以及以后,理论不再是对永恒的、不变的元初原理的客观观察,不再是对真理的静观或沉思,相反,近代意义上的"理论"指的是一种完完全全工具化的知识,换句话讲,就是一种"技术诀窍"(know how)。理论的理解出现这种转变,不是因为人们对真理或知识的兴趣减弱了,而是因为一种信念的转变。人们认为,沉思的静观无法再让人获得真理,唯有积极的行动才是正确的途径。人只有自己去检验核实才能获得确定的知识。为了获取认知,人必须采取行动,尤其是进行实验。根据这种对真理的新的理解,"人只可能认知自己制造出来的东西,或者原则上说还有人能够制造出来的东西"①,由此,理论一方面以最紧密的方式与"实践",即实践的效用,联系在了一起;另一方面,理论的进步又与工具仪器的制造、精细化和再开发结合在了一起,借助工具和仪器,人们可以窥探自然并重构自然的发生过程。事实上,近代科学的进步与技术的发展存在着不可分割的联系。在此方面,怀特海②的观点无疑是有道理的。他认为,至少从 19 世纪开始,没有哪一样发现是可以提前取得的,也就是说,每一个发现都必须等到相应的工具被发明出来之后才能实现(就在本书初稿完成的几日,日内瓦发现了第六种夸克,这个让人印象深刻的例子证明了该观点的正确性)。

相比之下,"实践"概念发生了更大程度上的转义。既然"理论"

---

① 阿伦特(Hannah Arendt):引文出自《行动的人生抑或劳作的人生》(*Vita active oder Vom tätigen Leben*),慕尼黑,1981 年,第 22 页。
② 怀特海(Alfred N. Whitehead):《自然的概念》(*The Concept of Nature*),剑桥,1920 年,第 32 页。(怀特海(1861—1947),英国数学家、哲学家。——译者注)

现在仅仅指向某物是怎么样的、是经过何种手段和过程形成的,以及怎样可以对这些过程进行重构和模仿,那么,作为理论的相对概念,"实践"也就不能再停留在古典的和基督教的意义上了。与操作性的理论和工具化的技术诀窍相对应的不再是人的行动,而是生产性制造。于是,人类活动的地位排序就发生了变化,其最高位置现在由古希腊人所谓的"创制"(poiesis)活动占据,即制造(Machen)、产出(Fabrizieren)、制作(Verfertigen)和生产(Herstellen)。这一现象背后的原因非常明显。人类对于理论的兴趣已经从是什么和为什么的问题转移到了某物是怎样形成的这样一个"现代"的问题,再加上一种信念的形成,即人只能认知自己制造的东西,这些因素导致了对于所有的不是由人制造出来的东西,人们必须尝试去模仿和重构其形成的过程。在此之中,认知一方面依赖于在它之前完成的工具和仪器的制造;另一方面,实验本身就具有一个强烈的制造的元素,这使得实验本就属于制造的一种类型。① 此外,近代科学中获得巨大成功的"经验"概念也绝不可以在被动的意义上被理解为纯粹的遭遇。虽然如此意义上的经验也会发生在我们身上,但它绝不是真正向我们传授认知的经验;真正传授认知的经验应当是完全主动性的。短语"制造经验"(Erfahrung machen)所表达的就是"经验"的动词(erfahren)表达的意思:经验是研究、查探、验证、征服,它们能比纯粹的偶然、单纯的运气和任意的随机带来更多的收获,于是,人们乐意将经验付诸行动,并依据科学的实验对它们做出"系统"的安排。②

"理论"概念的转义不如"实践"概念的转义那样值得人注意和令

---

① 参见阿伦特(Hannah Arendt);引文出自《行动的人生抑或劳作的人生》(*Vita active oder Vom tätigen Leben*),慕尼黑,1981 年,第 288 页。
② 如果这种新的科学最终按照某一种方法来操作,且在组织管理上进行劳动分工并作为一种制度被长久确定下来,那么它就能将机械工艺扩展为工业实践;如此,这种新的科学就会成为工业文明的基础以及这一文明进步的推动力。

人迷惑。我们现在所谓的"实践"已和过去截然不同,其真正的意思其实是指创制。然而,这种意义转变所带来的混乱和误解却是非常明显的。因此,当现今的人们反复高调呼吁教育理论的"实践关联"时,如果不想造成误解和困惑,就需要在每一种情况下都确切指明其想要表达的内容:是教育思想要与一种教育的行动相结合,还是教育学应当采纳可应用的"技术诀窍"的形式,以及教育应当建立一套经过科学证实的、可信赖的规则体系以便生产和制造教育的"产品和成果"——就像培根所说的那样?如果说"实践关联"一词已经家喻户晓,那么首先必须搞清楚联系的对象到底是什么:是人类行动的实践,还是仅仅被叫做"实践"的生产性制造,即创制;毕竟,这与要发生联系的那个事物的本性是相互挂钩的。当人们抱怨所谓的"实践休克"(Praxisschock)时,也必须立即解释清楚,抱怨的对象是什么:是因为人的行动过于复杂、纠结和难以估计,还是因为教育方法在制造和生产的意义上无用、不当和不足。

下一章里我们将会继续探讨这些问题,但是在此之前我们不得不先来说一说,我们直至此刻一直在论述的、近代科学世界观中的"理论和实践的翻转"(汉娜·阿伦特)带来了两种什么样的影响。

近代科学的世界观经常被称为是以人为核心的。这种称谓一方面将它与古希腊时期以宇宙为中心的世界观区分开,另一方面又特别将它与基督教以上帝为中心的世界观区别开来。以上帝为中心的世界观以及以人为中心的世界观之间的对抗表明,随着近代科学的兴起,上帝以及对世界的超验解释越来越淡出科学思考的视野。人越来越把自己理解和体验为世界的制造者和生产者,人的认知指向的是那些由他自己制造出来的或正打算要制造的物质。当世界被缩小至物理宇宙的范畴时,上帝就不再是解释这一世界必需的存在了;此时,世界被认为是固有的和功能性的。

托马斯·冯·阿奎那在中世纪鼎盛时期以令人印象深刻的方式将亚里士多德哲学和基督教学说综合起来，继而得出了一个集哲学、自然神学和启示神学于一体的综合学说；中世纪教会与国家联合后，信仰异教几乎等同于危害国家的犯罪。基于这些，近代科学分离教会与国家、打破经院哲学思想堡垒的做法引发了多种冲突。

哲学领域起初并没有与教会产生任何矛盾，文艺复兴和人文主义的引领人物都具有浓厚的基督教思想，譬如彼特拉克、维柯、莎士比亚、乔叟等。神学领域酝酿的激烈冲突在宗教改革时期公开爆发出来，代表人物有路德、慈运理、加尔文、海因里希八世等。自然神学领域应该也发生了同样激烈的与近代科学观的冲突，许多现代科学的先锋人物一定都切身感受过这一冲突的逐渐升温。然而，无论是伽利略还是布鲁诺，无论是开普勒还是牛顿，无论是培根还是笛卡尔，无论是中世纪的炼丹师还是早期的医学家，都不情愿发生如此耗尽一切代价的剧烈冲突。除此以外，似乎还存在一条出路能让冲突双方放下争斗。而要找到这条出路，只需从头到尾理清那个在基督教传统中根深蒂固的对于"自然的"启示（创世）和"本真的"启示（上帝之言）的区分，并把《创世记》和《启示录》这两个《圣经》篇章仔细区分开。阿奎那本人也曾说过：在关于自然的《创世记》中，上帝通过他的造物来呈现自己，而在关于启示的《启示录》中，则记载着上帝的圣言。此外，两者使用的语言也不相同：《启示录》使用的是希腊文和希伯来文，《创世记》使用的却是数学的语言。

如果说从历史的角度看，这种严格的区分起初主要出于政治的目的，然而不久之后，事实就表明，只有当新的科学不依赖并摆脱宗教思想和神学理念去研究自然和解释自然的进程及现象时，它才能胜任自己提出的要求。

由此，哲学和神学以及严格的科学被分离成两大独立的版块，这种通常被叫做世俗化的过程①发生在人类认知的各个领域。以前，人们认为好法规的本质是要符合上帝的戒律，不久后，边沁②提出了一项新的（可以从数学的角度理解的）标准，即好法规应该让最大限量的人获得最大限度的幸福；以前，人们由创世史出发去解释人的起源，之后，达尔文提出了人是由低等生命阶段进化而来的学说；以前，人们一度把疾病归咎于善灵或恶灵的影响，或视疾病为宿命和惩罚，之后，医生魏尔啸（Rudolf Virchow）和科赫（Robert Koch）把疾病归因于细菌及其他微生物的影响；以前，人们一直将教育理解为对儿童成长和人类发展的影响，之后，杜威（John Dewey）把教育视为成长和发展本身③；以前，人们只会结合人的精神一起来看人的行动，之后，约翰·华生④把人的行为解释为对外部环境刺激的反应；以前，评价道德规范的标准是看它们在多大程度上符合至善的典范和永恒的原则，现在，个人或社会团体以道德规范对自己的影响及利用价值为标准选取相对的规范作为自己的偏好。奥古斯特·孔德（Auguste Comte）宣布，一个脱胎于宗教和形而上学前期阶段的科学时代已经到来。最后，宗教在马克思那里成为统治阶层基于一定经济条件做出的杜撰和发明，在弗洛伊德那里成为神经官能的文化想象。尽管马克思和弗洛伊德的

---

① 在理查兹（Alden LeGrand Richards）（至今可惜）未曾发表的博士论文——《学术世界观的世俗化——过程史及其对教育科学的意义》（*The Secularization of the Academic World-View: A History of a Process and its Implication for a Science of Education*）中，这一过程的重要阶段及其对教育科学的影响得到了清晰的描绘：杨百翰大学，普罗沃市（犹他州），1982年。
② Jeremy Bentham（1748—1832），英国哲学家、法学家和社会改革家。——译者注
③ 差不多从培根那里就可以预见到，发展的概念几乎必然会占据非常重要的地位。因为，培根的科学其实不再把物质当作它的研究对象，而是去研究发展的过程。严格说来，这种科学不再研究物质是什么，而是研究物质怎样或者曾经怎样发展为现在的样子。此处参见阿伦特（Hannah Arendt）：引文出自《行动的人生抑或劳作的人生》（*Vita active oder Vom tätigen Leben*），慕尼黑，1981年，第287及后续几页。
④ John Watson（1878—1958），美国心理学家，心理学行为主义学派的创始人。——译者注

人类学观点相差很大,但是两者原则上都把人理解成一种"反形而上学"的现象。①

必须立即补充说明的是,无论宗教的、形而上学的世界观与科学的世界观在这一世俗化的过程中如何分道扬镳,两者之间愈发清晰的隔阂并不意味着现代科学一定就是无神论的——无神论这一立场并未在科学上得到合理的解释,其本身只是一个基于宗教和形而上学之上的(反)立场。借用《创世记》和《启示录》来作比喻其实能够更加准确地表达这两大世界观之间的关系:那些研究《创世记》的人会直接将《启示录》搁置一旁;他们避谈《启示录》,对之不予理睬。哈维·考克斯②对这一事实做出了非常精确的描述:"世俗化的力量对摧残宗教并没有太大兴趣。世俗化仅仅是在回避宗教和削弱宗教,然后转而去做了其他事情。它把宗教的世界观视为一种相对的观点,并表示它们是无害的。由此,宗教被私人化了。"③

除此之外,人们还可以同时观察到另一种现象:尽管近代的科学家在科学研究时持这样的出发点,即上帝是不可以用来解释世界的,尽管他们在此过程中尽量摆脱来自宗教和形而上学的一切干扰,但是,他们自己却没有必要一定是无信仰的和不信教的,更谈不上是无神论者了。他们可以——这里似乎也可以借用《创世记》和《启示录》来作比喻——在科学研究中关注自然之书,在生活中却完全遵循启示之书,也就是说,他们可以同时是严谨研究的科学家和笃信宗教的"形而上学者"。究竟这种分裂会给科学家带来哪些问题,这里我们不予讨论。但是,科学观察和哲学存在的观察之间的严格区分是否可以毫无问题地移接到人的教育和教化之上,这却是我们后面不得不探讨的

---

① 此处参见纳普(Guntram Knapp):《反形而上学的人:达尔文—马克思—弗洛伊德》(*Der antimetaphysische Mensch: Darwin-Marx-Freud*),斯图加特,1973年。
② Harvy Cox (1929—),美国神学家。——译者注
③ 考克斯:《世俗城市》(*The Secular City*),纽约,1968年,第2页。

一大问题。①

鉴于前面讨论的内容,我们应当更多地去关注理论和实践理解的彻底改变带来的另一个结果。当"理论"在近代的科学的世界观中变成工具性的"技术诀窍",当"实践"转变为对这些操作性规则的运用,即创制时,那么真实的实践,即自由的、自我负责的人类行动又发生了何种变化呢?就此可能会出现两种情况。要么是这种行动逐渐并最终完全从科学探究的领域中消失,要么是它也同样依照创制的模式获得不同的理解。在后一种情况下,人们依照统治自然的"人类王国",也为人的行动确立了一个目标,即"人的技艺"(托马斯·霍布斯(Thomas Hobbes)),也就是一个在科学上可信的、在技术上稳固的"统治人的人的帝国"。

前一种情况根本谈不上解决人的行动的难题。相反,这种情况反而会扯出一个经验科学原则上填充不了的空洞,即目的和目标的问题。一个东西如何被制造出来或者一件事情如何产生一定要与另一个问题区分清楚,即这个东西是否应该被制造或者为什么应该被制造出来。然而,只有等到缺乏目的和控制的生产及技术制造带来的风险变得异常明显和不容忽视之后,我们才会明白这一点。② 至于这一点会给政治造成什么后果,哈贝马斯(Jürgen Habermas)应该是除汉娜·阿伦特之外给出最清楚阐释的人。他曾这样表述道,"政治从科学中获得了理性的指导,实践从技术中获得了理论的建议,与之相对,那个固有的关于目的和目标的剩余问题也在生长,对此,经验科学分析不得不宣告自己的无能。由于经验科学的分化,也由于规则不再能

---

① 此处参见那本颇具启发意义且材料十分丰富的选藏文集,博森(Markus Böschen)、格雷尔(Frithjof Grell)和哈特-彼得(Waltraud Harth-Peter)编:《基督教教育学——争议》(*Christliche Pädagogik-kontrovers*),乌尔兹堡,1992 年。
② 此处参见芬克(Eugen Fink)那本非常具有阅读价值的书:《论人的力量》(*Trakat über die Gewalt des Menschen*),法兰克福,1974 年。

够指明真理,因而留给纯粹判决的空间就扩大了:实践的本真范畴越来越不受方法论研究的束缚"。①

关于教育学因此受到的影响,卡特尔法莫②最终通过深入探究意识形态与教育之间的关系③做出了非常清楚的阐释。卡特尔法莫区分出了三种教育学:一种是为意识形态服务的,一种是与意识形态辩证对立的,最后一种是与意识形态保持中立的教育学。最后这种教育学要求自己,并且仅仅是自己,在近代的科学的意义上成为有关教育的科学。这种"中立的教育学"(卡特尔法莫)不探讨目的和目标的问题,它把教育学限定为(在近代的意义上)论述教育手段和教育工具的理论,因而可以被界定为一种完全工具化的知识。虽然这种教育学已经认定一个制定目标的主管机关为前提条件(否则它所谓的手段和工具就是空无目标、无的放矢),但是,这个主管机关却游离在科学的体系之外。此外,由于这种科学的体系,如刚才所说,将自己限定为一种有关手段和工具的理论,因此其根本不容许就主管机关及其制定的目标做任何有关接受或反驳的评价。这样一种中立的教育学表现出来的每一种形态都"专注于研究教育行动的过程以及教育行动的技术实施,并且原则上用它们的研究和研究结果服务于任意一种意识形态。在这种情况下,教育学家表现出意识形态的中立性,如同无信仰之人一般(即使在他灵魂深处住着一个坚定的信仰),同时,教育者原则上成为一个实践者(近代意义上的实践者,即创制者——温弗里德·博姆注)和技术员。"当然,卡特尔法莫补充道,所谓的中立教育学作为一种纯粹工具化的和操作性的知识,其各个流派是不从属于任何一种意识形态的,"但是,它们无疑被暴露在意识

---

① 哈贝马斯:《理论与实践》(*Theorie und Praxis*),法兰克福,1978年,第52页。
② Giuseppe Catalfamo (1921—1989),意大利教育学家。——译者注
③ 卡特尔法莫:《意识形态与教育》(*Ideologie und Erziehung*),德文版乌尔兹堡,1984年。

形态面前,因而(可以)被意识形态作为工具加以利用"①,它们永远都无法完全摆脱这样一种风险,即被每一种传播着的意识形态,尤其是各个时期占据统治地位的意识形态贬低为为其服务的殷勤的女仆或驯服的妓女。

第二种情况是,人们尝试把那个在自然探究中得到验证的操作方法迁移到人类事务的领域之上,也就是尝试按照创制的模式来处理伦理和政治,最后甚至还有教育。因为深受培根的原则——"知识就是力量"的深厚影响,以及在方法上受到笛卡尔的建议——"认识你自己"的触动,托马斯·霍布斯在其政治哲学中所做的是,依照上帝用来统治宇宙的自然的技艺,找到方法和路径来制造一个人为的生命体,即我们称为国家或共同体的那个东西。他在《利维坦》序言的开篇就指明了方向:"上帝在创造和维护世界时诠释出了自然,或者说智慧,对此,人类工艺模仿得是如此成功,以至于它也可以像制造其他产品一样,制造出一个必须被称为人造生命体的东西。"②通过用钟表及其相互咬合的齿轮连同带动整个机制运作的弹簧作比喻,霍布斯清楚地呈现了他对这个人工造物,即国家的设想:一个如同钟表一样利用齿轮和弹簧使自身运转的自动装置。③

早在霍布斯之前,马基雅维利(Machiavelli)就已经在他的《君主论》中向我们展示了他的政治观。这种政治观大大去除了人的行动特

---

① 卡特尔法莫:《意识形态与教育》(*Ideologie und Erziehung*),德文版乌尔兹堡,1984 年。
② 霍布斯:《利维坦》第一部分和第二部分,迈尔(Jacob Peter Meyer)译,斯图加特(Reclam),1980 年,第 5 页。
③ 此处参见奥克斯霍特(Michael Oakshott)为他自己编辑出版的《利维坦》所作的、具有较强学术性的序言——霍布斯著/奥克斯霍特编:《利维坦,或教会国家和市民国家的实质、形式和权力》(*Leviathan or the Matter, Forme and Power of a Commonwealth, Ecclesiasticall and Civil*),牛津,年代不详,页码 VII—LXVL。关于霍布斯对国家的定义可详细参见霍尼斯瓦尔德(Richard Hönigswald):《霍布斯与国家哲学》(*Hobbes und die Staatsphilosophie*),慕尼黑,1924 年。

性(古典意义上的实践),变成了为(这里指君主)赢得和维系权力所提供的技术指导。利奥波德·冯·兰克[①]对《君主论》作出了如下著名的评论:"马基雅维利想要治愈意大利;然而,意大利的状态在他看来是如此令人绝望,以至于他大胆使用了毒药作为治疗的药方。"[②]评论中认为马基雅维利从自身的痛苦经历出发写下《君主论》中的政治理论,这一点是正确的。在阅读《君主论》时,我们必须考虑到马基雅维利的这些政治经历,这样才不至于像人们通常所做的那样,把这部作品误读为一个由毫无顾忌的、诡计多端的权力政治所产生的纯粹畸形的产物。[③] 然而,该评论认为马基雅维利开具的不是毒方,而是维持政治稳定和成功的良药,这一点却无疑是不正确的。

这种政治理解的基本原则清楚地呈现在马基雅维利的《君主论》中,我们可以用几句话对之作出简单概括。其中一个信念是,只有成功才能证明行动的卓越;相反,失败的人只能证明他的无能。[④] 由于人在根本上是怯弱的、虚伪的、反复无常的、不知感恩的和自私自利的,也就是说只考虑自己的声誉和财富,因此,一个行事始终高风亮节、光明磊落的君主注定以亡国收场,如果他不视情况做相应调整,不知道及时使出手段扮演狡诈小人,并且在自己的成功受到威胁时不无畏地作出卑劣的行径,譬如情况有变因而自己不得不打破誓言时。对此,《君主论》第 15 章直截了当地说道:"因为现实生活与理想生活之间的差距太大,所以,那些不关注现实而只关注理想的人,更容易走向毁

---

① Leopold von Ranke(1795—1886),十九世纪德国重要的历史学家,也是西方现代史学的奠基人之一。——译者注。
② 引自马基雅维利《君主论》(1532)的前言,意大利原文由布拉施克(Friedrich Blaschke)翻译,威斯巴登,年代不详,第 7 页。
③ 卢梭在《社会契约论》第三卷第六章中已经对这些误读提出了坚决的抗议,并且指出了《君主论》产生的历史条件。
④ 这一点已经清楚表明,马基雅维利对政治的理解依据的是一种典型的创制标准,即效果的标准,而不是依据人类行动的实践标准。

灭,而不是继续生存下去;一个在每种关系中都尽责求善的人注定会在如此多的恶人的包围下走向灭亡。所以,如果一个君主想要守住自己的地位,就必须学会行恶并在需要的时候加以利用。"①

相比对于成功的渴望,第二个原则更有特色,即试图消除偶然的难以捉摸和人的刚愎自用。在马基雅维利看来,成功的政治尤其依赖于事先精确地预算好一切,掌控好所有可能发生的情况,安排好所有的外部条件,从而使得政治的行动方式完全不受幸运或厄运的影响。对此,马基雅维利并没有建议采取一种深思熟虑之下权衡的、谨慎的行动,而是建议采取一种暴风骤雨般的行动,"因为幸运是一位女神,想要征服她,必须和她争吵抗争。"由于命运更可能为狂风暴雨般的行动所战胜,所以命运"如同幸运女神一样对年轻人更加眷顾,因为年轻人在把自己的意志强加到命运上时,不是那么谨慎,而是更加狂野和冒险"。②

创制思想在教育学中的渗透

如果要了解(近代)创制思想在教育学领域的渗透及其统治地位的形成,我们首先可能会被告知去阅读约翰·洛克(John Locke)的作品。这不仅是因为洛克意图使道德的和政治的观念,即实践,完全从其缘起的地方——或然性(probability)中脱离出来,并且视这些观念"与数学概念一样是可争辩的"③。还有一个重要原因是,洛克"发现"了一个可以被拿来进行教育认知的特殊对象:儿童。他意图通过研究儿童去获得那种能够给予人们教育权力的知识,并在总体上赋予教育

---

① 马基雅维利:引文出自马基雅维利《君主论》(1532),第 64 页。
② 马基雅维利:《君主论》(1532),第 95 页。
③ 洛克著/莱顿(W.van.Leyden)编:《自然法论文集》(*Essays on the Law of Nature*),伦敦,1954 年,第 18 页。

学一种新的形态,即从童年初期开始塑造儿童人格的工具。① 童年从人的整个生命历程中被划分出来,儿童被作为观察和研究的客体,基于这些事实上的准备条件,教育学才从传统的教育(Paideia)理解发展成近代的教育科学。②

洛克坚信教育是可以被制造的,这种信念不仅建立在那些通过观察,甚至还有实验得出的规律之上,而且还因为这些规律能够被转化为可运用的规则。洛克不仅相信,没有什么能比教育更强烈地引起人的行为和能力上的差异,他甚至把儿童视为一块必须由教育在其上留下痕迹的白板。在其《教育漫话》的开篇,洛克就表明,"在我们碰到的十个人中,有九个人是因为教育变成了现在的样子,无论他是善或者恶,有用或者无用"。③ 隔了几行,他又继续写道:"在我的想象中,儿童的精神可以像水一样轻易地被引向这个或那个方向。"④

中世纪和古典时期一样,利用自然界的过程来类比人的年龄,譬如四季的变换或者星体的运动。洛克将童年确定为一个特殊的、可以用钟表去衡量的时间段,这意味着他也是依照一种线性的时间概念来

---

① 此处参见桑克蒂斯(Ornella De Sanctis):《教育科学思想的起源——约翰·洛克》(*Die Ursprünge des erziehungswissenschaftlichen Denkens-John Locke*),出自《教育展望》(*Rassegna di Pedagogia/Pädagogische Umschau*),1980(38),第74—84页。更加详细请参见桑克蒂斯:《洛克的教育思想》(*Il progetto educativo in Locke*),罗马,1983年。
② 此处详细参见拉诺(Carmela Metelli Di Lallo):《教育学话语分析》(*Analisi del discorso pedagogico*),帕多瓦,1966年,第107—149页。同样值得阅读的还有斯库拉第(Cesare Scurati)所做的精练阐述:《约翰·洛克》(*J.Locke*),出自《历史教育学的新问题》(*Nuove Questioni di Storia della Pedagogia*)第2册,布雷西亚,1977年,第31—76页。此处还可参见温克勒(Michael Winkler):《约翰·洛克和教育情境的理论》(*John Locke und die Theorie der pädagogischen Situationen*),出自《教育学历史》(*Paedagogica Historica*),1981(21),第187—210页。
③ 洛克著/沃勒斯(Heinz Wohlers)翻译和编辑:《教育漫话》(1962),巴特海尔布伦,1966年,第8页。
④ 洛克著/沃勒斯(Heinz Wohlers)翻译和编辑:《教育漫话》(1962),巴特海尔布伦,1966年,第8页。

解释童年这个"时间段"的。洛克的这种解释源于那个精确的和数字的世界,夸黑①已经证明,这一世界就是近代科学思想赖以生存的根基。② 正是由于洛克的这种解释,人们才得以把教育作为一种可以操控的过程来思考,并把教育行动理解为一种权力:"这是一种主动的权力,因为它在本质上具备'制造'变化的可能性,同时,这又是一种被动的权力,因为它在接受权力行使的那一方表现为'忍受'变化的能力。"③教育过程的根基转变为,客观地认知人在什么条件下完成成人的自然过程,由此,教育学知识变成一种用来改变每个个体和改变社会的有力工具。

由于我们的兴趣不在于认知历史,因此这里无需详细追踪近代教育科学的发展历程,而且关于这方面的描述已经有很多了。④ 我们这里要做的,仅仅是站在这根发展线轴的最末端,有针对性地探讨当代教育科学的特定形式,即追随行为主义的教育科学。

行为主义牵引下的教育科学

弗洛伊德把直觉和本能作为造成人类行为的深厚根源,以此来科学地解释人的心理。与之相对,行为主义者从一开始就在寻找个体的外部动因。他们的特点是,用"行为"(behavior)一词代替"行动"(action)的概念,因为行为的含义直接指向一个可以观察的,因而也是

---

① Alexandre Koyré(1892—1964),法国著名科学哲学家和科学史学家。——译者注
② 参见夸黑:《欧洲科学思想史研究》(*Étude d'histoire de la pensée scientifique*),巴黎,1966 年。
③ 桑克蒂斯(Ornella De Sanctis):《教育科学思想的起源—约翰·洛克》(*Die Ursprünge des erziehungswissenschaftlichen Denkens-John Locke*),第 80 页。
④ 关于本书这里所讲的内容首先参见鲁迅夫·洛赫纳(Rudolf Lochner):《德意志教育科学》(*Deutsche Erziehungswissenschaft*),迈森海姆,1963 年,以及克莱门斯·孟泽(Clemens Menze)和卢茨·罗斯纳(Lutz Rößner)在奥托·斯派克(Otto Speck)编辑的《新一代教育学的问题史》(*Problemgeschichte der neueren Pädagogik*)中的文章,第 1 册,斯图加特,1976 年。

"科学的"现象;根据一本心理学词典的解释,行为的概念是"对生命有机体所有可观察到的、可确定的、可测量的活动总体的一般称呼,这些活动通常被理解为有机体在实验情境或生活世界的情境中面对特定的刺激或刺激情况做出的反应"。①

约翰·华生是行为主义之父,他谴责当时的心理学依然追随隐秘宗教的哲学论断,其中一些概念,如意识和灵魂,与一种科学的心理学是不相称的。在他关于行为主义所著的教科书中,有些话语相当粗暴,让人联想到了老魏尔啸(Rudolf Virchow):迄今为止没有人触碰过灵魂,没有人能够做出某种安排让灵魂得以显现,也从来没有人能够与所谓的灵魂进入到一种与周遭物质和物体所具有的类似关系中。②

弗洛伊德创立的心理分析从人的心理"深处"寻找行为的起因,而行为主义认为,这些起因可以被解释为环境的条件和基因的进化。因此,行为主义的治疗师或教育者不愿从人的过往中去寻找那个导致不良行为的起因,而是通过特定的方式改变个体所处的环境,从而改变个体一种特定的行为。

这里我们可以借助斯金纳,这个最为坚定地思考行为主义立场对教育的关联意义的人,来清楚地呈现实践转向创制之路的最后历程。在他1953年关于科学和人类行为的著作中,斯金纳无比清楚地阐述了行为主义这一科学的发展道路:"因为越来越多的有机体行为方式可以借助刺激得到解释,所以'内在解释'的范围明显缩小了。'意志'自己退缩了回去,它穿进了脊髓,又穿进了大脑的下半部分,然后是上半部分。作为条件反射的结果,意志又不得不穿过脑前额离开了大

---

① 德雷弗(James Drever)、福禄里希(W. D. Frölich):《心理学词典》(*Wörterbuch zur Psychologie*),慕尼黑,1969年,第246页。
② 参见华生:《行为主义》(*Behaviourism*),纽约,1924年,第3页。

脑。在每一个阶段中,控制有机体的一个部分都从之前认定的内在实体转移到了外部世界"。① 关于行为主义的目标,斯金纳直截了当地进一步阐述道:我们需要的是一种磨练好的行为技术,具体来说,这种技术在精确度和支配力上不亚于物理的技术或者生物的技术,并且有朝一日一定会达到现在的航天技术和核能技术所实现的完美程度。② 我们之所以需要这种技术是因为,任何一个今天困扰着人类的问题——无论是战争与和平、酒癖与毒瘾、青少年犯罪与失业,还是能源与环保,都不可能依靠呼吁个人或集体的责任与良知来找到解决的出路,唯一可能解决问题的就是一门提供有效技术来控制和操纵人类行为的科学。这就是斯金纳的根本信念。"必须得到改变的不是自主的人的责任,而是环境的或遗传的条件,人的行为只是这些条件作用的结果。"③是环境"负责"制造出一种可被客观观察到的行为,斯金纳不加掩饰地解释道,所以被改变的只能是环境,而不是个体的某种特性。④

对于人和人的教育,斯金纳认为存在两种观察方式,一种是前科学的,另一种是他所认为的科学的,即行为主义意义上的观察方式。至于两种方式的区分标志是什么,斯金纳解释得尤为清晰。这一区别就在于两种方式各自不同的人类学观点。前者,即非科学的观察方式,依然受制于古希腊哲学及基督教传统流传下来的观念:自由的意志、选择、决定、筹划(Entwurf)、创造的主动性、创造力、良知和责任。这样一种立场对人的看法是:人自己做出关于自我的决定,是"自主

---

① 斯金纳(Burrhus F. Skinner):《科学与人类行为》(1953),德译版慕尼黑,1973年,第54页。
② 斯金纳(Burrhus F. Skinner):《超越自由与尊严》(*Beyond Freedom and Dignity*),纽约(Bantam/Vintage Books),1972年,第3页和第22页。
③ 斯金纳(Burrhus F. Skinner):《超越自由与尊严》(*Beyond Freedom and Dignity*),纽约(Bantam/Vintage Books),1972年,第70页。
④ 斯金纳(Burrhus F. Skinner):《超越自由与尊严》(*Beyond Freedom and Dignity*),纽约(Bantam/Vintage Books),1972年,多处。

的",对此,行为科学最多只会称人是"神奇的"。与前者相对,科学的观察方式反对基于这些观念对人的行动作出理解,它把人的行为严格地归因于环境的刺激或者基因的限定。想要对教育做出科学的理解,就必须让这种理解和自然科学一样,最终完全摆脱古典时期的实践概念,并仅仅借助创制的概念被表达出来。之所以这样是因为,传统的实践概念遭到了人们的否定:"古希腊的物理学说和生物研究最终都走向了现代科学的道路,无论这一过程有多么痛苦,然而古希腊关于人类行动的理论却是劳而无功。如果说今天这些理论依然存在的话,这并不是因为它们包含着永恒的真理,而是因为,它们不具备孕育更好的东西的种子。"①

此刻我们可以再次停下思绪的脚步。正如行为主义的例子最后所展现的那样,近代意义上推行的教育科学化的主要目标是,要么把真正的人的行动从科学研究的范围中剔除出去,要么完全否定这种行动的可能性。因为受到科学的引导,并且与科学交织在一起,教育也按照创制的模式来表达自己。即使人们在教育视野中依旧谈到理论和实践的概念,然而它们已经失去了原本的含义。现在,理论指的是一种操作性的和工具化的知识,而"实践"就是这种知识的技术运用。此时的实践已经转变为创制,但却依旧被称为实践,这样的做法只会给人造成误导和困惑。

前文我们参考过理查兹(Alden LeGrand Richards)关于近代世界

---

① 斯金纳(Burrhus F. Skinner):《超越自由与尊严》(*Beyond Freedom and Dignity*),纽约(Bantam/Vintage Books),1972 年,第 4 页。也可参见理查兹(Alden LeGrand Richards):《教育中的技术、民主和美国梦》(*Technology, Democracy, and the American Dream in Education*),出自《教育展望》(*Rassegna di Pedagogia*),1992(50),第 211—228 页。关于行为主义和教育学之间的关系可详细参见哈赫穆勒(Johannes Hachmöller):《巴普洛夫遭人误解的狗》(*Pawlows mißverstandener Hund*),巴特海尔布伦,1977 年,以及列昂哈特(Hans-Walter Leonhard):《行为主义与教育学》(*Behaviorismus und Pädagogik*),巴特海尔布伦,1978 年。

观的世俗化过程所做的研究。这里,我们可以用他的研究结果来总结我们至此所做的思考:"几乎从其定义上就可以看出,教育科学一定会将其关注的焦点限制在两个方面,即基因发展和环境社会化。前者考察个体的生理成熟过程,后者考察那些能够塑造一个特定个体的个性的社会变量。几乎所有现代的、科学的教育思想都将其研究领域限定在这两个方面其中的一个或两个之上。"①

按语:"上帝情结"

下一章里我们将会探讨,教育科学如何客观必然地限定在生物心理的发展过程和环境决定的社会化过程之上,并将对此展开更加深入的验证。此外,我们还将继续追问,教育作为理论、作为实践或作为创制各具有什么特性。然而在此之前,若我们能首先附带解释一下我们至今所描绘的世界观的变化过程,即从中世纪以理论为核心到近代以人为核心的变化,似乎会很有启发意义。这样的解释能够像一座桥梁一样,帮助我们过渡到后面的思考。

在里希特②的《上帝情结》(Der Gotteskomplex)一书中,他把一种心理分析的解释模式运用到了我们这里所讲的精神历史的关联,即世界观的变化之上,并借助这一模式对该变化做出了十分独到的阐释。人们经常可以看到,儿童或未成年人试图摆脱父母的过程伴随着一种现象,心理分析语言称这种现象为"神经机能逃离自我崇拜的无能,转向幻想自我崇拜的全能"③。虽然儿童和未成年人仍需要父

---

① 理查兹:《学术世界观的世俗化——过程史及其对教育科学的意义》(The Secularization of the Academic World-View: A History of a Process and ist Implication for a Science of Education),1982 年,第 232 页。
② Horst Eberhard Richter (1923—2011),德国精神分析学家。——译者注
③ 里希特:《上帝情结——相信人类万能的信仰的诞生及其危机》(Der Gotteskomplex: Die Geburt und die Krise des Gelaubens an die Allmacht des Menschen),赖恩贝克,1979 年,第 29 页。

母的保护，但他们对这种保护已不是十足确信，因此，他们试图完全依靠自己的力量掌控局势。他们再也不想听人摆布，而是胆怯地追求对环境中的所有事情和自己的身体作出最精确的控制和掌握。"甚至连偶然也不应该有干预的可能。他们要事先估算和确定好所有事情。"①他们抗议父母的一切干预，因为这在他们看来简直就是一种强迫和压制。紧绷的注意力和对环境潜在的不信任让他们时刻保持警惕，并对未来做出长远的规划和预算。厌食、失眠和反抗就是这种分裂格局所具有的外在表征。

周围的人不能理解如此被置于不安中的儿童，他们至多只会感觉，这个儿童与周围的事和人格格不入而与众不同，这个儿童想要掌控和指挥一切的强烈渴望只会给他自己提出过高的要求，并给他自己带来伤害。在这个儿童身上发生着一个在里希特看来十分严峻的矛盾："自我意图通过估算和控制那个客体化的世界来确立自身。但是对于自我而言，这种无意识的情感动机经过理性的论证后却被证明是难以实现的。这时，情感的逻辑决定，只有通过全能和全知的过度补偿才能回避这种毁灭性的无能，只有与世界建立起一种不同的情感的基本关系，才能带来一种有益的转变。"②

里希特进而做出了如下的猜想：在中世纪向近代过渡的过程中，欧洲人身上发生了一个与上述儿童的反应模式相近的过程。中世纪人确信的那种做上帝的子民就能获得庇护的信仰遭到了撼动，像儿童一样得到保护的感觉消退了，反之，希望借助自己的认知手段

---

① 里希特：《上帝情结——相信人类万能的信仰的诞生及其危机》(*Der Gotteskomplex: Die Geburt und die Krise des Glaubens an die Allmacht des Menschen*)，赖恩贝克，1979 年，第 19 页。
② 里希特：《上帝情结——相信人类万能的信仰的诞生及其危机》(*Der Gotteskomplex: Die Geburt und die Krise des Glaubens an die Allmacht des Menschen*)，赖恩贝克，1979 年，第 21 页。

和力量工具统治世界的需求被唤醒了。由此,一个循环模式得以开启:"因为人在与上帝的关系中越来越难获得稳定的安全感,于是人被迫以崇拜自我、确立自我的方式做出弥补"。这一过程本身从一开始就带有过分抬高自我的倾向,即"视自己如上帝一般无所不知、无所不能"。① 机械钟表及其不停向前运转的齿轮的发明在某种程度上象征着,人类跳脱出了那个安全稳定的生活圈子。这一发明还表明,自然科学的因果思考为人类打开了一个无限的线性因果链的视角,这条因果链的意义在于一种永不停息的进步。在哲学上,获得自我意识的我成为新的自我确立的关键,"我思"成为支撑一切自我确立的船锚。在此之中,人被设想和体验为原则上单个的个体,而随着人对自我的不断确立,人更加成为自我独立的个体。

关于这一论点,里希特以"人类全能的幻象史"为题阐述了它的历史发展,对此我们在这里不再赘述。我们只需要把握一点,那就是里希特所看到的、近代人类为这种全能的幻象所付出的代价:掩盖痛苦和抑制死亡——无论痛苦还是死亡都不符合人们对完美的、能够掌控自我的个体的想象。② 鉴于这种对人的脆弱和衰老的否定,有一点尤为值得人注意:三位洞见人类并不完美的最明智之人,即马克思、弗洛伊德和马尔库塞(Herbert Marcuse),也依然对治愈残损的个体抱有乌托邦式的幻想和希望。

最后不得不提的是,里希特也如我们前面那样,视行为主义为近代思想的一个典型形态。在行为主义中,自我崇拜的全能欲望回到人本身之上,人必须把自己及周围的人看成由人自己制造出来的人为环境:"最终,

---

① 里希特:《上帝情结——相信人类万能的信仰的诞生及其危机》(*Der Gotteskomplex: Die Geburt und die Krise des Glaubens an die Allmacht des Menschen*),赖恩贝克,1979 年,第 23 页。
② 此处参见格罗迈尔(Marianne Gronemeyer)的著作:《生命作为最后的机会》(*Das Leben als letzte Gelegenheit*),达姆施塔特,1993 年。

人拥有了繁育新的后代的自由和权力,以及根据自己的估算调控个体行为和个体社会关系的自由和权力。从这方面来看,人似乎的确实现了拥有与上帝相似的能力及自主权的目标,然而,这仅仅是在一个单维的技术世界中,并且必须排除掉极大的不自由的因素。当人们仅从外部来观察和评价彼此及自身时,就会感受到这种极度不自由的存在了。"①

当代人们面临的难题恰恰在于,近代科学观和人类的自我赋权几乎必然会导致形成一种掌控自然的战略,而这一战略现在已经触碰到了它的极限,如果不加控制任其继续发展,将有可能给人类和世界造成自我毁灭的打击。由于人们逐渐意识到这一点,因此,仅仅寻求技术途径解决人类生存问题的倾向正在慢慢减弱。尤其愈发清楚的是,单纯关注于制造很有可能会让人蒙蔽双眼,看不到制造本该服务的意义。② 除了生产劳动的问题,人类交往的问题正越来越受到关注。单维的世界和单维的人所带来的不适让人们在解决人类的困境③时,更加乐意去看重个体的创造力和道德力量,而不是技术的可制造性。"通过这些思考,我们可以得出结论:解决人类困境的办法和确保人类未来的保障只能在我们自身之中来寻求。"④

---

① 里希特:《上帝情结——相信人类万能的信仰的诞生及其危机》(*Der Gotteskomplex: Die Geburt und die Krise des Glaubens an die Allmacht des Menschen*),赖恩贝克,1979 年,第 78 页。
② 此处参见博姆(Winfried Böhm):《教育与生命的意义》(*Erziehung und Lebenssinn*),出自博姆:《人格教育学之构想》(*Entwürfe zu einer Pädagogik der Person*),巴特海尔布伦,1997 年,第 61—70 页。
③ 波特金(James W. Botkin)、埃尔曼德拉(Mahdi Elmandjra)、马丽泽(Mircea Malitza)著/佩切伊(Aurelio Peccei)作序:《人类的困境》(*Das menschliche Dilemma*),德文版维也纳,1979 年。
④ 佩切伊(Aurelio Peccei):出自《人类的困境》,(*Das menschliche Dilemma*),德文版维也纳,1979 年,第 12 页。

第三篇

教育学或教育科学或者：一种关于教育的、从教育中来的或为了教育的理论

在前面的思考中，我们从"理论"和"实践"两个词模糊不清的、引人误解的运用出发，追溯到两个概念的起源，并依据两个概念在古希腊哲学中的源头对它们做出了解释。然后我们搞清楚了理论、实践以及对于理解两者必要的、补充性的概念——创制，其指称的是人类生活构建的三种方式，每一种方式都对应着一种人的基本活动：理论对应沉思的静观，实践对应责任性的行动，创制对应生产性的制造。接着，我们迅速回顾了西方三大世界观。在此过程中我们看到，每一个世界观都各自尊崇三种人类活动中的一种：古典时期以宇宙为核心的世界观尊崇理论，基督教以神为核心的世界观尊崇实践，而近代以人为核心的世界观尊崇创制。

现在我们不得不提出这样的问题：教育到底属于理论、实践和创制这三大领域中的哪一个呢？教育是一种沉思的静观，一种责任性的行动，还是一种生产性的制造？这一问题又不可避免地带来第二个问题：教育知识属于哪一种类型？它是一种理论的知识，一种实践的知识，还是一种创制的知识？由此，教育理论又属于哪种类型？它是一种理论的理论，一种实践的理论，还是一种创制的理论（工艺学说）？

可想而知，确切来说是理所当然，回答这两个问题也要同样追溯到古希腊的思想，因为那里首次提出这两个问题并同时给出了有效的回答。总之给人的感觉是，后期整个教育学在回答这两个问题时几乎没有给出什么新的想法。古希腊文化已经就这一主题作出了足够完善的论述，之后的所有回答都仅仅是在这一论述的基础上发挥一些想象力，加上了或多或少的变化。

教育与教育学——行动与知识

在介绍古希腊思想对这个多面性问题作出的解答前，我们首先需要阐述一下这个问题的"双重"性。在表述问题时,我们区分了作为行动的教育和作为知识的教育学。这一区分必须清楚地印刻在我们的头脑中,因为下面的思考就建立在它的基础上。

意大利语对教育与教育学作出了严格的区分。教育(educazione)通常指教育的过程,即一种行动,而教育学(pedagogia)则一般是指关于该行动所做的反思以及有关该行动的知识。与意大利语相比,德语在这方面语言表达的精确程度要逊色很多。外来词"Pädagogik"被德语化后拥有多重含义,其不但可以指教育行动的现实(包括其中起作用的价值观念、目标、行动方式、行动实施者、教育行动的历史基础及其制度组织框架),也可以指关于这种行动的反思(从积累经验和判例的低级层次到形成完善的教育理论的最高层次),甚至还包含教育理论的理论(即对一种教育理论的形成及其构建原则的反思)。① 稍后我们将会看到,德语中"Pädagogik"概念的多义性完全不是由于语言上的贫乏或者思想上的懈怠造成的,其背后有一定的客观原因。但是,我们在这里思考时还是有必要首先在教育和教育学之间作出明确的区分。因此,接下来我们用"教育"(Erziehung)来指称具体的(教育)情境下发生的教育行动,用"教育学"(Pädagogik)来指称关于这种行动所做的批判性思考和预设性指导,即针对这种行动的反思和知识积累。

因为不伴有教育知识(无论哪一种层次)的教育行动是难以想象的(如此没有思想的行动只会是盲目的),又因为停留在纯粹的知识层面、不被转化为教育行动的教育知识是不受欢迎的(这样的知识只会是无用的),所以,我们的出发点必须是,教育和教育学之间存在一种紧密的、不可分割的联系。人们在提到教育和教育学时经常爱说这样一句稍显俗套的话:没有理论的实践是盲目的,没有实践的

---

① 此处和这里使用的其他专业术语请参见博姆(Winfried Böhm):《教育学词典》(*Wörterbuch der Pädagogik*)第 16 版,斯图加特,2005 年。

理论是苍白的,这大概也是表达了两者之间密切的关系。因此,前面我们提出那个双重问题是有必要的,其目的就是解决这一难题,即确立教育和教育学之间,更确切地说,是教育行动和教育思考之间的关系。

教育学——不属纯粹理论

首先,我们回忆一下,古典时期对理论作何理解(沉思的静观),以及在此意义上理论的对象是什么(永恒和不变的东西、必然是其本身的东西),如此我们就不难明白,教育永远不会单纯落入理论的范畴。教育知识不可能成为理论的知识,教育理论因而也不可能成为理论的理论。这一方面是因为教育的确不是一种单纯的观察和思考,从其最内在的本质看,教育其实是一种有目的的行动;另一方面,教育认知的"对象",即接受教育的人,并非必然成为现在的样子,也更加不是永恒不变的。恰恰相反,人的可变性和易变性构成了教育行动和教育认知的根本前提。出于这个原因,赫尔巴特才宣布"可塑性"的概念为教育学的基本概念,后面我们还将继续提到这一点。

如果此时我们坚定地认为,古典时期理解的教育和教育学一定不属于理论的范畴,那么,这一论断立刻就可能招致激烈的驳斥。难道柏拉图在反抗诡辩家和"纯粹的雄辩家"时没有把教育的理念确定为:人的最高目标以及人的教育的最高目标在于对真理的认知,即一种纯粹的知识?[1] 难道他没有把人的教育径直理解为"通往真理的道路"[2],没有把按照数学模式进行研究的辩证科学作为行驶这条教育道

---

[1] 此处参见耶瑟林(Samuel Ijsseling):《雄辩与哲学的冲突》(*Rhetoric and Philosophy in Conflict*),海牙,1976年,尤其参考第 7 页及后续几页。
[2] 巴劳夫(Theodor Ballauff):《教育的哲学解释》(*Philosophische Begründungen der Pädagogik*),柏林,1966 年,第 82 页;更加详细可参见同一作者:《教育的理念》(*Die Idee der Paideia*),迈森海姆/格兰,1952 年。

路最好的工具①,没有让哲学家,即献身理论知识的人,成为身负使命的国家引领人②,没有认为教育的最高使命和最终目标在于,"人能够从理念中观察到事物真正的本质"③?除却这些,柏拉图还宣称自己"首创了一种教育的哲学"④,确切来说,是一种和谐的、具有"世界历史视野"的哲学⑤,这难道也是没有道理的吗?

针对这些颇具理由的反问,我们可以提出很多异议。首先,我们必须抛开柏拉图对哲学和世界历史的全部贡献去回忆玛胡⑥作出的权威评价。玛胡认为,古希腊、希腊化时期和后期古罗马世界中真正的教育家绝对不是柏拉图,而是伊索克拉底,由他的学派产生出了一些教育家和文学家,"他们造就出古典时期所有重要的文化传统,不管是好的方面还是坏的方面"。⑦然而事实上,伊索克拉底却是一位雄辩家。

尽管我们现在似乎只是在校正历史的图像,但是,这却在系统性方面暴露出一个明显的差异:到底是基于柏拉图的理念学说来观察他的教育学和教化理论,并仅仅将之看成其理念学说的衍生,还是从历

---

① 此处参见德艾(Giuseppe Flores d'Arcais):《教育与教育学——教育思想史》(*Educazione e pedagogia: Storia del pensiero pedagogico*)第一卷,米兰,1976年,尤其参考第67及后续几页。
② 此处详细参见钱布利斯(J.J.Chambliss):《守卫者》(*The Guardian*),出自纳什(Paul Nash)、卡扎米亚斯(Andreas M. Kazamias)和柏金森(Henry J. Perkinson)编:《受教育的人——教育思想史研究》(*The Educated Man: Studies in the History of Educational Thought*),纽约,1965年,第29—52页。
③ 哈格尔(Fritz-Peter Hager):《教育家柏拉图》(*Plato Paedagogus*),伯尔尼,1981年,第108页。
④ 莫罗(Josef Moreau):《柏拉图和教育》(*Platon et l'éducation*),出自布鲁巴赫(J.S. Brubacher)等:《伟大的教育家》(*Les grands Pédagogues*),巴黎,1956年,第1—22页。引文出自第1页。
⑤ 巴劳夫(Theodor Ballauff):《教育的哲学解释》(*Philosophische Begründungen der Pädagogik*),柏林,1966年,第56页。
⑥ Henri-Irénée Marrou (1904—1977),法国历史学家,其作品主要集中在古代晚期和教育史上。——译者注
⑦ 玛胡:《古典时期的教育史》(*Geschichte der Erziehung im klassischen Altertum*),德文版弗莱堡,1957年,第122页。

史的、社会的和政治的产生背景来重构柏拉图的教育学和教化理论。在第一种情况中,人们事实上倾向于认为人的教育更接近于理论,并意图仿照理论的知识来构建教育的知识,此外还有可能会把理论科学的辩证方法视为教育的理想途径。这种意义上的教育学有可能变得唯理论至上,同时脱离世界,从而导致它不再关心人的情境的多样化、机遇和选择的不确定以及生活情况的丰富多变,而是只会错误地追求单纯"按照僵化的理性标尺来衡量"人的行为。这些(唯理至上的——译者注)不明智的教育学学者,如同维柯①所说,"直接脱离普遍的真理转而追求唯一的真理,冲断了错综复杂的(真实)生活。"②不仅如此,这种教育学还不得不忍受人们对它发出的质疑——伊索克拉底早已向柏拉图提出过这一疑问,且绝不仅仅只带讽刺的意味。这一质疑就是,当教育学和教育以纯粹认知真理和单纯观察理念为目标,但同时又意识到,人永远不可能完全做到这种观察——至少也要等到死亡之后——这样的教育学和教育到底有什么用。③ 当柏拉图眼中的理想公民只适合生存于现实当中不存在的理想国时,当真实的国家不知该如何应对柏拉图学园的毕业生时,这种教育事实上的外在结果才让人变得清醒起来:"至于这些人该何去何从,人们只能听之任之。"④加里克勒斯⑤也曾十分果断和坦率地反驳过苏格拉底,他认为:那些超越时间的界限进行哲学思考的人——这里指那些过长时间且过多地将自

---

① Giambattista Vico (1668—1744),意大利政治哲学家、演说学家、历史学家和法理学家。——译者注
② 维柯著/沙尔克(Fritz Schalk)编:《论精神教化的本质和途径》(*Vom Wesen und Weg der geistigen Bildung*),拜德哥德斯堡,1947 年,第 59—60 页。
③ 此处参见博姆(Winfried Böhm):《教育学历史——从柏拉图至当代》(*Geschichte der Pädagogik: Vom Platon bis zur Gegenwart*),慕尼黑,第三版 2010 年,第 11—31 页。
④ 克里斯特斯(Johannes Christes):《教育与社会——对古希腊、古罗马时期的教育及其教育传授者的评价》(*Bildung und Gesellschaft: Die Einschätzung der Bildung und ihrer Vermittler in der griechisch-römischen Antike*),达姆施塔特,1975 年,第 31 页。
⑤ Kallikles,雅典政治哲学家。——译者注

己单纯献身于理论、片面地追求理论生活的人——"注定在所有需要经验才能变得优秀和受人尊敬的领域始终都是没有经验的。他们不仅在遵守国家的法规上没有经验,也不知道在各种私下的和公共的协商中如何与人正确相处,更不了解人的欲望、喜好和性情气质。"① 由此,一个年老时仍然追随理论不能与之脱离的人,是不值得褒奖的,相反还应受到责罚。②

在第二种情况中,也就是从社会的和政治的产生背景出发来解释和理解柏拉图的教育学,又将呈现出一幅完全不同的景象:柏拉图的教育学并非由理论生根而来,而是按照创制的模式生成的。此处,我们无意述及人们就所谓正确的或错误的、准确的或谬误的解读柏拉图的方式而进行的漫无边际、争执不休的讨论,也因此完全不考虑波普尔把柏拉图归入开放社会的反对者阵营③这一本身存有问题的做法。关于第二种对柏拉图教育学的理解,有几个观点是值得我们注意的。首先,在德艾④这样一个非常权威的教育学家看来,柏拉图无疑是以政治为目的投身教育事业的,因此,人们必须从他的政治目标出发来阅读和阐释柏拉图的教育学。⑤ 法灵顿⑥是公认的研究古典哲学的专家之一,他也以类似的方式将柏拉图的思想划入到古希腊科学发展的整体范畴⑦,并由此得出结论:柏拉图放弃了前苏格拉底哲学家对自然和自然研究的兴趣,转而坚定地研究数学,并且是一种唯心主义的、纯

---

① 柏拉图:《高尔吉亚篇》,484c—d。
② 柏拉图:《高尔吉亚篇》,485d。
③ 波普尔(Karl R. Popper):《开放社会及其敌人》(Die offene Gesellschaft und ihre Feinde),共两册,德文版伯尔尼,1957 年。波普尔(1902—1994),奥地利哲学家。——译者注。
④ Giuseppe Flores d'Arcais (1908—2004),意大利著名教育学家。——译者注
⑤ 德艾:《希腊思想中的教育学》(*La pedagogia nel pensiero greco*),米兰,1954 年。
⑥ Benjamin Farrington (1891—1974),爱尔兰学者,其最突出的贡献在希腊科学史领域。——译者注
⑦ 法灵顿:《古希腊的科学》(*Ciencia griega*),布宜诺斯艾利斯,1957 年。

粹的、形而上学的，以及完全脱离现实的数学。尽管柏拉图哲学明显以这种研究兴趣为主旨，但是法灵顿却认为，柏拉图哲学其实完全是一种政治哲学："柏拉图终其一生追求的目标愈来愈清晰地显现在他的创作之中，这一目标就是，构建一个由政治权威强制实行的、保障国家福祉的信仰结构和教育体系。"法林顿进一步说道："用一句话来概括，国家的问题构成了柏拉图运动的基础，就像自然的问题曾经构成爱奥尼亚启蒙运动的基础一样。"① 相比之下，巴罗②有关柏拉图的研究结论则更加简明扼要。他将柏拉图的教育目标总结为："教育的目标是培养友善的和快乐的公民。教育就是……发展人的德性，一种展现出社会需要的态度和行为倾向的性格。"③ 对于儿童来说，这意味着："所有儿童都应从小接受社会规范方面的训练。"④ 接着，巴罗一针见血地写道："至于儿童后期接受的教育的确切本质是什么，这一点应当尽可能参照儿童的天赋及社会的要求和需求来确定。"⑤ 另一位教育学领域的专家埃斯特班⑥，在基于柏拉图的教育理论研究柏拉图作品时，也同样把他的作品放置在历史的、政治的产生背景中来解读，并把教育理解为柏拉图哲学思想的核心。埃斯特班得出的结论与巴罗十分相似，但是在表达方式上却谨慎许多，也更加委婉。在他看来，柏拉图的哲学和全部创作"在根本上具有政治的特性"。"在柏拉图那里，论自然成功地

---

① 法灵顿：《古代世界的科学与政治》(*Ciencia y politica en el mundo antiguo*)，马德里，1968年，第82页。
② Robin Barrow (1944—)，现任加拿大西蒙莎菲大学教育哲学系教授。——译者注
③ 巴罗：《柏拉图——功利主义与教育》(*Platon. Utilitarianism and Education*)，伦敦，1975年，第179页。
④ 巴罗：《柏拉图——功利主义与教育》(*Platon. Utilitarianism and Education*)，伦敦，1975年，第180页。
⑤ 巴罗：《柏拉图——功利主义与教育》(*Platon. Utilitarianism and Education*)，伦敦，1975年，第179页。
⑥ José Ortega Esteban，现任西班牙萨拉曼卡大学教育理论与历史系教授。——译者注

转变为论城邦,或者更确切地说,是转变为论自然的城邦"。① 埃斯特班甚至抨击了那种认为柏拉图提出的是超验的理念的观点。他认为,古希腊人尚不足以对超验作出想象。相反,他把柏拉图的理念理解为一种构想,而柏拉图创设这种构想的目的是在无序繁杂的现象中获得一种有序的认知,同时为政治事业确立价值和目标决策。"无论作为政治家还是作为教育家,柏拉图都是一位实干者,他实现了自己的政治理念和教育理念,或者说,他积极地寻求将这些理念付诸实践。西西里之旅、学园的建立以及他创作的著作都向我们证明了这一点。"② 在这段话的脚注中,埃斯特班提到了柏拉图的书信,尤其是第七封。这些书信也是柏拉图坚持不懈进行"创制"活动的见证。

汉娜·阿伦特作出了更加清楚的解释。她将实践的行动与生产性制造彻底区分开来,并由此指出,制造始终处于一个模型的引导之下,需要依据这个模型来生产要制造的东西。这个引导制造的模型处于制造者身外,存在于制造过程之前。此处有趣的一点是,阿伦特把这个存在于所有制造之前的模型与柏拉图的理念紧密地联系在了一起。对此,阿伦特作出了恰到好处的详细解释:"制造之所以在行动的生活中占据这样的地位,很重要的一个原因是,引导制造过程的理念或模型不仅存在于制造过程之前,而且在物品制成之后也不会消失,并且会持续存在,从而保证人们可以继续制造相同的物品。相同物品的再制造是制造固有的、潜在的特性,而这一特性与劳动的特性——重复——有着根本的不同。这是因为,重复只是劳动用来满足和顺从生物生命循环的一种方式。人的身体的需求和欲望来来去去,处于规

---

① 埃斯特班:《柏拉图——爱欲、政治与教育》(*Platón. Eros, política y educación*),萨拉曼卡,1981年,第26—27页。
② 埃斯特班:《柏拉图的教育行动与教育态度》(*La acción y la actitud educativa Platón*),萨拉曼卡,1976年,第13页。

律的更替之中,它们出现又消失,但是却从不停留。相反,再制造所制造的却是已经相对稳定、相对确切地存在于世界上的物质。稳定持久是模型和样板的特点,这是指模型和样板在制造开始之前已经存在,到制造结束之时依然保持原样,因此,在按照它的样式将所有要制造的物品制造出来之后,模型和样板依然保持不变,还可以继续不变地和无尽地服务于新物品的制造。模型和样板的稳定特性在柏拉图关于永恒理念的学说中发挥了至关重要的作用。倘若理念说真的以理念这个由柏拉图首次运用到哲学当中的词汇为出发点,即形态(eidea)和外相(eidos),那么,理念说显然建立在制造,即创制的经验之上。尽管柏拉图明显是用理念来传达完全不同的东西,即"静观"的哲学经验,但是,他却一直在使用手工界和制造界的例子来说明自己学说的可信力。最后,人们终于明白,在多样的、易逝的物质之上凌驾着一个唯一的、永恒的理念。永恒的唯一与易变的繁杂之间的这种关系明显类似于另外一种关系,即稳定一致的模型与按照模型的样子制造出来的、多种多样的、出现后又消逝的物品之间的关系。"[1]

这段详细的引文十分清楚地表明,阿伦特完全没有从超验思想出发来解释柏拉图的理念说,因为整个古希腊的和古典的世界观(还)没有产生超验的思想。相反,她把理念说的产生与制造物品的手工匠的创制思维紧密地联系起来,后面我们还将对阿伦特的这一思想做出更加详细的探讨。

本按语有些冗长,它展示了人们对柏拉图教育观的不同理解。这样做并不是为了证明柏拉图在教育学历史上的地位,而只是为了证明本章开篇提出的基本观点:教育和教育学(在真实意义上)不属于理论

---

[1] 阿伦特(Hannah Arendt):《人的境况》(1958),德译版标题为《行动的人生抑或劳作的人生》(*Vita active oder Vom tätigen Leben*),慕尼黑新印第三版,1983年,第129页。

的范畴,因而,教育知识也不可能属于理论的知识。

教育学——一种实践的知识

在古典思想中,教育学事实上构成政治学的一部分,因而无疑与政治学一样被归入实践的范畴。同样与政治学一样,教育学在古典思想中意味着伦理的延续,并且和政治学一样被理解为有关善良正义的城邦生活的学说。在伊索克拉底对有教养之人所做的经典定义中,教育学被理解为一种能够使人每次都(在任何情况下)找出正确解决办法的学说。① 古典思想②认为,人们既不能用逻辑的必然关联来推导出"正确的解决办法"和"善良正义的城邦生活",更加不可以用技术上的工艺技巧制造出这两者,所以,对性格培养和道德良知的唤醒负主要责任的教育学和政治学也就绝无可能利用技术的知识或严格意义上的科学的、理论的知识。如果用逻辑关联来推导两者,即由特定的前提条件得出必然的结论,或者利用技术来制造两者,即由外部来引起某个特定的行为,那么,政治行动将不再存在自由、选择的可能及责任,教育中也将不再存在给予教育关爱、拒绝给予和反对给予关爱的可能。一旦这些可能性被消除,政治行动便不再是政治行动,教育也不再是教育。因此,政治学的方法是教育学的,而不是"技术的";教育学的方法是政治学的,而不是"辩证的"③。

古典时期的学者认为,单纯依靠制造产品的手工匠的经验知识不足以解决政治学和教育学的任务;而由于政治学和教育学的研究对

---

① 此处参见布克(August Burk):《伊索克拉底的教育学》(*Die Pädagogik des Isokrates*),乌尔兹堡,1923年,第89页。
② 此处借用我在别处发表的一篇文章《理论和实践》(*Theorie und Praxis*)中的几段,出自布林克曼(Wilhelm Brinkmann)与莱纳(Karl Renner)编:《教育学及其范畴》(*Die Pädagogik und ihre Bereiche*),帕德伯恩,1982年,第29—44页。
③ 该词在这里是指柏拉图所理解的那种严格的理性方法,即(通过驳斥)排除错误的观点和(通过证明其非必然性)排除纯粹假设的观点,从而逐步迈向绝对的真理。

象,又不可能依照理论的原理科学的类型创建一种有着必然的逻辑关系的知识;因此,政治学和教育学要达到或通向那种每次都能行动正确的理性,就不可能依靠经验或严格的理性辩证作为方法,而只能依靠雄辩术这种论证和说服的"实践"的技艺①,只有通过这条道路才有可能获得一种实践的理论。

  从伊索克拉底到西塞罗和奥古斯丁,再到维柯和意大利人文主义者,政治学和教育学依靠的这种雄辩的方法作为传统一直延续了下去,并始终保有鲜活的生命。按照亚里士多德的理解,雄辩术是一种实践的学科,其目的不是制造产品,而是说服一群听众或一位听者。雄辩活动的目的不是吸引被动的听众,而是促使他们做出恰当和正义的行动,或者至少唤醒他们做出此种行动的意愿。当伊索克拉底在其演说中讲到,古希腊城邦的政治局势虽然看上去公平正义,但实际却并非如此,他的意图是要促使听众认识到政治改变的必要性,也就是将他们引向正义的政治行动。② 当西塞罗论述演讲者的教育功能时,他强调的是,人类的认知始终与兴趣相关,人的评判更多是受爱、恨、欲望、愤怒、快乐、恐惧、迷惑,以及一种情绪冲动(或者某种动机)的影响,而不是由纯粹的真理、一种规定、某种法规、程式、条例或者甚至是某种逻辑规则的体系所决定的。③ 当奥古斯丁设想一个笃信基督教的演说家是何形象时,他提出了一个非常有道理的疑问,那就是这样一个演说家是否真的相信,布道者费力登上布道坛是为了发表言辞精

---

① 拉尼夫(Cosimo Laneve)从历史的、批判的角度对这一客观必然的关系做出了精深的研究:《雄辩和教育——一种历史的批判的分析》(*Retorica e educazione: Analisi storico-critica*),布雷西亚,1981年。也可参见同一作者:《"新雄辩术"面前的教育学话语》(*Il discorso pedagogico di fronte alla "Nuova retorica"*),出自《新教育杂志》(*Nuova Rivista Pedagogica*),1979(27),第59—96页。
② 参见施泰勒(Wolf Steidle):《伊索克拉底的演讲艺术和教育》(*Redekunst und Bildung bei Isokrates*),出自《赫尔墨斯》(*Hermes*),1952(80),第257—296页。
③ 西塞罗:《论雄辩家》(*De oratore*)II,178。

巧、能够取悦教徒但却思想空洞的演说,而不是为了向教徒宣告一种"实践"的真理并说服他们相信基督教行动的必要性?① 在莎士比亚所著的《裘力斯·凯撒》一书中,马克·安东尼在开始做祷告性的墓前悼词时就已经知道,自己的悼词很快就能煽动所有听众同情凯撒(也包括他自己)并逼迫卑鄙的谋害者,主要是布鲁特斯走上逃亡之路,尽管正是这个虚伪小人授予自己致悼词的权利。之所以能作这一预见是因为,这一演说的目的在于强化人们对特定的、经久价值的信仰,唤醒人们行动的意愿,并最终促使听众做出实践的行动。② 凭借这样一种目的,该演说成为了雄辩术的经典范例。当维柯在人文主义的雄辩教育传统达到高潮时经典地阐述雄辩术的教育意义,他所指的是,那些单纯关注(严格意义上的理性的)真理的人难以理解人的事务,因为人的事务始终处于机会和选择的掌控下,所以人们必须"根据事务的轻重和人们称之为事态的附带情况来判断"生命中要做的事情,而这些事态有可能是陌生的、不协调的、颠倒的,甚至有时是与目标相悖的。③ 由此,维柯在辩证科学的方法与雄辩智慧的方法之间作出区分,并借此强调,(理论的)科学崇尚寻找唯一的原因并继而将多样的自然现象归于这一原因,与之相对,(实践的)智慧更加重视在每一件事情上都尽可能多地考虑其可能的原因并继而检验原因的真伪。是否能够正确、合宜地运用后一种方法,是区分愚蠢的傻瓜、粗鲁的市井之徒、不明智的学者与真正的智者的试金石。④

---

① 奥古斯丁:《论基督教教义》(*De doctrina christiana*)IV,13,12。
② 此处参见佩雷尔曼(Chaim Perelman):《新雄辩术与人文主义》(*The New Rhetoric and the Humanities*),多德雷赫特,1979 年,第 7 页。也可参见马拉菲奥提(Roberto Marafioti):《论证的模式——古典时期与 20 世纪的论证》(*Los Patrones de la Argumentación: La argumentación en los clásicos y en el siglo XX*),布利诺斯艾利斯,2003 年。
③ 维柯著/沙尔克(Fritz Schalk)编:《论精神教化的本质和途径》(*Vom Wesen und Weg der geistigen Bildung*),拜德哥德斯堡,1947 年,第 59 页。
④ 参见维柯:《论我们时代的研究方法》(1709),出自克里斯托弗里尼(Paulo Cristofolini)编:《哲学著作选》(*Opere filosofiche*),佛罗伦萨,1971 年,第 811 页。

幻想一种技术性的教育科学

教育和教育学一直被划分到实践的范畴,直到"人们在方法上开始无视支配(Verfügen)和行动(Handeln)之间的区别,即无视技术科学赖以生存的基础",也就是直到理论和实践被重新定义的时候。关于这两者的重新定义,我们在第二章已经做出过论述,其最终反映为,"建造合理秩序的工程师可以忽视道德交往的范畴,仅仅对外部情境作出建构,从而通过这些情境促使人像自然界的客体一样,做出一种可以被测算的行为。"①

让我们再来简单地回忆一下:至少从亚里士多德开始,创制和实践就在概念上被区分开来,前者指生产性的、客体化的劳动,后者指自由的、责任性的、导向主体之间的行动。生产性制造的目的和目标在于被制造的物品,因此这一目的和目标位于制造本身之外(即位于产品之中),而行动作为善良正义的举动,其意义却始终蕴含于其本身之中,也就是说,行动的意义在实施行动的过程中得以实现。由此,我们可以(且必须)从产品出发来"评价"创制的制造,但却不能主要从行动可测量到的结果出发来评价责任性的行动,而是应当首先从行动的目的和指向出发,也就是从引导行动的价值出发。所以,我们可以接着亚里士多德的观点继续说:人的行动永远不会产生一个客观的,即由外部决定好的结果,相反,人的行动会贯穿人的整个生命过程。在此意义上,人的生命就是彻彻底底的实践,实践行动的行为(作为过程,而不是作为结果)是人作为自由的、理性的生物对自我实施的自我构建。

当我们认识到,近代科学把理论转义为一种操作性的,即可运用

---

① 哈贝马斯:《古典政治学说与社会哲学的关系》(*Die klassische Lehre von der Politik in ihrem Verhältnis zur Sozialphilosophie*),出自《理论与实践》(*Theorie und Praxis*),法兰克福,1978 年,第 50 页。

的专业知识的时候,我们还同时发现了与理论的转义紧密联系在一起的实践的转义:现实的实践变成了一种科学指导下的创制。必须补充说明的是:事实上,只有以产品为导向的制造才允许一种在技术上可运用的技术诀窍对其作出精确可信的指导及检验。如果行动的实践特性不被破坏掉,行动就不会不可避免地转变为创制,此时要对人的行动范畴实施这样的外部操控就是绝对不可能的。这里,我们可以借用布伯纳①的精确表述加以说明:"如果没有一种产品来实现客观的确定性,那么任何理论都将无法作出操控和干预,反之,理论就可以在其明晰的界限内给予经过理论验证的、高度专业化的操控和干预。通过理论的知识来指导实践是有界限的,而这一界限就存在于实践固有的结构中。"②从其本质来看,实践"不是那种自以为无所不知的制造的行为。它必须不断地被重新实施,且在这样一种意识之下,即只有在具体的实施过程中实践才能赢得自身的意义。这句话的意思是,个体的每个行动都注定是冒着风险和承担着责任的。没有哪一种正确的知识可以从主体身上卸下这种重负。人不可以通过技术来制造实践,甚至也不可以把普遍化为'政治科学'的理论知识的原理运用到实践之上。"③换句话说:"理论的科学结构决定了理论以技术运用为目标,但这种理论却与商讨和行动着的公民的实践处在一种错位的关系中。"④阿佩尔⑤曾经非常有道理地指出:任何一种社会技术构想(同样还可以补充:任何一种教育技术构

---

① Rüdiger Bubner (1941—2007),德国哲学家。——译者注
② 布伯纳:《理论与实践——后黑格尔主义的抽象概念》(Theorie und Praxis-eine nachhegelsche Abstraktion),法兰克福,1971年,第32—33页。
③ 布伯纳:《理论与实践——后黑格尔主义的抽象概念》(Theorie und Praxis-eine nachhegelsche Abstraktion),法兰克福,1971年,第33页。
④ 哈贝马斯:引文出自《古典政治学说与社会哲学的关系》(Die klassische Lehre von der Politik in ihrem Verhältnis zur Sozialphilosophie),出自《理论与实践》(Theorie und Praxis),法兰克福,1978年,第81页。
⑤ Karl-Otto Apel (1922—2017),德国哲学家。——译者注

想),其理想的前提条件都不存在于一个由成年的行动着的公民所构成的"开放社会"的模型中,而是存在于"一个(因稳定的、某种程度上等级化的统治结构)可以被分化为科学和技术的知晓者与非知晓者、操控者与受操控者以及主体与客体的社会中"。① 无论如何,要在社会技术措施(以及教育技术措施)上取得一致意见,是不可能靠一个科学的理论去推导得来的,也不可能依据那种早已把协商的主体变成经验分析的、行为解释的客体的科学得出的结论。② 如若非要依靠科学,这种观念以及建立在其上的技术文明就会面临这样的危险,即"意识分裂,人被分化为两种阶层:社会工程师及封闭机构的居住者"③,放在教育上看,就是教育的工匠和受这些工匠摆布的木偶。

如果此时我们坚决地说,古典时期理解的教育和教育学一定属于实践的范畴,也会立刻有人提出反对的意见。诡辩家们不是持与此完全不同的观点吗?这些"喜欢卖弄自己、很快在雅典引发轰动的职业化的游动教师"④不是恰恰反对把教育理解为实践,而是把教育视为一个"结果"(在产品的意义上)吗?这种结果"由掌握专门知识的人根据自己的原则和认知,按照随意的目标和合理的计划自由地构建出来"⑤。他们不是要求掌握教学论的手段、方法论的规律以及一种教育的技巧吗?借助这些,他们才可以把年轻人加工成对公众有益的、可

---

① 阿佩尔:《哲学的变形》(*Transformation der Philosophie*)第 1 册,新维德,1973 年,第 14 页。
② 阿佩尔:《哲学的变形》(*Transformation der Philosophie*)第 1 册,新维德,1973 年,第 15 页。
③ 哈贝马斯:《教条主义、理性与决定——科学文明中的理论与实践》(*Dogmatismus, Vernunft und Entscheidung: Theorie und Praxis in der verwissenschaftlichen Zivilisation*),出自《理论与实践》(*Theorie und Praxis*),法兰克福(Suhrkamp TB),1978 年,第 334 页。
④ 莱布勒(Albert Reble):《教育学历史》(*Geschichte der Pädagogik*),斯图加特第十二版,1975 年,第 25 页。
⑤ 里希特斯坦因(Ernst Lichtenstein):《古希腊思想中的教育学起源》(*Der Ursprung der Pädagogik im griechischen Denken*),汉诺威,1970 年,第 61 页。

被利用的、精于世故的以及其此在可被确切掌控的"成品"①,然后将这些成品交付给"订货人"及"教育的买主",就像人们如今在经济化的语言中习惯表达的那样。他们不是针对直至彼时依然通行的教育,激起了一场在知识丰富的玛胡看来"与其说是政治的不如说是技术的""教育革命"吗?② 他们不是首次将教育使命表达为一种职业,并同时强调出那些迄今依然具有代表性的教育职业化的要素吗? 这些要素就是:教育被单独划分出来,成为一种可以通过技术技巧的形式得到传授、可以作为职业被习得的独立的文化行动;教育以特定的目标群体为导向,向这个群体传授被确切规定好的知识、技能和本领,当然也相应地得到较好的报酬;教育过程被理解为这样一种过程,其成功与否取决于那些只有专业人士才确切了解的前提和条件;最后,教育集中关注训导和教学,这两块领域最早也最容易从教育中分离出来③,并且也最容易被理性化。④ 不管怎样,诡辩家们在雅典演说时总是非常自信,且对自己有着很高的评价。为了赢得听众,他们公开尝试令人印象深刻的教学演讲。他们提供清晰的教学内容,介绍科学建构的教学大纲,并承诺教授有益的、预示着成功的能力和技能。只要以适当的注意力

---

① 参见杰瑞特(James L. Jarret)编:《诡辩家的教育理论》(*The Educational Theories of the Sophists*),纽约,1969年,第102页。
② 玛胡:《古典时期的教育史》(*Geschichte der Erziehung im klassischen Altertum*),德译弗莱堡,1957年,第77页。
③ 此处参见费舍(Aloys Fischer):《教育作为职业》(*Erziehung als Beruf*),出自《生命与行动》(*Leben und Werk*),慕尼黑,1950年,第2册,第41页。
④ 关于教育职业化的问题参见摩尔(Wilbert E. Moore):《职业化——角色和规则》(*The Profession: Roles and Rules*),纽约,1970年;布林克曼(Wilhelm Brinkmann):《教师的职业》(*Der Beruf des Lehrers*),巴特海尔布伦,1976年;博姆(Winfried Böhm):《是否有可能使教师的活动专业化?》(*Es posible profesionalizar la actividad del maestro?*),出自《教育》(*Educación*),1982(26),第14—23页。塞西特(Sabine Seichter)以独到的视角对教育职业化的讨论做出了非常精炼的概述:《教育之爱——一种教育学解释模式的萌芽、开花和枯萎》(*Pädagogische Liebe: Erfindung, Blütezeit, Verschwinden eines pädagogischen Deutungsmusters*),帕德伯恩,2007年。

和恰当的学习意愿听完他们的讲授,人们就会——如柏拉图在《普罗塔哥拉斯篇》中所说的那样——学会明智地"管理好自己的事情,即如何最好地管理家庭,并继而管理好国家的事务,即如何最为机智地领导和谈论国家事务"。① 总之,诡辩家们毫不避讳地宣称自己为无所不知的、不犯错误的、特别有能力的和在教育上无所不能的人,以至于伊索克拉底在其作品《反诡辩论者》②中辛辣地嘲讽了(这种嘲讽总是能获得现实的意义)他的这些同行在教育上的自负和自大。此外,伊索克拉底还认为,如果所有想要成为教育专业人士的人都愿意以事实为准绳,而不是空喊无法兑现的承诺,将会更有利于提高他们的公众声誉。③ 直到现在,"诡辩"一词始终更偏向一个贬义的形容词。相比较在教育上负责任的教师和教育者,该词更容易让我们联想到颠倒法律和投机取巧的律师④,而这一现象可能正是由这些首批教育职业人士不可靠的行事方式造成的。无论怎样,引领诡辩家的教育观很明显是依照手工匠的生产制造形成的,诡辩家对教育学的理解也明显参照了一种职业科学的模式,这种职业科学向专业人士提供相应的专业知识和必要的技术诀窍,以供其制造产品,即培养有用的、老练的受教育者。总之,正是这种将教育技术化以及将教育尽可能局限在教和学之上的做法,受到了柏拉图和伊索克拉底的批

---

① 柏拉图:《普罗塔哥拉斯篇》,318e—319a。关于诡辩主义运动概况的近代文献请首先参见科菲尔德(G.B.Kerferd):《诡辩主义运动》(The Sophistic Movement),剑桥,1981年,以及兰金(H.D.Rankin):《诡辩主义者、苏格拉底主义者和犬儒主义者》(Sophists, Socratics and Cynics),托托华(新泽西),1983年。
② 此处参见怀斯(Gabriele Weiß):《伊索克拉底——诡辩论的反对者》(Isokrates: Kata ton sophiston),出自博姆(Winfried Böhm)、福克斯(Birgitta Fuchs)、塞西特(Sabine Seichter)编:《教育学重要著作》(Hauptwerk der Pädagogik),帕德伯恩,2009年,第207—209页。
③ 参见杰瑞特(James L.Jarret):引文出自《诡辩家的教育理论》,见第212—218页关于伊索克拉底《反诡辩论者》的精美英文译文。
④ 参见艾森胡特(Werner Eisenhut):《古典时期诡辩术及其历史之导论》(Einführung in die antike Rhetorik und ihre Geschichte),达姆施塔特,1982年,第15页。

判：这样的教育只会流于形式和变得功能化，从而丧失教育自身的伦理本质。①

教育——创制或实践？

此刻我们可以再次停下思维的脚步，做出如下总结：教育和教育学是不可以按照理论及理论知识的模型来设计的，即便起初看上去如此，但在更加仔细的验证后，人们就会发现，这个表象的背后实际掩藏着创制的基本结构，即技术制造的结构，也就是一种"论述可制造性的教育学"②的理念。在有关柏拉图的简短按语中，我们将这一点展示了出来。近代人试图在最大程度上将教育讨论和教育科学的专业表达程式化，并在最严格的意义上将二者理论化，如果我们对这些尝试进行批判论述，也会得出和上面十分相似的结论。③

由此，我们得出了一个相反的结论，即古典时期所理解的教育和教育学属于实践的范畴。然而，对诡辩家的分析又再次让这一结论陷入质疑。这是因为，仅仅是这样一个顺带的简短的分析就已经十分清楚地表明，诡辩家把教育理解为创制，把教育学（起码总体上）理解为一种技术性的职业科学。因此，诡辩家的教育观其实是雷尔曼（Walter Leirman）以特别直观的方式所描绘的那种"教育的专家文化和工匠文化"的早期代表。④

---

① 此处可更详细地参见博姆（Winfried Böhm）：《人格的教育》（*La educación de la persona*），布利诺斯艾利斯，1982 年，第 76 及后续几页，以及同一作者：《人格教育学之构想》（*Entwürfe zu einer Pädagogik der Person*），巴特海尔布伦，1997 年。
② 这一术语来源于我的第一任学术导师海特格尔（Marian Heitger），他曾以批判攻击的态度在多处使用过该词。首先参见海特格尔：《当代教育学的操控倾向》（*Manipulative Tendenzen gegenwärtiger Pädagogik*），乌尔兹堡，1976 年。
③ 吉亚新托斯（Sergio de Giacintos）的著作《教育作为一种系统》（*Educazione come sistema*）（布雷西亚，1977 年）十分复杂，可以作为这些近代尝试中的一个典型代表。
④ 雷尔曼：《教育的四种文化：专家、工匠、先知和传播者》（*Vier culturen van educatie: expert, ingenieur, profeet, communicator*），阿珀尔多伦，1993 年。

现在,我们面临一种两难的选择:在古典时期,这个西方教育学的初始阶段同时也是第一次高潮阶段,出现了两种彼此分歧、相互竞争的教育模式,其中一种把教育理解为实践,另一种把教育理解为创制。与之相应,前者涉及的是教育学,即教育的实践理论,后者关乎的是教育科学,即(有关发展和社会化的)创制理论。我们看到,两种模式对应了两种对教育活动的不同理解:在第一种情况中(实践的模式),人表现为他自己的行为,这里的 Werk(行为)指的是人必须依靠自己的行动去实施的过程,这一过程(就像我们接着亚里士多德的观点所表述的那样)没有终点,其(作为实践)贯穿于人的整个生命,教育至多只能激发、鼓励和支持这一过程,但却不能擅自制造这一过程;在第二种情况中(创制的模式),人表现为教育的结果,这里的 Werk(结果)指的是专业化的、科学指导下的干预所制造的产品,用工业时代的语言可以表述为:对粗糙程度或高或低的原材料进行加工和打磨出来的产品,用人力资本的话讲:在制造过程结束时,人们可以根据产品的实用性和可用性对产品作出评估。[①] 第一种情况下人们认为,教育过程原则上是不可完结的,并且原则上不可以被作出严格的科学理性的规划;在第二种情况下,人们必须按照技术的(如手段—目的)以及经济的(如投入 vs.产出)的思维模式来构设教育过程,并对教育过程作出理性的规划和量化的评估。如果由于特定的社会经济情况,教育产

---

① 想要了解技术术语以及经济商业语言在教育事实表述中的入侵和泛滥现象,只需重新批判地审视德国教育审议会的《教育制度结构计划书》(*Strukturplan des Deutschen Bildungsrates*)(1970)中的语言和概念,就可得到足够的收获。此处参见博姆(Winfried Böhm)、泰诺特(Heinz-Elmar Tenorth):《德国教育年代史 1960—1973》(Deutsche Pädagogische Zeitgeschichte 1960—1973),卡斯特劳恩,1977 年。关于这个问题也可参见巴劳夫(Theodor Ballauff):《教育思想中的先验模式》(*Transzendentale Schemata im pädagogischen Denken*),出自博姆(Winfried Böhm)、施礼威(Jürgen Schriewer)编:《教育学史和系统的教育科学》(*Geschichte der Pädagogik und systematische Erziehungswissenschaft*),斯图加特,1975 年,第 20—29 页,特别参见第 27 页。

品不再能够作为一次成形的成品完美地进入到一个不断变化着的应用体系(社会、劳动力市场等),那么,这个制造过程就只能顺延下去从而覆盖人的整个生命——无论是英语当中所说的回流教育、终身教育,还是法语中所讲的持久教育,或是德语中所谓的老年教育,甚至是泛治疗教育。①

如果我们也以同样粗略的方式浏览一下西方的教育思想史,便可看到:上面两个模式不仅在西方教育思想史的初期相互对立和相互争夺统治的地位,而且在这一历史的进程中始终处于相互竞争的状态。同样,在大概了解当代的教育学后,我们也会看到:这两个模式至今仍在主宰着教育的研究。因为此处我们要探讨的是理论和实践的问题,而不是去回忆西方教育思想那悠久而动荡的历史,又因为我们这里不可能集合当代教育学的不同观点对它们进行审视批判,所以接下来我们要做的是,首先介绍教育作为创制模式在历史上的几个显著形态,并特别考虑它们可能的根基及这些根基的缺陷,然后检验这个模式的合理与不合理、影响范围与界限、优点与不足。在此基础上我们去判断,如果把近代科学的理论实践观,也就是有关操作性理论("技术诀窍"、经过科学验证的专业知识)和这一理论在教育创制中的"运用"的双重理解,嫁接到教育现实以及教育学和教育的关系之上,这样做是否合法。在此之后,我们将会探讨教育作为实践的模式的合理性,并

---

① 想要了解泛治疗的时代潮流,可以参见 20 世纪 80 年代海明格尔(Hansjörg Hemminger)和贝克(Vera Becker)的著作:《当治疗带来伤害时》(*Wenn Therapien schaden*),赖恩贝克,1985 年。温克勒(Michael Winkler)也指出了他所处的时代存在的现象,即所谓的反教育学隐秘地将教育的事实篡改为治疗的问题:《关于反教育学的重要几点》(*Stichpunkte zur Antipädagogik*),斯图加特,1982 年,尤其参见第 157 及后续几页。关于这一话题也可参见博姆:《论教育和治疗的不统一》(*Über die Unvereinbarkeit von Erziehung und Therapie*),出自《科学教育学季刊》(*Vierteljahrsschrift für wissenschaftliche Pädagogik*),1992(68),第 129—151 页,重新刊印在《人格教育学之构想》(*Entwürfe zu einer Pädagogik der Person*),巴特海尔布伦,1997 年,第 169—190 页。

在其中特别关注一个问题。这个问题就是,如果教育学被理解为实践的理论,即一种知识,这种知识附加在早已存在的教育实践之上,对这一实践加以澄清,让人更清楚地认识这一实践,以批判的眼光追踪这一实践,并预先规划一个更优的实践,那么,这种教育模式与技术性的思维模式相比,到底能在多大程度上更好地契合教育的真实本质,契合人的人性以及人类共同生活的现实。

第四篇

教育作为创制或者："教育科学"的探索

前面我们借助理查兹的一篇文章获得了如下认识：教育科学将教育理解为创制并追求一种操作性的理论，这种理论给予作为创制的教育科学上的指导，使教育的操作过程更加高效和优化。这样一种教育科学必然会将其视野限制在两大领域上，即遗传方面的发展和环境决定的社会化。① 前者关注个体生理和心理的成熟过程，后者考察那些决定既定个体特征的社会变量。前者聚焦在心理学上，后者聚焦在社会学上。心理学和社会学曾经被归为教育学的"辅助科学"，但它们却在有些时候、有些地方抢占教育学的地盘，并且经常企图取代教育学的地位，这已经变成平常的事实。② 实际上，无论从历史上还是当下来看，这两门科学在表达教育的操作性理论或理论点方面都的确胜于教育学，以至于教育学经常眼红它们的成果并嫉妒它们在实用性上所具有的优越地位。③

在心理学和社会学观察方式的基础上生成了一个原则上反形而上学的人类观④，这使得两种观察方式虽然是从不同的角度

---

① 也可参见理查兹的《学术世俗化与教育》（Academic Secularization and Education），出自《教育展望》（Pädagogische Umschau），1984(42)，第31—43页。
② 首先应该以一种国际的、比较的视角来理解这个句子，尤其要考虑法国和美国的情况。此处可以首先参见索埃塔德（Michel Soëtard）：《从科学到教育科学——法国，你的教育学在哪里？》（De la science aux sciences de l'éducation: France, où est ta pédagogie?），出自博姆（Winfried Böhm）编：《各种文化领域的教育学和教育理念》（Il concetto di pedagogia ed educazione nelle diverse aree cultural），比萨，1988年，第39—56页，以及参见理查兹：《北美洲有自己的教育哲学吗？》（Is There a North America Philosophy of Education），出自《各种文化领域的教育学和教育理念》（Il concetto di pedagogia ed educazione nelle diverse aree cultural），比萨，1988年，第125—142页。
③ 此处参见博姆（Winfried Böhm）略带讽刺意味的文章：《教育学的七宗罪》（Die sieben Todessünden der Pädagogik），出自孔拉德（Helmut Konrad）编：《教育学与科学》（Pädagogik und Wissenschaft），吉本海姆，1981年，第91—100页。
④ 此处首先参见纳普（Guntram Knapp）：《反形而上学的人》（Der antimetaphysische Mensch），斯图加特，1973年；类似的著作还有卡普兰（Arthur L. Caplan）和杰宁斯（Bruce Jennings）编：《达尔文、马克思、弗洛伊德及其对道德理论的影响》（Darwin, Marx, Freud. Their Influence on Moral Theory），纽约，1984年。

出发却可以相互交叉,其中一种得出的知识与另一种得出的知识被组合成一种社会心理学的观点。尽管这种交叉可以发生,但是,现代人针对教育所做的全部探索差不多都可以清楚地分解成两种范式:一种将重心放在个体的自然发展之上,可以被称为肯定自然批判社会的范式;另一种重点关注人的社会化,可以被叫做批判自然肯定社会的范式。如果想要为两种范式寻找划时代的思想家,即在某种程度上创作出奠基性的作品,并构建出两幢思维大厦基本骨架的人,那么,第一种范式让人联想到卢梭,第二种范式让人联想到涂尔干。在探讨这两种都是从科学的、技术的和工业的①角度阐释教育的"范式"之前,首先引出另外一个教育家可能会给我们更大的启发。这位教育家的教育哲学恰恰支撑和解释了我们这里要讲的教育科学的探索,也就是我们有意朝两个方向铺开陈述的内容,而这位教育家正是约翰·杜威。

约翰·杜威及其"教育科学"的纲领

众所周知,杜威不仅被视为北美最具影响力的教育理论家,而且还享有20世纪最伟大的教育哲学家之一的盛名。然而,专业文献中描绘的杜威通常都是片面的,有人认为他是工读学校的开创者,有人认为他是民主教育的代言人,或者是现代的(尤其是行为主义的)思维心理学和学习心理学的先驱。尽管这些解读都是正确的,但是有一点却不容忽视,那就是它们都没能切中杜威思想真正的要害。只要通览他的作品就不难发现,杜威思想的重点在于建构一种技术的哲学,这一哲学综合了实用主义的乐观精神、对(北美)民主的特别推崇,以及

---

① "工业"一词此处并不指"属于工业的",而是指那种升级为工业生产的创制性制造。

对科学和技术无穷的进步可能的狂热痴迷。①

要想理解杜威的教育学,关键无疑是理解他对康德伦理学所做的批判。这一批判代表了反对康德声音中的高潮:康德没有依据道德行动产生和制造的外在结果来衡量行动的价值,而是把这一价值置于道德行动的动因中,也就是把这一价值固定在行动者的内在意识中。这是一种纯粹的意识伦理说。不过,我们不应将它的片面性直接归咎于康德,而是应该怪罪那个几乎造成西方思想所有片面性的源头,即亚里士多德。在《哲学的改造》②这本对于理解杜威尤其重要的著作中,杜威认为,西方哲学最大的错误就在于把人类至善的美德宣扬为价值本身,并通过这种方式将它们从日常生活和现实的物资获取中凸显出来;现在终于到了纠正这一错误的时候,我们必须用一个与现代民主社会的政治和社会现实相符的伦理学来消除这种错误。

在《确定性的寻求》③一书中,杜威对人们无止境地寻求哲学确定性的做法发出了抗议。他认为——书中几乎原封不动地使用了培根反对传统哲学的观点——太多的人耗费了太多的光阴想要去确切地认知那些根本不可能认知的事物,最终只能徒劳而返。这种无尽的且无果的追寻,导致人们无法为社会做他们本可以做的许多有益的事情。最终的真理是无法获取的,追求真理注定只是徒劳一场,与之相对,找到合适的办法来解决困扰我们的日常生存问题(教育的问题必

---

① 此处参见博姆(Winfried Böhm):《约翰·杜威——或对科学和技术的神化》(*John Dewey-oder die Vergottungen von Wissenschaft und Technologie*),出自海特格尔(Marian Heitger)和温格尔(Angelika Wenger)编:《布道坛和讲台》(*Kanzel und Katheder*),帕德伯恩,1994 年,第 351—378 页。最新的文献可主要参见贝尔曼(Johannes Bellmann):《约翰·杜威的自然主义教育学》(*John Deweys naturalistische Pädagogik*),帕德伯恩,2007 年。
② 杜威:《哲学的改造》(*Reconstruction in Philosophy*)(1920),扩充版(1948),信标平装版波士顿,1957 年,德译版标题为《Die Erneuerung der Philosophie》,马丁·苏尔(Martin Suhr)译,汉堡,1989 年。
③ 杜威:《确定性的寻求》(*The Quest for Certainty*),纽约,1929 年。

定包含其中)却是非常有可能的。而能够让我们找到这些办法的有效途径只有一条,那就是运用现代科学的方法。"对于如今的知识分子而言,研究和思考的新方法能够最终裁决所有现实的、存在的和学术的问题……通往真理只有一条可靠的路径,那就是借助观察、实验、记录和控制性反思来开展富于耐心的和合作性的研究。"① 在《哲学的改造》中,杜威呼吁人们从现代科学的精神出发去重新构建哲学(以及教育学)。对于我们而言,他的呼吁有趣的地方在于,杜威将这种重新改造建立在那个显赫的传统之上:培根在他的《新工具》一书中推翻了亚里士多德哲学的旧工具,以新科学取而代之,由此成为现代自然科学的伟大推动者和工业技术的精神之父。与培根一样,杜威认为自己划时代意义的使命是,将培根提出的纲领,即科学地研究自然,以便在技术上掌控自然,最终扩展到那个至今仍受古代哲学(及教育学)主宰的、人和社会的领域,并让这一纲领在该领域发挥作用。也就是说,杜威意图把培根发动的哲学革命延伸到所有领域,将哲学扩展为一种完整的,即涵盖自然、人和社会的技术学,以此来完成这场革命。

和培根一样,杜威主要谴责传统哲学的问题设置脱离日常生活的具体问题,传统哲学寻求逃避时间稍纵即逝的不确定性,而努力找寻某种不受一切时间变化影响的"稳定"的东西,仿佛是在我们所处的不稳定的现实之外寻找一个安全的避难所。与之相对,现代自然科学认识到并以令人瞩目的成就向每个人清楚地表明,人不可能通过无尽且徒劳地追求一种固定的真理来征服世界,相反,人必须最终抛弃这种在可体验的现实之外寻求某种稳定之物的想法,放弃古典时期对最终确定性及理论观察不变的对象的追寻。人必须让自己的思想成为一种行动的力量,这种力量应积极关注当今社会的需要和要求,通过寻

---

① 杜威:《一种共同信仰》(*A Common Faith*)(1934),纽黑文 1976 年,第 32 页。

找未来依然有效和有益的办法来解决这些需要和要求。在他的著作中,杜威用一个较长的段落①首先极尽可能地讥刺了亚里士多德的哲学,将其讥讽为一种在天空以及地球与上帝之间更加了解天空、在静止的动因与天空之间更了解静止的动因的科学。而后,杜威又在这一段中详细分析了理论和实践的问题。

杜威首先完全按照亚里士多德的理解将理论描述为对永恒和静止的客观观察,然后又立即贬低这种意义上的理论科学(纯粹的"旁观者的知识观"②)是无用的,对于解决具体的日常问题是完全无意义的。值得一提的是,在介绍亚里士多德的一整个章节里面,杜威对实践与创制之间的重要区别只字未提,而是把两种活动融为一体,都归于实践的概念之下。在更加仔细的观察后,人们就会发现,杜威把道德行动和政治行动的实践问题意外地转变为科学指导下的创制的问题,这其实是对亚里士多德思想的歪曲。杜威自己大概也意识到了这种转变带来的全部影响,因此评论道:"这标志着人的观念发生了转变,而且这种转变比初看上去要广泛许多。这意味着,世界或者世界的任何一部分,无论这一部分在某一时期展现为何样,仅仅被接受和理解为可以制造改变的物质。"③紧接着,杜威又在同本书中写道:"变化代表着人们想要实现的新的可能和目标,预示着一种更好的未来。变化更多地与进步联系在一起,而不是倒退与低劣。因为变化反正到处都在发生,所以诀窍仅在于,足够地了解变化从而掌控变化,让变化朝我们期望和需求的方向发展。条件和事态是存在的,我们既不可以逃避它

---

① 杜威:《哲学的改造》(*Reconstruction in Philosophy*)(1920),扩充版(1948),信标平装版波士顿,1957 年,第 106 及后续几页。
② 杜威:《哲学的改造》(*Reconstruction in Philosophy*)(1920),扩充版(1948),信标平装版波士顿,1957 年,第 112 页。
③ 杜威:《哲学的改造》(*Reconstruction in Philosophy*)(1920),扩充版(1948),信标平装版波士顿,1957 年,第 114 页。

们,也不可以简单被动地顺从它们,而是应当对它们加以利用和引导。要么,它们成为阻碍我们实现目标的障碍;要么,它们成为帮助我们实现目标的手段。"① 在此之中,理论概念的意义也发生了彻底的转变。这一点显而易见,于是杜威也清晰地写道:我们的知识必须聚焦在这些变化之上,并且把能否制造特定的变化作为检验这些知识的试金石。"知识……意味着一种特定的、智慧指导下的行动";它必须是"操作性的和可实验性的"。② 此外,真理的标准也必然随之发生了转变。"当理念、思想、方案、概念、理论、体系和工具被用来积极地改造现实的环境及清除特定的困难和障碍时,能否完成这一任务就是对它们的有效性及价值的检验。如果它们有所结果,它们就是有效的、有根据的、有价值的、好的和真的……真正能够引导和指导我们的东西就是真的——经过证实能对我们做出如此指导的东西就是我们所说的真理。"③此处,杜威同时精确地指出了创制理论的评判标准,这一标准被威廉·詹姆士④在其关于实用主义的讲座中表述为"现金价值"的概念,即创制理论在"实践"中,不,在"创制"中所具有的现实价值。⑤

现在我们重新捡起之前暂且搁置的思绪,或许会更容易明白,为什么这样一种"对教育的科学探索"会分化为两种范式,即肯定自然批判社会的范式和批判自然肯定社会的范式。遗传方面的发展进程和社会的环境决定因素就是那些所谓的"条件和事态",是我们必须掌控

---

① 杜威:《哲学的改造》(*Reconstruction in Philosophy*)(1920),扩充版(1948),信标平装版波士顿,1957 年,第 116 页。
② 杜威:《哲学的改造》(*Reconstruction in Philosophy*)(1920),扩充版(1948),信标平装版波士顿,1957 年,第 121 页。
③ 杜威:《哲学的改造》(*Reconstruction in Philosophy*)(1920),扩充版(1948),信标平装版波士顿,1957 年,第 156 页。
④ William James (1842—1910),美国哲学家与心理学家。——译者注
⑤ 此处参见詹姆士:《实用主义》(1907),德译版汉堡,1977 年。也可参见谢福勒(Israel Scheffler):《四大实用主义者——皮尔斯、詹姆士、米德和杜威之评介》(*Four Pragmatists: A Critical Introduction to Peirce, James, Mead and Dewey*),伦敦,1974 年。

的可变化的"变量"。只有这样,我们才能让这些变量朝我们期望和需要的方向发展。如果我们可以成功地了解人类发展的心理规律以及它所有的可能的干扰和突变,如果我们有能力探究人类行为依赖于环境的所有决定要素,并将它们记载于人的精神地图之中,那么,我们就可以在教育和教化的过程中不再任由偶然,或者甚至是一种如人的自由意志一样模糊不堪、不可信赖的要素(在科学看来如此),去制造人的变化,而是可以将人的变化"引向我们期望和需要的方向"。对于这样一种纲领,斯金纳明确表述道:"自主的人的概念只有一个作用,即解释用其他方法至今无法得到解释的事物。这一概念的存在取决于我们的无知。当然,随着我们越来越多地了解人的行为,这一概念就会逐渐丧失它的意义。科学分析的使命就在于,把一个人的行为作为一种物理体系来看待,然后解释这一体系与人类物种发展的条件及个体生存的条件之间的关联。"①

肯定自然批判社会的范式

为了阐明这一所谓的肯定自然批判社会的范式,我们这里首先引出一篇文章,虽然它似乎与我们讨论的主题没有太大关联也没有太大作用。这篇文章就是卢梭在1763年9月10日写给符腾堡王子的一封信。② 在这封书信中,卢梭给向他求助建议的王子列出了一份清单,清单上陈列着王子应该如何为自己女儿挑选教师的标准。卢梭首先指出正确选择教师的重要性,并特别强调了自己在这个问题上的权威

---

① 斯金纳(Burrhus F. Skinner):《超越自由与尊严》(*Beyond Freedom and Dignity*),纽约(Bantam/Vintage Books),1972年,第12页。此处参见理查兹(Alden LeGrand Richards):《斯金纳:超越自由和尊严》,出自博姆(Winfried Böhm)、福克斯(Birgitta Fuchs)、塞西特(Sabine Seichter)编:《教育学重要著作》(*Hauptwerk der Pädagogik*),帕德伯恩,2009年,第419—421页。
② 信号1961,出自《卢梭书信集》(*Correspondance Generale de Jean-Jacques Rousseau*),第12册,巴黎,1928年,第205—217页。

性,然后列举出了一系列值得注意的准则供王子做出正确的教育决定。简言之,卢梭提出了如下建议:(1)教师应当与学生性别相同(因此为女性);(2)她不能年轻,尤其不能俊美;(3)年长的丧夫者比未婚的女性更能胜任;(4)她绝不应该趾高气扬,更不应该具备较高的才智("bel esprit");(5)她必须注重条理,并且应当始终和首先关注自身的利益;(6)她不应该特别的活跃,无趣和平淡更好,但绝不能脾气暴躁("evaporie");(7)她应当理智和淡漠一点更好,最好性格冷淡,不是招人喜爱的那种;(8)她不应当接受过任何一种教育,最好连读写都不会;(9)唯一不可舍弃的精神品质就是正直。

这份标准清单看上去几乎是自相矛盾的。起初人们会认为,卢梭完全是把王子当傻子在戏弄,但是,当人们在这些实用建议背后追溯到卢梭的人类学以及他对教育的科学理解①时,这些建议就会一下子获得前后的连贯性和逻辑性,并且显得特别有说服力。卢梭的人类学基本观点是,儿童本性是好的,只是在人的干预和文明的腐蚀下才趋于堕落。基于这一观点,卢梭做出了那个著名的区分,即把教育我们的教师分为三种类型:自然、人和事物。② 自然发展我们身上好的力量和能力,事物通过我们在事物上获得的经验教育我们,与之相较,人的教育者的身份却非常可疑和成问题。与尚未堕落的儿童不同,成人身上已经沾染了文明的腐败气味。这是因为,按照历史的法则③,艺术

---

① 关于卢梭对教育的科学理解,拉诺(Carmela Metelli Di Lallo)在其论文中给出了明晰的解释:《教育学话语分析》(*Analisi del discorso pedagogico*),帕多瓦,1966年,尤其参见177—270页。
② 卢梭:《爱弥儿,或论教育》(1762),尤其参见施密茨(Ludwig Schmidts)较新的德文完整版,帕德伯恩,1971年,第10页。
③ 此处参见卢梭最早的一篇重要作品《论科学与艺术的复兴是否有助于使风俗日趋纯朴?》(*Abhandlung über die Frage: Hat der Wiederaufstieg der Wissenschaften und Künste zur Läuterung der Sitten beigetragen?*)(1750),出自维甘特(Kurt Weigand)编:《卢梭文化评论集》(*Jean-Jacques Rousseaus Schriften zur Kulturkritik*),汉堡,1971年,第1—59页。

和科学越是进步，人的道德就越会沦丧，人表面上在进步，实际上却在沉沦，而糟糕的是，人竟将这种沦陷误以为是自己在不断完善。这就是卢梭批判社会的基本观点，该观点与他在根本上肯定自然的人类学观点互相对应。因为艺术的生存明显要依赖于陋习，又因为贸易与文明要依靠浪费和奢靡，而非共同利益来推动，所以该受谴责的不是公民的德性，它只是文明披在身外的丑陋装扮，该受谴责的应是文明本身及文明整体。①

由此，人从自然状态进入到社会状态②经历了一场后果严重的心理畸变：虽然只有社会的共同生活和社会的交互关系才能创造合适的条件，让人从自然的"天生愚蠢的动物"（animal stupide et borné）转变成"聪明的人"（être intelligent et un homme），就像卢梭在《社会契约论》里所说的那样，但与此同时，嫉妒、憎恨和厌恶之类的情感也会钳制人，让人与同伴竞争并总想自己胜出。人身上自然的自爱③（Selbstliebe）沦落为自私自利的爱己（Eigenliebe），人忘掉要从别人的视角出发给予自己不一样的评价，人的自立陷入到对人的社会化的依赖之中。④ 一个如此异化和畸变的人又如何教育儿童，如何保护儿童免受类似畸变的侵害呢？

---

① 此处参见博姆（Winfried Böhm）和格雷尔（Frithjof Grell）编：《卢梭与当代的矛盾》（*Jean-Jacques Rousseau und die Widersprüche der Gegenwart*），乌尔兹堡，1991 年。
② 此处参见卢梭第二篇重要文章《论人类不平等的起源和基础》（1755），出自维甘特（Kurt Weigand）编：《卢梭文化评论集》（*Jean-Jacques Rousseaus Schriften zur Kulturkritik*），汉堡，1971 年，第 62—269 页。
③ 此处参见赛贡龙（Carla Xodo Cegolon）：《卢梭教育思想中的自由理念》（*Maître de soi：l'idea di libertà nel pensiero pedagogico di Rousseau*），布雷西亚，1984 年，尤其参见第 66 及后续几页。
④ 此处参见马里顿（Jacques Maritain）：《三大改革家——路德、笛卡尔和卢梭》（*Trois Réformateurs-Luther，Descartes，Rousseau*），巴黎，1937 年；同样可参见费切尔（Iring Fetscher）：《卢梭的政治哲学》（*Die politische Philosophie Rousseaus*），新维德，1960 年，尤其参见第 50 及后续几页；也可参见斯塔罗宾斯基（Jean Starobinski）：《自由的发明 1700—1789 以及理性的象征》（*L'invention de la libertè 1700—1789 suivi de Les emblèmes de la Raison*），巴黎，2006 年。

当自然、人及事物这三位教师不能协调一致地发挥作用时，教育就不可能获得成功，卢梭对这点非常清楚。然而，在这三位教师中，自然完全独立于我们之外，事物也只在特定的方面依赖于我们（譬如怎样安排事物以使儿童获得特定的经验）。因此，我们很难甚至完全无法让这两者顺从我们，所以，我们只有反过来听从自然的意志并依据自然的法则来实施教育。对于教育者而言，这意味着，他必须甘于并有能力退于事物之后，尤其是退于（儿童的）自然之后，此时卢梭所列的标准清单似乎就可以为人理解了。教育者的个性越不鲜明，自己想要做的事越少，以及不受教育束缚的程度越高（无论是出于愚笨还是教育的缺失），将儿童托付给他的危险性就越小，如果人们愿意且不得不这样做的话。

在那些乍看上去十分专断的建议背后，隐藏着卢梭教育思想的系统的基本观念：自然发展的理念。在《爱弥儿》的前言中，这一理念被直接称作"自然的行进"。按照马丁·朗[①]所做的表述，这一理念关乎的是，在不同年龄阶段的排列以及与之相应的教育措施的框架中揭示出一种客观的规律，且揭示这种规律应成为所有教育理论的目标和目的。这不仅仅意味着，儿童和未成年人的心理发展结构要求他们的教育必须遵循某个特定的阶段发展进程。基于发展心理学，即这一思想的来源之处，我们已经充分了解了这一思想。此外，这一思想还应成为教育学的主导思想。要想实现这一点，就必须把这种心理学的秩序概念提升为一种教育学的规范概念，而这在卢梭那里做到了。对此，马丁·朗再次明确表述道：卢梭"除此以外又宣称，唯有这个依赖于心理学的发展过程是符合人类真实的本质属性的，因此是好的。只有借助这样一种发展过程，自然发展的理念才能诱发文化批判

---

① Martin Rang（1900—1988），德国教育学家。——译者注

和伦理学的产生。"①

当心理学的秩序概念与规范性的秩序概念相互交织时,必定会强烈导致教育观察方式的心理学化,这一点显而易见:"自然发展理念的本质决定了,心理学的问题同样且尤其成为教育思考的核心。由此,教育学和心理学之间的关系似乎类似于技术和自然科学之间的关系——为了能够干预自然进程,人必须了解自然的法则。如果这些进程本身没有规律或者我们不了解它们的规律,那么我们就无力干预它们。"②不过,卢梭认为有必要立刻对教育力量一词作出解释。这是因为,当人的自然发展被宣布为教育的规范时,教育就不可能成为一种有力的干预,更谈不上引导(或改变)自然行进的方向。总之,我们在任何情况下都不应该外在地规划理想的发展,或者外在地设定发展的目标,而是应该至多提供一种支持和准备,这种支持和准备可能很谨慎也可能不那么谨慎,但必须始终是间接的。这样做的目的是让自然的行进达到它最完美的状态,实现它最纯粹的具身化③,迈向它最纯洁的统一,并让人获得最圆满的幸福。④

---

① 马丁·朗:《卢梭之人的学说》(*Rousseaus Lehre vom Menschen*),哥廷根,1959年,第336页。此处我们引用朗所做的精准解读是因为,这一解读契合我们这里展开的思考,甚至对我们的思考起到支撑作用。但是不得不说的是,卢梭从未将这种"自然的发展"实体化,而是把它视为一种假想的思想实验,正如他在《论人类不平等的起源和基础》的开篇所认定的那样。借助这一思想实验,人们能够很好地解释及直观地说明人在社会中的退化。在阅读下面的思考时,必须要考虑到这一点。此处也可参见博姆(Winfried Böhm)另一著作的一章中关于卢梭相对详细的介绍:《教育学史》(*Geschichte der Pädagogik*),慕尼黑第三版,2010年,第67—74页。
② 马丁·朗:《卢梭之人的学说》(*Rousseaus Lehre vom Menschen*),哥廷根,1959年,第337页。
③ 不久之后,蒙台梭利用肉身化的概念来表达这个(源自于卢梭的)教育学基本思想。
④ 此处参见格里姆斯利(Ronald Grimsley):《卢梭与幸福的问题》(*Rousseau and the Problem of Happiness*),出自克兰斯通(Maurice Cranston)和彼得斯(Richard S. Peters)编:《霍布斯与卢梭——评论文集》(*Hobbes and Rousseau: A Collection of Critical Essays*),纽约,1972年。也可参见塔塔基维茨(Wladislaw Tatarkiewicz):《幸福的分析》(*Analysis of Happiness*),海牙,1976年。

如果阅读《爱弥儿》，我们会惊讶地发现，卢梭在描述自然的行进时并没有以经验为依据，虽然他确实通过大量具体的和细化的建议使得这一描述更加丰富；此外，曾为教育者的自身经验对于卢梭而言也没有太大意义。关于在里昂的德马布里家族所做的家庭教师工作，卢梭仅做了很少的回忆，并总结自己肯定比他的两个学生收获更多，这点简直让人捉摸不透。① 卢梭认为，教育的理想应该是自然的人，自然的人既不是一种浪漫主义的愿景，也不是一种理想主义的空想，而是所有教育都必须作为出发点（切实如字面意义一样）的原则，所有教育都必须在其进程的所有阶段和时期以这一原则为准绳。尽管自然的教育，或者也可以说由自然实施的教育，构成了一种存在法则，但是这一法则绝不像自然界的法则一样具有同等的约束力，相反，它明显包容了偏离的可能以及错误发展的可能，而这些偏离会威胁人作为人的自身存在，所以卢梭提出人的堕落是有充分理由的。人是一种既能使自我完善又能使自我腐化的动物。玛利亚·蒙台梭利是卢梭的自然教育的忠诚追随者和虔诚拥护者。她在把正常化的概念作为教育学的基本概念②时，也同样不在意用自己的已有经验来描述正常的或异常的儿童，而是如卢梭针对事实进行反向思考一样，背反所有已经存在的教育现实，绘制了一幅关于儿童原本的、正常的天性的图像，并把这一图像作为所有教育的原则和准绳。

关于前面对教师和教育者形象的探讨，此刻可以确定的是，当人们愿意且能够谦恭地自降为自然的助理和儿童自然发展的帮手时，就

---

① 参见霍尔姆斯腾（Georg Holmsten）：《自述与文献中的卢梭》（*Jean-Jacques Rousseau in Selbstzeugnissen und Dokumenten*），赖恩贝克，1972 年，第 43—44 页。
② 此处首先参见德艾（Giuseppe Flores d'Arcais）：《爱弥儿中的教育学问题》（*Il problema pedagogico nell'Emilio*），布雷西亚，1957 年。也可参见雷默思（Ramon M. Lemos）：《卢梭与政治哲学》（*Rousseau. Political Philosophy*），雅典（佐治亚州），1977 年。

成为了教师和教育者,换句话讲:人们需要将自己的活动限制为,仔细地观察并精确地研究儿童和未成年人的自然的学习需求和发展需要,以便像蒙台梭利所说的那样,对儿童周围的事物做好准备及安排,使受教者每时每刻都能既幸福地享受当下,又在自己自然的发展中继续前行。① 不过,关键还是在于当下的幸福,那种为了不确定的未来牺牲当下的教育在《爱弥儿》中被尖锐地批判为野蛮的教育,其原因是,这种教育"用所有可能的锁链捆绑儿童,其首先让儿童不幸福,以便给予儿童所谓的未来的幸福,但这一幸福也许是儿童永远都享受不到的。"②

卢梭在教育上提出自然发展的假说。与此同时,他还抗议一种文化饱和的、过度文明的社会导致人脱离人的存在本身。人会变成一个无根(versatil)的公民,变成一个"依赖于分母的分子,其价值只能体现在与整体,即社会体的关系之中"③。这些肯定自然的基本理念及批判社会的反抗构成了卢梭主义的精髓。自其产生伊始,卢梭主义就一直不断地以新的方式浸透和熏染着西方的思想,尤其是政治学思想和教育学思想。④ 卢梭所表达的渴望,即"渴望让自己摆脱知识的一切困扰,渴望抛弃知识所带来的一切重负与辉煌,以便找回通往自然的、朴

---

① 此处参见博姆(Winfried Böhm):《玛利亚·蒙台梭利及其教育思想的背景与原则》(*Maria Montessori. Hintergrund und Prinzipien ihres pädagogischen Denkens*),巴特海尔布伦,1969年(第二版1991年),尤其参见第123及后续几页。也可参见思科赫拉(Augusto Scocchera):《玛利亚·蒙台梭利——我们这个时代的故事》(*Maria Montessori: Una storia per il nostro tempo*),罗马,1997年。还可特别参见蒙台梭利的文章《偏差与正常化》(*Deviation und Normalisation*),出自博姆:《玛利亚·蒙台梭利——导读与重要文章》(*Maria Montessori: Einführung und zentrale Texte*),帕德伯恩,2010年,第126—138页。
② 德艾:引文出自《爱弥儿中的教育学问题》,布雷西亚,1957年,第55页。
③ 德艾:引文出自《爱弥儿中的教育学问题》,布雷西亚,1957年,第12页。
④ 我再重申一下:这里对卢梭作出描述,主要并不是想就他的教育思想给出独到的阐释,而是与本书的上下文相呼应,联系一下教育学对这个日内瓦人的认识以及卢梭主义的(并不一定是卢梭的)自然发展理论。参见格雷尔(Frithjof Grell)的详细阐述:《改革教育学家之卢梭——关于教育学对卢梭的认识的研究》(*Der Rousseau der Reformpädagogen: Studien zur pädagogischen Rousseaurezeption*),乌尔兹堡,1996年。

素的此在形态的道路"①,不再是人们在教育的科学探讨中努力回避的话题。"大多数文化评论者都只是掀起了卢梭主义的第三波或第四波浪潮,并且不只涉及个别观点,而是涉及整个基本思想"②,然而说来可怕的是,他们自己往往没有意识到这一点。当然,卢梭主义每次受到欢迎都是与历史的现实情况分不开的——总是当一种文化或文明(或者一种科学)穷尽其发展的可能继而面临麻木僵化生命枯竭的威胁时,卢梭主义就会特别的兴盛——除此以外,一种不依赖历史的"歪曲的"文化观也为这种肯定自然批判社会的范式注入了发展的活力。通常来讲,当一个人或一部作品越有文化底蕴时,我们就会认为它的欣赏价值越高,当人的精神成就让我们摆脱并战胜粗野的自然时,我们就会对它发出赞叹,然而,卢梭主义的观念却与此截然相反。卢梭主义不仅认为敬畏自然是更加有益的做法,而且把抛弃原初视为一种弊病与错误。在文化、文明与科学的成果中,卢梭主义看到的不是人类所取得的成就,而是人类因为这些成就所失去的东西。作为这种"价值转换"(自然与原初替代"文明教养")的主要见证人,卢梭心里肯定清楚,天真的卢梭主义者所幻想的自然状态既不存在也不可能存在过,甚至可能永远不会真实存在③,与之相对,由卢梭所引发的肯定自然批判社会的思潮却持续表现出将这种自然状态具身化的危险倾向,即认为这种自然状态是真实存在的,是可以在教育上真实制造出来的。

很多地方,人们都可以看到这种以肯定自然批判社会的方式对教

---

① 卡西热尔(Ernst Cassirer):《卢梭之问题》(*Das Problem Jean-Jacques Rousseau*)(首次出版于"哲学史案卷"(Archiv für Geschichte der Philosophie)第 41 册),达姆施塔特,1975 年,第 11 页。
② 维甘特(Kurt Weigand)为《卢梭文化评论集》所做的序言;引文出自《卢梭文化评论集》,汉堡,1971 年,第 8 页。
③ 此处参见卢梭为其第二篇文章《论人类不平等的起源和基础》所做的序言,同样也可参见他在《爱弥儿》中所作的序言。

育作出科学探讨的范式,如果对其中几个令人印象深刻的表现作简单了解,我们就会发现,这些表现有着各自不同的特点。

在经常被称为"英国卢梭"的诗人威廉·华兹华斯(William Wordsworth)那里,我们看到的是一种浪漫的、总体来说十分善意的表现。[①] 在他所著的颂诗《忆幼年而悟永生》(1807)中,华兹华斯完全站在肯定自然批判社会的角度,勾勒出了一幅儿童的图像。在创作颂诗之前,他就提出格言"儿童乃成人之父"。这一格言立刻颠覆了传统的教育观,譬如洛克的教育理念。在传统的教育观中,儿童是一个年幼的、没有长成的成人,其应该立即由成人之手被引入成人的文化和参与成人的文化,这样儿童自身才能不断文明化,最终成为一个圆满的人的存在。与之完全相反,华兹华斯把儿童视为完美的人格,认为儿童走向成人的道路是一条损失惨重的下行道路,且自出生之刻起,儿童就不得不踏上这样一条道路:越来越远离自己圣洁的本性,远离自然及其神圣的讯息。"天堂就在我们周围,在童年的岁月中,而牢狱的阴影已经开始笼罩到儿童的成长上。"[②]

华兹华斯以光作比喻描述了儿童从充满光亮的神圣的自然天堂走向黑暗的尘世牢狱的道路。最终,启迪人心的光亮在越来越远离本性的成人面前逐渐黯淡,直至完全消逝"在庸常的日子中"。在华兹华斯眼中,儿童是最优秀的哲学家,是权威的先知和受神庇佑的预言家,如果教育者自负地认为自己能够并且可以决定如何来教育一个儿童,那

---

① 下文参见葛丹(Michael Gothein):《威廉·华兹华斯:生平、作品及其同时代的人》(*William Wordsworth. Sein Leben, seine Werke, seine Zeitgenossen*),共 2 册,哈雷,1893 年;费舍尔(H.Fischer)编:《威廉·华兹华斯——一个诗性灵魂的成长或成熟》(*William Wordsworth: Präludium oder Das Reifen eines Dichtergeistes*),斯图加特,1974 年;斯威夫特(James Swift):《英国幼儿教育》(*Kleinkindererziehung in England*),乌尔兹堡,1984 年。某些关于华兹华斯的表述要感谢我之前的助理斯威夫特(James Swift)。据我观察,德国教育学除了于尔根·奥尔克斯(Jürgen Oelkers)这个非常博学的学者之外,迄今几乎没有人对华兹华斯做出过研究。
② 斯威夫特(James Swift):引文出自《英国幼儿教育》(*Kleinkindererziehung in England*),乌尔兹堡,1984 年,第 14 页。

么这将是最严重的教育专断。只有自然本身才可以成为儿童真正的引领者,也只有自然才能促使儿童认知世界;成人理性分析的思考方式只会将儿童引入歧途。华兹华斯在其长诗《前奏曲》中表述道:"对于这样一种违背自然的培育,必须责罚园丁,而同情树苗。"[1]教育必须从儿童的(自然的)兴趣出发,并仅仅听从自然的声音,而这一声音就表现在儿童的兴趣和需求规律的发展之中。与卢梭一样,华兹华斯也认为,儿童不是通过教师,更不是通过书籍,而是通过与自然的交往使自身获得教育。

这些关于儿童及其自然教育的构想是浪漫的,或者更确切地说是理想化的,它们也属于那种颇具影响力的新卢梭主义的教育思潮,德文习惯称这一思潮为改革教育学。起初,人们追随诺尔[2]对这一思潮所做的描述和解释[3],将其视为狂飙突进中开始的反启蒙的"德意志民族运动"[4]的结果,并在其中特别强调这一思潮受浪漫主义的影响,或者甚至将这一思潮中非理性的支流视作思潮的主流。[5] 此外,人们往

---

[1] 斯威夫特(James Swift):《英国幼儿教育》(*Kleinkindererziehung in England*),乌尔兹堡,1984年,第15页。
[2] Herman Nohl (1879—1960),德国改革教育学和精神教育学代表之一。——译者注
[3] 诺尔:《德国教育运动及其理论》(*Die pädagogische Bewegung in Deutschland und ihre Theorie*),法兰克福第五版,1961年。
[4] 此处参见诺尔著/博尔诺夫(O.F.Bollnow)、罗迪(F.Rodi)编:《德意志民族运动》(*Die Deutsche Bewegung*),哥廷根,1970年;芬克(H.J.Finckh):《德意志民族运动的定义及其对诺尔教育学的意义》(*Der Begriff der Deutschen Bewegung und seine Bedeutung für die Pädagogik Herman Nohls*),法兰克福/伯尔尼,1977年。
[5] 此处可以参见肖尼希(Bruno Schonig):《非理性主义作为教育学的传统》(*Irrationalismus als pädagogische Tradition*),魏茵海母,1973年;库纳特(Hubertus Kunert):《德意志改革教育学与法西斯主义》(*Deutsche Reformpädagogik und Faschismus*),汉诺威,1973年;也可参见博姆(Winfried Böhm):《关于当代教育科学对改革教育学运动的评价》(*Zur Einschätzung der Reformpädagogischen Bewegung in der Erziehungswissenschaft der Gegenwart*),出自《教育环望》(*Pädagogsiche Rundschau*),1974(28),第763—781页;博姆等:《"来自上个世纪的雪"——改革教育学的新视角》(*"Schnee vom vergangenen Jahrhundert". Neue Aspekte der Reformpädagogik*),乌尔兹堡,1993年,1994年第二版;博姆(Winfried Böhm)与奥尔克斯(Jürgen Oelkers)编:《改革教育学——争议》(*Reformpädagogik-kontrovers*),乌尔兹堡,1995年,1999年第二版。

往只把这一思潮理解为针对赫尔巴特科学的教育学及教学论所作的反抗,因此长期忽视了或者至少说非常不重视这场运动背后实证主义的和强烈的社会科学的动因。改革教育学不仅从卢梭那里继承了浪漫主义的元素,即美化儿童,甚至在某种程度上神化儿童,更重要的是,它还继承了卢梭的衣钵,要对自然的发展进行"科学的"探讨,以此作为教育科学的出发点。[①] 尽管某些改革教育学运动的代表做出非常反科学,特别是反理论的举动,但是,我们可以轻而易举地对他们做出如下驳斥:他们喜欢并一直高调地引以为据的经验,正是儿童身上显露出来的真正的自然以及这种自然表现出的内在的发展规律的"经验",因此,当我们更加仔细地审视事实,而不是为表象所迷惑时,我们就会发现:如果不是完全依照卢梭主义的思想把这种"经验"视为一种规范的秩序,并将之作为与儿童展开一切经验性交往的理论前提,这些改革教育学运动的代表根本无法谈及经验,更不要说以经验作为自己的出发点了。如果"以儿童为中心的教育学"的真正出发点不是具体的儿童,而至多只是一个特定的儿童图像时,这一图像由成人出于各种各样的动机拼凑而成,譬如传记的或者文化批判的动机,并且在这一图像中,儿童被主观臆想为好的、正常的和自然的,那么,这样一种教育学在批判的审视下就会显露出自己的本质——一种阴险的"以成人为中心的教育学"。

玛利亚·蒙台梭利,卢梭主义教育运动的核心人物之一,曾在1915年创作了一篇题为《当科学日后进入学校》[②]的文章。虽然该文章不太为人所知,但却以无比清晰的文字写道:只有当我们观察及精确地研究儿童的自然发展,找出这种自然发展的规律,并以此为标准

[①] 此处参见哈特(Waltraud Harth)一篇尤其值得人们关注的文章:《法国新教育的开端》(*Die Anfänge der Neuen Erziehung in Frankreich*),乌尔兹堡,1986年。
[②] 蒙台梭利:《当科学日后进入学校》(*Quando la scienza entrera nella scuola*),出自《流行文化》(*La Cultura Popolare*)1915年1月15日。

指导我们如何利用教育科学把控儿童正常的发展,如何利用人为准备的外在环境从外部构建儿童正常的发展时,教育科学才有可能形成。正是因为视自然发展为基础前提,并将之理解为一种规范性的秩序概念,蒙台梭利才能够把华兹华斯的基本理念重新表述为:"儿童乃人类之父"。本着这一思想,我们才能理解,为何蒙台梭利会孜孜不倦地点化成人:成人不应当教育儿童,而是应当让儿童教会成人如何去"教育"儿童——儿童教导成人的方式是,向成人"展示"自己自然发展的规律——这里的"教育"当然只能指,促使儿童能够获得自然的发展(用蒙台梭利的话讲,自然的发展就是儿童内在"构建计划"的展开),为这一发展提供支持并清除这一"正常"的发展可能面临的障碍。[①] 在蒙台梭利的整个学术生涯中,她在许多地方反复阐明了这种可能的科学应当具有的结构:确定异常的症状,即与正常发展的偏差;经过认真和精细的诊断找出造成这些偏差的障碍;利用精确的治疗消除这些障碍,重新释放自然发展的力量——蒙台梭利称其为"潜在的生命力"(Hormé)。由于蒙台梭利反复引用自然的自愈力(vis medicatrix naturae)为证,因此,人们开始关注医学。此外,她的教育学还展现出一种从根本上来说是医学的、治疗的结构,正因为这一点,蒙台梭利的教育学才成为改革教育学绝对主流的典范,以及嫡出于改革教育学的针对精神发展障碍儿童的反教育学(Antipädagogik)和替代教育学(Alternative Pädagogik)的典型代表。[②]

[①] 此处详细参见马萨提(Roberto Mazzetti):《蒙台梭利以及异常与正常化之间的关系》(*Maria Montessori nel rapporto tra anormali e normalizzazione*),罗马,1963年;以及福克斯(Birgitta Fuchs):《蒙台梭利的教育肖像》(*Maria Montessori. Ein pädagogisches Proträt*),魏茵海姆,2003年。

[②] 此处参见里古奥利(Ersilia Liguori):《玛利亚·蒙台梭利与奥维德·德可罗利》(*Maria Montessori ed Ovide Decroly*),出自皮格纳塔里(Marziola Pignatari)编:《蒙台梭利与当代教育思想》(*Maria Montessori e il pensiero pedagogico contemporaneo*),罗马,1959年,第91—106页。

卢梭主义将自然的发展视为规范,基于这一背景,我们才能理解那些关于儿童的兴奋之情和赞美之辞。借助对儿童的褒奖,如爱伦·凯(Ellen Key)一样的作家才会在19世纪与20世纪之交名声大噪,而当代的一些女作家,如爱丽丝·米勒①和瑞贝卡·维尔德②,也喜欢重复这些对于儿童的赞美之辞。最终,我们肯定会赞同古尔利特③的说法。他的表述言简意赅,似乎只用一刀就斩断了自然主义受到的全部批判:"凡是有古老自然法则的地方,尘世的审判者就应保持沉默和谦逊。"④此外,古尔利特明显非常清楚地意识到,人们应以自然的发展为出发点进行一种科学的教育。他在《教育学说》中说道:"我们的新教育必须有自己的新名字。我会把它叫作自然的科学(这里使用了Naturwissenschaft一词),如果这一名称不至于引起嫌疑,似乎又要依据一个科学的体系作为前提条件的话。这种新教育与科学的体系无关,而是关乎于一种追随自然、想要赋予自然权利的教育。"其应当带来的结果是,"每个人都可以按照自己的天性,在民族和人类发展的大潮中自由地得到发展。"⑤这一观念透露着卢梭主义的精神,而该精神就在此书几行之隔的地方完全呈现在我们面前。此处,古尔利特用颇具感染力的句子表述道:"如果一个人学会将儿童视作一种无限发展的载体,视作那些不可估量的、从最遥远的过去一直延伸至现今的力量的最后结果和总和,如果他怀着神圣的敬畏来看待儿童整体的发展过程,正如他敬畏地面对一个地位卑微很多的造物,譬如万神庙或科隆大教堂之类的人类建筑,如果他意识到,几百万年以来,人类精神不得不在自然中进行创造和构建的目的就是为了最终创造出这个精巧

---

① Alice Miller(1923—2010),瑞士心理学家、哲学家。——译者注
② Rebecca Wild(1939—2015),德国教育学家、作家。——译者注
③ Ludwig Gurlitt(1855—1931),德国改革教育学家。——译者注
④ 古尔利特:《教育学说》(*Erziehungslehre*),柏林,1909年,第204页。
⑤ 古尔利特:《教育学说》(*Erziehungslehre*),柏林,1909年,第62—63页。

的造物,那么,他就会沉浸在无言的赞叹中,并对创造的奇迹产生崇拜之情,倘若他身上还尚存一丝真正的虔敬的话。他会首先克制自己不做任何价值判断,不即刻谈论罪责、好与坏,谈论低劣、堕落与卑贱,而是首先站在一旁等待与观望,以便知晓自然在这个新的造物中给予的是什么馈赠。"①

《儿童的世纪》②是爱伦·凯所著的一本真正具有划时代意义的书,尽管鲍尔森③对此书评价道:它更像是一个"由善意的陈词滥调、对所有现代流派半知半解的感悟、狂妄的自负,以及间或出现的正常理性思考所构成的混合体"④。在这本书中,自然主义教育学说的信条被直截了当地阐述了出来:"悠然地让自然自己帮助自己,而只用周围的关系来支持自然的工作,这就是教育。"⑤这位来自瑞典公立学校的教师同时补充道:教育上最大的犯罪就是不能让儿童平静地生长,而偏要教育儿童。里尔克⑥的思想与爱伦·凯十分相近⑦,他在书评中对该书赞赏有加,并且认为,二十世纪衡量人类的标准应该就是像爱伦·凯这样充满敬意地去尊重儿童个体的天性。⑧

同样唱着自然颂歌的还有在19世纪与20世纪之交受人敬佩的杰

---

① 古尔利特:《教育学说》(*Erziehungslehre*),柏林,1909年,第64—65页。
② 爱伦·凯:《儿童的世纪》(*Das Jahrhundert des Kindes*)(斯德哥尔摩,1900),德译版柏林,1902年。
③ Friedrich Paulsen (1846—1908),德国新康德哲学家和教育家。——译者注
④ 引自卢斯(Willibald Ruß):《教育学史》(*Geschichte der Pädagogik*),巴特海尔布伦第五版,1961年,第115页。
⑤ 引自迪特里希(Theo Dietrich)编:《以儿童为中心的教育运动》(*Die pädagogische Bewegung „Vom Kinde aus"*),巴特海尔布伦第二版,1967年,第5页。
⑥ Rainer Maria Rilke (1875—1926),德语诗人。——译者注
⑦ 此处参见迈德(Teunis Melder):《神秘的感觉论——里尔克、蒙台梭利与巴顿-鲍威尔》(*Mystiek sensualisme: Rilke, Montessori, Baden-Powell*),哲学博士论文,阿姆斯特丹,1945年。
⑧ 里尔克:《儿童的世纪》(*Das Jahrhundert des Kindes*),出自《不莱梅日报和联合总报》(*Bremer Tagblatt und General Anzeiger*),1902年6月8日,也收录在《里尔克全集》第5册,法兰克福,1965年。

出作家朱利斯·朗贝①。他的著作《作为教育者的伦勃朗》(Rembrandt als Erzieher)虽然杂乱无章,但却提出了许多具有先见性的要求,几年之内这本书就被印刷了上百版次。朗贝将卢梭话题极度尖锐化,他歌颂自然是超越文化之上的:"如果人被文化环绕,自然就会被轻易掩盖。这恰恰意味着,我们必须重视自然的主宰力!人的既定天性是不可改变的。天性的力量可以被修剪被打磨,但是天性永远存在。上帝创造了自然的精神。因此,如果自然被纯粹地保留下来,它就是上帝的天性。污秽本身并不存在于自然之中,它是通过人类才被带入自然的。尚未扭曲的自然永远是纯粹的,尚未堕落的天性永远是神圣的。"②

从上面这些思想中产生了一个教育的宗旨。无论是对于20世纪上半叶的改革教育学,还是下半叶的反教育学和替代教育学而言,这一宗旨都可被视作它们典型的特征。这一宗旨就是:不要发展一个教育的纲领或是教育的原则,而是去发展儿童本身以及让儿童自己发展自己。③ 一切教育都"以儿童为中心"——这就是那个著名的极具感召力的宣传口号;任其成长,"观察并耐心等待,却不予干预"④,让儿童发挥自己的创造力量,保护"儿童这颗幼苗"⑤,且充其量视自己为小心呵护幼苗的园丁,这些变成了时兴的教育准则。此时的成人社会不再对儿童横眉怒目,相反,友善对待儿童成为它的突出标志。然而,有一点是毫无疑问的,那就是"和善的父母并不是从教育的角度作出思考和

---

① Julius Langbehn (1851—1907),德国作家、文化评论家、哲学家。——译者注
② 朱利斯·朗贝:《总体的精神》(Der Geist des Ganzen),布赖斯高地区弗赖堡,1930年,第68页。
③ 此处参见阿加齐(Aldo Agazzi):《当代教育学全景》(Panorama della pedagogia d'oggi),布雷西亚,1948年,尤其参见第38及后续几页。
④ 蒙台梭利:《给蒙式教育者们的实用建议》(Praktische Ratschläge für die Montessori-Erzieherinnen),出自博姆(Winfried Böhm):《玛利亚·蒙台梭利——导读与重要文章》(Maria Montessori: Einführung und zentrale Texte),帕德博恩,2010年,第96—101页。
⑤ 参见格雷泽(Johannes Gläser):《以儿童为中心》(Vom Kinde aus),汉堡,1920年。

行动的"①,人们推崇的榜样也不是一个好的(仔细权衡保护的、支持的和对抗的措施,然后负责任地引导儿童的教育过程②的)母亲,而是一个慈爱的(不是以儿童的教育者身份,而是以同伴和朋友的关系陪伴在儿童左右的)母亲。此外,人们几乎理所当然地觉得应当丑化并坚决抵制教育的权威,也不避讳天真地谈及"婴儿的权威"③,并宣告教育者应在教育上听从儿童的天性。④

如果非要提及教育与教育关系的话,那就必须把教育者看成保护和照料儿童从种子成长为植物的园丁,正如自然主义所比喻的那样。或者最好比喻成动物饲养员,其关爱狮子幼崽并密切跟踪和保护小狮子的成长。这些比喻似乎表示,人们可以顺应自然,像养育狮子和浇灌植物一样来对待人之成人的过程。教导和教育(Lehren und Erziehen)作为历史上"远被高估的活动"⑤为促进和支持(Förderung)所取代,而要让这种促进支持成为可能且获得成功,前提必须是,支持者要"全身心地投入""真正把自己带入这种教育过程中"⑥,尽管"把自己带入"这

---

① 布劳恩穆尔(Ekkehard von Braunmühl)、库普弗尔(Heinrich Kuppfer)、奥斯特迈尔(Helmut Ostermeyer):《儿童的平等权利》(*Die Gleichberechtigung des Kindes*),法兰克福,1976年,第26页。
② 此处参见福利特纳(Andreas Flitner):《妈妈说,康拉德……》(*Konrad, sprach die Frau Mama*),柏林,1982年。
③ 布劳恩穆尔(Ekkehard von Braunmühl):《儿童的时代》(*Zeit für Kinder*),法兰克福,1978年,第81页。
④ 此处参见布林克曼(Wilhelm Brinkmann)针对儿童的权利所作的适度且带有批判性的论述,出自博姆(Winfried Böhm)等:《教育与人权》(*Erziehung und Menschenrechte*),乌尔兹堡,1995年。原文请参见布林克曼:《德国如何看待成长——现代儿童教育理论的构成》(*Aufwachsen in Deutschland: Bausteine zu einer pädagogischen Theorie moderner Kindheit*),奥古斯堡,2008年。
⑤ 罗杰斯(Carl R. Rodgers):《在自由中学习》(*Lernen in Freiheit*),德文版慕尼黑,1974年,第104页。
⑥ 迈尔-德拉维(Käte Meyer-Drawe):《学生教导教师的可行性》(*Die Belehrbarkeit des Lehrenden durch den Lernenden*),出自利皮茨(Wilfried Lippitz)和迈尔-德拉维(Käte Meyer-Drawe)编:《儿童和世界》(*Kind und Welt*),克尼格斯泰因,1984年,第66页。

句话可能带有模糊的非理性主义及过度的情绪化。

　　无论是蒙台梭利以及她对教育科学所作的医学理解,还是其他的改革教育学家(如德可罗利①和克拉帕雷德②),其根本都是把教育转义为治疗,把教育关系转变为一种最终治疗性的关系。这一点延续到了所谓的反教育学之中,并表现得更加激进。对此,我们只需联想米勒③、马诺尼④、布劳恩穆尔⑤,或者叔纳贝克⑥即可获得证实。这种激进其实很容易理解,因为反教育学最担心的就是自己也变成一种教育学。⑦ 然而,放弃教育必须要付出昂贵的代价,而且把教育治疗化也不是一件容易的事情。这是因为,当人们在构建治疗模式的过程中越是过多地重视卢梭主义中肯定自然的思想元素,或者甚至将其绝对化时,就越会丧失批判社会的思想元素。这样,这种治疗性的"教育学"就会越来越脱离政治和背离社会,最终注定只能为自己在政治学上的天真及社会理论上的无知而感到羞耻。⑧

　　思考到这里,我们可以停止阐述和澄清这一立场了。现在要做的是提出这样一个问题,即这样一种科学的教育,正如我们从卢梭的观点出发所了解的那样,是否可以毫无异议地为人采纳,并被看成是具有教育根据的。关于这一问题,我在这里仅列举四条反对意见,并将它们简述如下:

---

① Ovide Decroly (1871—1932),比利时心理学家和教育学家。——译者注
② Édouard Claparède (1873—1940),瑞士神经病学家、儿童心理学家和教育学家。——译者注
③ 见前文爱丽丝·米勒(Alice Miller)的注释。——译者注
④ Maud Mannoni (1923—1998),法国精神分析师。——译者注
⑤ Ekkehard von Braunmühl (1940—),儿童权利维护者及反教育学的奠基人。——译者注
⑥ Hubertus von Schoenebeck (1947—),德国教育学家及反教育学的重要代表。——译者注
⑦ 这一精辟的论述引自于迈尔-德拉维(Käte Meyer-Drawe)。
⑧ 此处参见海特格尔(Marian Heitger):《教育作为治疗——治疗作为教育?》(*Pädagogik als Therapie-Therapie als Pädagogik?*),出自肖福勒(Gerhard Schaufler)编:《情感的学校》(*Schule der Gefühle*),因斯布鲁克-维也纳,1994年,第124—146页。

1. 如果一种教育学视自然发展的理念为一种规范性的秩序概念，以此为出发点，并要求自己为教育提供经过科学验证的指引和指导，那么，该教育学就会面临必须把这一秩序具体化的麻烦。这时，仅仅提出观察儿童的建议就是不够的，该教育学必须尽可能精确地描述，什么是儿童身上需要仔细观察的东西，由哪些外在的表征可以推断出这些表征中所谓的可见的内在秩序。而从卢梭至今日，人们能够指出的外在表征几乎没有发生任何变化。尽管心理学就此展开了许多研究，也未能使表征更加精确，最终，它们看起来仍与以前一样无用。只要人们把儿童视为标准，虽然不是所有事物的标准，但至少是儿童教育的标准，只要人们拥护一种与自然以及与儿童相符的教育，那么，人们所依据的无外乎就是儿童"自然的"兴趣、儿童"真实的"需求、儿童"根本的"生长力、"真正的"倾向以及天生的特性；只要人们谈及一种以儿童为中心的教育①、一种以儿童为标准的学校②或者仅谈及个性化作为教学的原则，人们能够依据的就是这些主观想象出来的、关于儿童个体可能的天性的表达。

虽然依据本能、倾向、需求和兴趣初看上去很容易理解，但是，只要稍作思考，就会对之产生很大的质疑。首先遭到质疑的正是那个本应为本能的、倾向的、需求的和兴趣的学说提供坚实支撑的领域——心理学。一方面，心理学所能提供的本能学说、兴趣理论、倾向排列或者需求等次总是会立即遭遇一系列对立学说的驳斥；另一方面，心理学也一直争论不休，不能决定哪种倾向、哪种兴趣、哪种本能和哪种需求才配得上是"真实的""真正的""根本的"，尤其是"自然的"。关于本

---

① 此处请详细并批判性地参见恩特维斯特尔（Harold Entwistle）的作品：《儿童为中心的教育》(*Child-Centred Education*)，伦敦，1970年。
② 此处以克拉帕雷德（Édouard Claparède）为代表作参考阅读：《量身定制的学校》(*L'école sur-mesure*)，洛桑，1920年。也可参见克劳瑟（Arnould Clausse）：《新学校的实验研究》(*Essai sur l'école nouvelle*)，布鲁塞尔，1950年。

能,事实上人们根本无法通过经验的方法证明人类具备哪些基本的本能,而且关于本能的学说也非常之多且彼此相互竞争。基于这两大事实,赫尔曼①,一位颇具声望的心理学家得出了如下结论:人们最好不要谈及本能,因为这样的假设无疑太具随意性②。至于"真实的""真正的""自然的"需求和兴趣,有一点可以肯定:我们至多只能相信但却无从知道,这些需求和兴趣是否是真实的。③

这一质疑引发了另一个更加需要我们严肃对待的问题。因为关于本能、倾向、需求和兴趣究竟是什么,存在多种多样相互对立的观点,所以我们认识到:本能、倾向、需求和兴趣其实不属于那种可以进行实证的、经验的研究的心理事实;相反,它们属于科学的结构和解释模式,类似于那个用于解释人的行为的攻击概念(其对应的攻击理论也是多种多样、相互矛盾的)。如果把这些科学的结构和解释模式当作真实的存在,并宣告它们为教育的基准点,甚至是出发点的话,就会跳出这样一个问题:是否人们在此之中犯下了一个本应尽量避免的基本的科学错误,即具体化和物质化的错误。如果进一步将本能和兴趣的具体化及物质化作为教育科学的要求,那就更是错上加错。

当人们开始检验,是否可以依据本能、倾向、需求和兴趣为基准点来引导教育、制定教育的标准时,就会产生第三个疑问。此时的人们很快明白,笼统地谈及需求和兴趣并不能触及教育的问题,而在看清这一点后,人们会更加不知所措。这背后的原因是,并非所有的倾向和本能都是一样好的,都是一样值得发展的,并非所有的需求和兴趣

---

① Theo Herrmann (1929—2013),德国著名心理学家。——译者注
② 赫尔曼:《心理学与"真实的"需求》(*Die Psychologie und die „wahren" Bedürfnisse*),出自莫泽(S. Moser)等编:《"真实的"需求》(*Die „wahren" Bedürfnisse*),巴塞尔,1978年,第51—66页。
③ 此处参见海特格尔(Marian Heitger)颇具洞察力的评论:《情感的学校》(*Schule der Gefühle*),出自肖福勒(Gerhard Schaufler)编:《情感的学校》(*Schule der Gefühle*),因斯布鲁克-维也纳,1994年,第9—32页。

都是一样重要的,都一样值得满足。这一点应该是显而易见的,因为历史的经验和个人的经验每天都在提醒我们。那么,在本能和需求、倾向和兴趣中,应该支持哪些、抑制哪些,这才是根本的教育问题!自然教育的学说仅仅空泛地提及需求和兴趣,因而不能为这一问题提供可靠的标准。甚至,这样一种思维方式根本无法回答这一问题。这是因为,这种思维方式未能将一种思想作为主旨思想,而在一位教育学的开创鼻祖那里,这一思想却成为不可撼动的坚定信念:"如果我们不追究好与坏的对立,那么,我们的理论根本不可能站稳脚跟。"①

2. 每一个以儿童为中心的教育学以及每一个自然主义的理论建构都有这样一种核心观念,那就是必须帮助释放儿童潜在的、被压抑的天性,而为达到这一目的,必须将儿童从他习惯的、被迫的消极状态中解放出来,将儿童"激活",也就是让儿童活动起来。激活儿童,释放他对活动的渴望,发挥他的创造力,以劳动为手段和目的教育儿童,并相应地建立让儿童劳动的工读学校——费里埃尔②称之为活动的学校(école active)——这些大概就是以儿童为中心的教育学的宣传口号。如果真是如此简单,只需在被动与主动、接受与自主行动之间作出选择,估计每个人都会直截了当地选择后者。而就在此时,教育的根本问题才显现出来:任何一种行动、活动以及生产创造本身都是具有教育价值的吗?难道我们不应该抛弃这种随意性,对儿童的行动加以检验吗?检验的标准是,儿童行动是以好的、正义的、得到肯定和认可的、美好的、值得追求的东西为目标,还是以坏的、非正义的、遭到否定

---

① 施莱尔马赫(Friedrich Schleiermacher)著/维尼格(E. Weniger)编:《教育学文集》(*Pädagogische Schriften*)第一卷《1826年讲演录》(*Die Vorlesungen aus dem Jahre 1826*),杜塞尔多夫,1957年,第26页。此处详细参见福克斯(Birgitta Fuchs):《施莱尔马赫教育学的教学论基础》(*Schleiermachers didaktische Grundlegung der Pädagogik*),巴特海尔布伦,1998年。

② Adolphe Ferrière(1879—1960),瑞士人,进步教育运动的奠基人之一。——译者注

和谴责的、丑陋的、应该被抵制的东西为目标。

来自瑞士的教育学家欧格纳·德瓦①鲜少为人所熟悉,他曾经对能动主义②做过深刻的批判,并在其中提出了上述教育的根本问题。③ 针对笼统的能动主义,德瓦作出了一系列重要的区分,其中一个因为我们前面所做的思考而显得格外亲切,那就是"行动"和"制造"的区分。基于这一区分,德瓦提出疑问:难道活动的标准仅限于这种基于制造之上、空洞并错误的能动主义之中吗?学生在活动的学校里面所做的大部分"制造"活动,譬如纸工、木工、绘画、写作、问题解决等,都不是真正以制造产品为目的,而只是被当做发展儿童天赋的手段,以满足儿童的需求(譬如劳动的需求)或是儿童的兴趣为目的。对此,德瓦谴责道:这种活动的学校是空洞的,或者至少说,它所开展的儿童活动大部分是空洞的,其活动的目的往往只能归于偶然或随性。有时,教育者真正该做的应是在儿童身上点燃他对于一件事物的热爱,然而,教育者却仅仅发展了儿童的倾向,鼓励了儿童的兴趣,而没有为儿童指明有责任去努力的方向。④ 一些具有洞察力的能动主义者,如

---

① Eugène Dévaud (1876—1942),瑞士教育学家。——译者注
② 罗马语族用这个准确概念来指称德国所谓的"改革教育学"的所有教育流派。此处参见博姆(Winfried Böhm):《意大利和西班牙的"改革教育学"》(*Die „Reformpädagogik" in Italien und Spanien*),出自卢尔斯(Hermann Röhrs)、莱恩哈特(Volker Lenhart)编:《欧洲大陆的改革教育学》(*Die Reformpädagogik auf den Kontinenten*),法兰克福,1994年,第87—108页。
③ 相关阅读请首先参考德瓦的主作《按照基督教教义的能动学校》(*Pour une école active selon l'ordre chrétien*),巴黎,1934年;还可参见他的作品《德可罗利的体系与基督教教育学》(*Le système Decroly et la pédagogie chrétienne*),弗莱堡,1936年;关于德瓦的教育学思想主要参见甘特(Gabriele Weigand):《教育能动主义之评论》(*Zur Kritik des pädagogischen Aktivismus*),出自《"来自上个世纪的雪"——改革教育学的新视角》("*Schnee vom vergangenen Jahrhundert". Neue Aspekte der Reformpädagogik*),乌尔兹堡第二版,1994年,第51—69页。
④ 此处参见德瓦:《关于活动学校的报告》(*Le Bilan de L'ecole active*),出自《比利时教育学评论》(*Revue belge de pédagogie*),1940年,第328—340页。同时参见萨卢茨(Sergio Salucci):《欧格纳·德瓦》(*Eugène Dévaud*),布雷西亚第二版,1967年,尤其参见第24及后续几页。

费里埃尔,也认识到了活动学校的这一缺陷。他们提出口号,认为应该将人的兴趣更加升华,以有利于个人理想及社会理想的实现。一个真正的活动的学校不应该仅仅满足于"制造",更不应该仅仅满足于那种不意在制造产品的、因而意义空洞的"制造"。与之相对,活动的教育必须还要考虑"行动"的层面,并且应将行动的地位置于制造之上。"从狭义上来讲,行动是与最终目标联系在一起做出的活动,也就是说,行动要么是努力实现目标的活动,要么是悖离目标的活动;从广义上来讲,行动意味着促使人的自身存在变得完善的活动。"①要让学生的活动在教育上获得实际的意义,就必须在明确的目标下进行活动,因此,活动必须是"一种目的指向性的行动",而不仅仅是"针对课堂上的死板无趣和学习上的兴趣缺失所施展的方法手段。"②

当教育指向行动时,其不应满足于单纯地激活儿童的本能、倾向、兴趣和需求,而是应当指明儿童有责任去努力的方向,并给出有充分依据的行动措施。③ 在此种教育中,倾向和兴趣、需求和本能不应被当作教育的基本概念,因为一旦如此,最多只会导致人的自私更加升级④;相反,被当做教育基本概念的应该是使命⑤、责任、价值、付出、决

---

① 德瓦:《基督教工读学校的原则》(Die Prinzipien einer christlichen Arbeitsschule),出自博姆(Winfried Böhm)、德艾(Giuseppe Flores d'Arcais)编:《20世纪法语国家教育学》(Die Pädagogik der frankophonen Länder im 20. Jahrhundert),斯图加特,1980年,第128页。也可参见德瓦:《圣托马斯与活动学校》(Saint Thomas et l'Ecole active),出自《教育简报》(Bulletin Pédagogique),1926(55),1926年5月15日第8期,第113—117页。
② 维甘特:《教育能动主义之评论》,引文出自《"来自上个世纪的雪"——改革教育学的新视角》,乌尔兹堡第二版,1994年,第64页。
③ 此处参见豪威尔(Frans de Hovre)的奠基作品:《教育哲学论文》(Essai de philosophie pédagogique),布鲁塞尔,1927年。
④ 关于这个问题请参见苏荷多斯基(Bogdan Suchodolski):《哲学与教育学》(Filosofia e pedagogia),出自《教育展望》(Rassegna di Pedagogia),1978(36),第101—109页。
⑤ 参考福禄贝尔(Friedrich Fröbel)在《人的教育》(Menschenerziehung)中对这一概念所作的奠基性的阐释。

定和自由。

顺便提一下克拉帕雷德①,他是能动主义思想的奠基人之一,同时也是教育学心理学化的积极维护者。了解他的思想后会发现,事实上,克拉帕雷德试图把自己的教育学不指定教育目标和方向的做法解释成一种教育学道德。鉴于教育目标之上尚未达成普遍共识的事实——任何一个对教育作出认真思考的人都不会对这一事实感到惊讶!——克拉帕雷德得出了一个奇特的结论:如果教育科学尚在探讨教育目标的问题上存有一丝努力,如果它没有从头到脚把自己限定为一种纯粹功能性的理论,那么,这种科学就永远算不上是教育的科学。② 在他功能性的教育理解中,教育的目的不再发挥作用。对于这背后的原因,克拉帕雷德自己以令人震惊的方式解释道:正如搓面团的方式与烘焙糕点的形状没有丝毫关联一样,教学和教育的方式也在某种程度上(总还是有一定限度!)与教学内容和教育目标无关。之后,克拉帕雷德的追随者之一,雷蒙德·百瑟③阐述道:教育科学只需研究如何去改善方法,以使儿童的能力得到最有效的发展;教师只需在学校运用这些方法,而不用去烦忧,此刻他正帮助培养读写能力的学生将来借助这些能力是成为一个有着审美情趣的作家,还是成为一个糟糕的色情文学作者。④

3. 第三个质疑与第二个有着相同的根源,它由马丁·布伯⑤在一次会议演讲中提出。1925 年,布伯参加了于海德堡召开的第三届国际教育学会议,并在会上发表了题为《儿童创造力的发展》(*Die Entfaltung*

---

① 见前文注释。——译者注
② 克拉帕雷德:《儿童心理学与实验教育学》(*Kinderpyschologie und experimentelle Pädagogik*),德文版朗根萨察,1911 年。
③ Raymond Buyse (1889—1974),比利时心理学家。——译者注
④ 百瑟:《教育的实验》(*L'Expérimentation pédagogique*),布鲁塞尔,1935 年。
⑤ Martin Buber (1878—1965),20 世纪犹太哲学家、神学家。——译者注

der schöpferischen Kräfte im Kinde)①的演讲。众所周知,布伯给出席此次会议的(改革)教育学家们制造了不小的震惊,因为他在演讲开始时就坦诚地说道,此处会议主题的七个关键词中,他只认为最后两个词没有问题。借此,布伯并不是想否认,儿童身上存在创造的力量以及一种难以填满的、对制造事物和创造新事物的巨大渴望。这种渴望因其独立自主性和不可推导性受到人们的认可,布伯称之为"原创的本能"(Urhebertrieb)。但是,布伯想要表明的是,这种以结果性的行动为指向的原创本能其实指称的是一个单方面的过程:一种由人出发,将自己锁定于一个事物之上,最后止步于一种实物化的产品的力量。这是一种单线的、单向的运动,即"从心中的梦想走向世界"的运动,且创造者本人作为原创者是孤独的。即使他的产品可能获得人们的赞叹,但这仍不能排解他的孤独。要想将他从这种因孤立的原创本能而产生的孤独感中拯救出来,就必须让他经历亲密的关系、共同的劳作以及人与人之间的平易相处。"只有当某人抓住他的手,并且不把他当作一个'创造者',而是当作一个在世界中迷失的同伴,不看重他的本领而想要成为他的同伴、朋友和爱人时,他才会意识到人与人之间的相互性并参与到其中。如果教育仅仅局限于培养原创本能的基础之上,它只会给人制造一种新的、最最痛苦的孤独。"②布伯在会上驳斥,改革教育学家只想推翻旧的、习惯于权威的教育学所设想的学生漏斗形象,而把学生重新设计成水泵的形象——这一比喻由此流传开来——但是,这两种形象其实都不符合教育的现实。关键不在于单纯地扭转教育运动的方向,而在于教育关系应当具有的那个核心。这

---

① 布伯(Martin Buber):《论教育》(*Über das Erzieherische*),出自《布伯全集》第一卷《哲学文集》(*Schriften zur Philosophie*),慕尼黑,1962年,第787—808页。
② 布伯(Martin Buber):《论教育》(*Über das Erzieherische*),出自《布伯全集》第一卷《哲学文集》(*Schriften zur Philosophie*),慕尼黑,1962年,第791—792页。

一核心就是对话性的关系,一种我与你之间的亲密关系,这一关系超越了同受原创本能刺激的个体之间简单的共存关系,或者说,超越了那个在创造性地发展自我的儿童与观察、记录和预测这一发展过程的成人之间的关系。布伯的话尽管有些轻狂,但却恰恰道出了教育关系作为一种从根本上而言是对话性的关系的本质:"因为有这样一个人存在,所以信任,信任世界,这就是教育关系最内在的本质。因为有这样一个人存在,所以荒谬不可能成为真正的真理,即便它强烈地困扰着我们。因为有这样一个人存在,所以,昏暗中必定会透出光亮,惊恐中必定会露出宁谧,冷漠的同伴身上必定会藏着伟大的爱。"①

4. 如果考虑教育的时间维度,又会产生第四个质疑。众所周知,赫尔巴特在反对康德、解释教育学是一门独立的、科学的学科时,就已经论述道,教育是从一种状态到另一种状态在时间上的跨越。② 此外,赫尔巴特还认为,教育者必须着眼于儿童的未来,支持儿童的成长。对于现在和未来之间的辩证关系,施莱尔马赫在其 1826 年的教育讲演录中也做出了全面详细的论述。③ 如果我们不想倒退到这些认识水平之下,就必须始终把具有决定作用的张力两极,即现在和未来,放在眼前来考虑。教育常常被置于两个对立的极端之中:要么只考虑学生的未来,牺牲当下为未来做准备;要么完全沉浸于满足当下的需求,从而忽略了未来。即便卢梭本人认识到现在与未来的辩证关系,他的教育学也仍然会存在这样一种隐患,即主要局限于满足当下和解决现在

---

① 布伯(Martin Buber):《论教育》(Über das Erzieherische),出自《布伯全集》第一卷《哲学文集》(Schriften zur Philosophie),慕尼黑,1962 年,第 803 页。
② 赫尔巴特:《论对世界的审美展示是教育的主要任务》(Über die ästhetische Darstellung der Welt als das Hauptgeschäft der Erziehung),出自《赫尔巴特最具影响力的教育学文集》(Die bedeutendsten Pädagogischen Schriften Joh. Friedr. Herbarts)第三卷,朗根萨察,1899 年,第 87—108 页。
③ 此处参见舒尔(Johannes Schurr)的鸿篇巨作:《施莱尔马赫的教育理论》(Schleiermachers Theorie der Erziehung),杜塞尔多夫,1975 年。

的需求。这种隐患犹如沉重的包袱一样压在卢梭主义身上,随时有可能将之压垮。博德(Boyd H. Bode),美国进步教育运动的推动者之一,他将教育的本质表述为:"无论我们怎么说,教育都是一个成长的过程,它意味着能力的解放。"①借助这一表述,博德仅仅是用另一种方式表达了他的导师——约翰·杜威——的教育信仰。对于杜威而言,教育不是为生活做准备,而是生活本身。他把教育的任务规定为发展儿童的力量,并且引导这些力量去实现社会的目标。在此之后,杜威又将自己的教育信条明确地表述为:"我认为,教育就是生活的过程,而不是为未来生活做准备的过程。"②与之相仿,改革教育学中的卢梭主义以及后来的反教育学都表现出了这种倾向和意图,即教育和学校不应着眼于(儿童的)未来,而应着眼于现在。对于教育和学校的这种定位,同时也意识到改革教育学思想局限的蔡德勒③作出了应该是最为清晰的表达。他说:正如年轻一辈作为一个整体不可屈从于年长一辈一样,学校也不应该如此。除了为年轻人自身,学校不为其他任何人存在,学校的任务仅仅是满足年轻人的需求,而且必须是他们现实中的也就是当下的需求,而不是十年或者二十年之后可能出现的需求。学校不是一种手段,而是目的本身,不是一个痛苦的过渡阶段,而是一种满足。"④

如果这一论点仅仅被用来反抗纯粹着眼于未来的教育与学校,似乎是有些道理的。但是,如果它是要清除教育中一切可能的目的因素,那就等于自己背弃了教育的意义。只要教师不再把自己理解为负

---

① 博德:《教育之根本》(*Foundamentals of Education*),纽约,1921年,第8页。
② 杜威:《我的教育信条》(*My pedagogical Creed*),引自卢西欧(William H. Lucio)编:《美国教育读物》(*Readings in American Education*),芝加哥,1963年,第52页。
③ Kurt Zeider (1953—),奥地利哲学教授。——译者注
④ 蔡德勒:《生命的肃穆》(*Der Ernst des Lebens*),出自约德(Fritz Jöde)编:《契合你本质的教育》(*Pädagogik deines Wesens*),汉堡,1920年,第166—167页。

有责任的儿童的引领者,而是像孩子一样陪伴儿童一起玩耍,做儿童纯真的伙伴①,并且认为教育上的一切目标设置都在主观意愿上违背儿童的天性,因而抗拒在教育中设定任何目标,那么,教育就会丧失其自身的意义。这种抗拒是错误的,因为它没有发掘出教育的本质,最终反而会让教育变得空洞虚无和丧失本质。"只有施虐者才会去教育儿童",这一口号可能是具有较强的煽动效应,但即便它为世间所有人传诵,也丝毫不会减弱它的愚昧程度。现在我们再去读施密德② 1936年对汉堡改革教育学家所做的评论,就会发现这些评论一点也不过时,犹如昨天刚写的一样。对于这些与我们同处一个时代、反教育学派的代表以及改革教育学革新运动的新的精神领袖,施密德是这样评价的:对于他们而言,儿童是唯一的、稳固的着眼点,他们唯一认可的法则就是儿童的自发性,唯一感兴趣的事就是儿童个体自我兴趣的自由发展。"在这样一种理念的框架中,赞成构建客观的目的和目标世界的教育者是没有容身之处的。教育者的任务仅仅是促使儿童获得自由的、不受控制的发展,其最多只能扮演一个在发展上略微走在前面、为儿童发展铺设道路的引领者。在这个过程中,教育者必须始终意识到,自己只能做这一发展的忠实维护者,并且从一开始就避免对儿童产生任何影响。而要做到这些,只有通过与儿童建立亲密的关系,也就是将自己视同为儿童的心灵,只有通过建立共同归属于某种共同体的感觉,也就是让自己与儿童联系起来,并让这一共同体表现出一定的外在平等。"③

---

① 此处参见施密德(Jakob R. Schmid):《教师——自由主义教育中的儿童伙伴》(*Le maître-camarade et la pédagogie libertaire*),纳沙泰尔,1936年,德译版标题为《自由主义教育学》(*Freiheitspädagogik*),莱茵贝克,1973年。
② Jakob R. Schmid (1909—1977),瑞士教育学家。——译者注
③ 此处参见施密德(Jakob R. Schmid):《教师——自由主义教育中的儿童伙伴》(*Le maître-camarade et la pédagogie libertaire*),纳沙泰尔,1936年,德译版标题为《自由主义教育学》(*Freiheitspädagogik*),莱茵贝克,1973年,第50页。

对于这种与儿童建立伙伴关系的理念，人们不会提出任何的反对意见，即使那些对儿童可爱形象的刻画太过虚假，让人联想到古代拙劣的圣人图像。然而，一旦这种教育上的自由主义被升级成虚幻的主观主义顶礼膜拜的对象，人们就不得不明确这种自由理念的界限了。① 当教育被人从政治的、社会的背景中撕扯出来，当教育关系被人宣布为一种脱离世界的、"分子式"的关系（该词出自于安东尼·葛兰西②）时，当教育者与儿童之间充满爱意的拥抱被标榜为一种对教育完结的庄严演绎时，这就说明，教育上的自由主义变成了主观主义膜拜的对象。这些针对教育的单维度的、简单化的想象不可能符合那个总是充斥着极端的张力和不可调和的矛盾的教育现实。一旦揭开这些想象的浪漫主义的面纱，人们就会发现，它们的产生往往源自于一种对纯真的怀旧渴望，以及真正的卢梭式的和卢梭主义的成年文化人的自我怀疑；即使没有将儿童神化，这些想象也均显露出一种伪宗教性的对童年的过度缅怀。

对于这种立场中蕴含的非理性主义以及幼稚和天真，海多恩③以几乎无人能及的方式将之无情地揭示了出来：无论是爱伦·凯笔下充满寓意的语言，还是亚历山大·尼尔④委婉的英式非理论分析，无论是生物主义视角下对人类本能的夸赞，还是结合统计学的实证主义认为儿童天性不可被控制的观点，在这些论述中，"生命的意志、生命的升华都属于自然的范畴，唯意志论取代了传统的意识体系，达尔文甚至

---

① 此处参见马纳科达（Mario Alighiero Manacorda）:《教育学的政治学特性》（*Der politische Charakter der Pädagogik*），出自博姆（Winfried Böhm）、德艾（Giuseppe Flores d'Arcais）编：《20 世纪意大利教育学》（*Die italienische Pädagogik des 20. Jahrhunderts*），斯图加特，1979 年，第 207—211 页。参见马纳科达编辑的文选：《安东尼奥·葛兰西——替代教育学》（*Antonio Gramsci: L'alternativa pedagogica*），佛洛伦萨，1972 年，尤其参见第 65 页及后续几页。
② Antonio Gramsci（1891—1937），意大利共产主义思想家。——译者注
③ Heinz-Joachim Heydorn（1916—1974），德国教育家和政治家。——译者注
④ Alexander Neill（1883—1973），苏格兰教育家和作家。——译者注

带我们重新回到了原始的自然森林。人造的精神世界遭到贬弃,人不再是一种自成一类的独特存在。人就是朴素的自然,即使他佩戴着青春风格的饰物。教育改革的主题变成如何忽略现实的条件、在亲密友好的关系中培养儿童依靠动手获得创造力。人们需要做的,仅仅是想象人类历史从未发生过这种解放一样去解放人的自我天性。在这样一种天真幼稚的要求面前,让儿童反思就等同于对儿童施暴。事实上,社会正在抛弃其已经取得的文明成果。"①

批判自然肯定社会的范式

上面这些浪漫主义的元素不可避免地存在于肯定自然批判社会的范式之中。与之相对,这一范式的对立面——批判自然肯定社会的范式——理应不受这些元素的侵蚀。这种范式源于人们从根本上不信任人类未被驯化的天性,于是也就尽全力避免自己陷入那种粗俗的个人主义的泥潭。它不再以人的"粗野"天性,以个体的倾向、兴趣、本能和需求作为着眼点,也不再奉这些天性为规范性的力量。在此种观念下,教育不可能完整地发展人的天性,也不可能退化到以那个原始的阶段为基准,即尚未社会化的儿童生活,从而做出不可原谅的返祖行为;相反,教育关注的是,如何利用社会化的进程对尚未驯化、野蛮的人类天性加以约束,进而将其圈禁在一种有秩序的人类生活共同体中,以及如何引导儿童本能的、迥异的个体兴趣迈向社会预先设定好的轨道,并使主体的倾向和需求能够顺应集体的期望和要求。为了能够"掌握"以及"按照我们的意愿和需求操控"教育中发生的过程,必须仔细研究那些对社会人的形成起决定作用的外在因素。这样,我们才能"运用"这些操作性的知识,并进而在这一运用中把人的教育理解和

---

① 海多恩:《论教育概念的重新理解》(*Zu einer Neufassung des Bildungsbegriffs*),法兰克福,1972 年,第 62—63 页。

实施成社会的产物。

关于这一问题,有一篇文章作出了非常基础的论述。下面一段引文即出自这篇文章,也正因如此,我打算以这段引文作为我论述的出发点。不过,这段文字的表达绝不如人们所期待的那样,能够针对某些自然主义的狂热亢奋或者对于儿童的溢美之词展现出足够的冷静与客观。引文是这样说的:"能够主宰外物是我们伟大的表现之一,而这需要归功于社会。是社会将我们从自然中解放出来。我们应当把社会设想成一个心理上的存在,这一存在超越了我们的存在,并且我们的存在源于社会的存在,这难道不是很自然的吗?相应地,当社会要求我们作出或小或大的牺牲来培养我们的德性时,我们应当充满敬畏地听从它,这也是很好理解的。信仰者遵从上帝,因为在他看来,存在,尤其是他的精神存在,也就是他的灵魂似乎来自于上帝。出于同样的原因,我们也应对集体怀有类似的感情。"[1]

这篇文章的作者是涂尔干,现代社会学的奠基人之一。当我们看到涂尔干与之前的自然崇拜者如出一辙,只不过把崇拜的对象换成社会时,我们可能会大吃一惊。对于那种视教育为自然的产物的教育观,卢梭是当之无愧的倡导者;相应地,对于那种视教育为社会的产物的教育观,涂尔干应当被称为这一理念的精神之父。至少,他始终坚持这一理念,并尝试从社会学、教育学的角度作出解释。因此,我们在这里有必要先看看涂尔干的解释(当然只能简要地加以概述),从而检验一下,是否可以利用这种解释去建立一种符合人的人格存在、人的人格尊严的教育学。

关于这一解释首先需要指明的一点,也是对于我们这里的讨论特别有意思的一点是,涂尔干试图把社会学的观察视角阐释为一种独立

---

[1] 涂尔干:《社会学与哲学》(*Soziologie und Philosophie*),德译版法兰克福(舒尔坎普袖珍版)1976 年,第 130 页。

视角的方式。① 众所周知,涂尔干先是积极地寻找社会学这门科学内在的研究对象,然后认定这一对象就是他称为"社会事实"的东西,即法规、习俗、宗教等。之所以这样是因为,涂尔干是一个不折不扣的实证主义者,在他看来,社会学只有(忠实地按照自然科学的模式)以研究事实为基础,并且把社会事实当作物质来对待,才能作为一种新的乐器加入到其他科学的合奏之中。而"社会事实"(choses sociales)中最核心的事实,在涂尔干看来也是所有社会事件发生的最大前提,就是"集体良知",即所谓的集体意识。只有从这个社会事实出发,人们才能理解涂尔干的教育学观点。② 心理学上认为,个人的观念应当与其生理上的基础——大脑细胞——分离开来,当个人的观念独立于大脑细胞存在时,它们就会"利用自己本身存续下去",也就是说,个人观念并非始终依赖于神经中枢的状态而存在。与心理学的这一观点相似,涂尔干也认为,社会事实在"某种意义上独立于个体之外"③:"构成社会生活主线的意识观念,脱离了社会生活中聚集在一起的个人之间的关系,也脱离了介于个人与整个社会中间的次集体之间的关系。"④相比较心理事实(研究这些事实是心理学的基础,它们给心理学打上了科学的烙印)本身依然显现出根源于大脑细胞的迹象,涂尔干认为,社会事实的独立性更为明朗,因而其独立性是无可争辩的。这是因为,涂尔干眼中最具集体生活特性的现象,如信仰的教义、宗教的

---

① 此处参见科昵西(René König):《埃米尔·涂尔干》(*Émile Durkheim*),出自凯斯勒(Dirk Käsler)编:《社会学思想大家》(*Klassiker des soziologischen Denkens*)第一卷,慕尼黑,1976 年,第 312—364 页。
② 此处详细参见克里腾顿(B.D.Crittenden):《涂尔干——知识社会学与教育理论》(*Durkheim-Sociology of Knowledge and Educational Theory*),出自《哲学与教育之研究》(*Studies in Philosophy and Education*),1965/66(4),第 207—254 页。
③ 涂尔干:引文出自《社会学与哲学》(*Soziologie und Philosophie*),德译版法兰克福(舒尔坎普袖珍版)1976 年,第 70—71 页。
④ 涂尔干:引文出自《社会学与哲学》(*Soziologie und Philosophie*),德译版法兰克福(舒尔坎普袖珍版)1976 年,第 70—71 页。

习俗、道德的准则、法律的规章等,都以极大的强制性和约束性施加在个人身上,以至于它们不可能由个人自身制造出来——这一点在涂尔干看来是毋庸置疑的。"它们都明显带有强制的特性,这种强制性恰恰证明了,此类行动与思想不是个人的产物,而是由一种超越个人之上的力量产生的,无论这一力量是被神秘地理解为上帝的形态,还是被放在更加时间化与科学化的角度来理解。"①

这些社会现象以近乎于化学上的聚合作用集结成了集体的意识。然而,此刻比讨论这些现象是如何形成的更加重要的是,我们必须认识到,涂尔干不仅将这些社会现象的地位置于一切个体的思维习惯、倾向和追求之上——因为"真正在思考、在感受、在筹划的还是这个集体的意识,虽然它只能借助个体的意识来筹划、感受和行动"②;此外,涂尔干还赐予这一集体的意识规范性的力量,正如卢梭以及卢梭主义者赐予自然发展的理念规范性的力量一样。个体仅仅是社会意识的"原料"(原文如此),而社会事实才是那种更高的存在,即集体意识的外在表现。对于涂尔干所认定的这种规范,阿多诺③写出了如下精准的总结:"涂尔干接受集体认可的价值,在他眼里,价值是集体的就等同于价值是客观的。由此,涂尔干回避了价值在道德上的可行性问题"④;与之对应,涂尔干的原文是这样说的:"价值之所以是客观的,仅仅就是因为它是集体的。"⑤

事实上,涂尔干否定一切非根源于社会的道德,他甚至更进一步

---

① 涂尔干:《社会学与哲学》(*Soziologie und Philosophie*),德译版法兰克福(舒尔坎普袖珍版)1976 年,第 72 页。
② 涂尔干:《社会学与哲学》(*Soziologie und Philosophie*),德译版法兰克福(舒尔坎普袖珍版)1976 年,第 73 页。
③ Theodor W. Adorno(1903—1969),德国社会学家、哲学家。——译者注
④ 阿多诺:科昵西著作《埃米尔·涂尔干》(*Émile Durkheim*)前言,第 22 页。
⑤ 涂尔干:《社会学与哲学》(*Soziologie und Philosophie*),德译版法兰克福(舒尔坎普袖珍版)1976 年,第 141 页。

地补充道:"只要存在道德,其必定是某个由许多个体团结起来形成的集体想要的目标,这一集体也就是社会。这一结论成立的前提条件是,社会必须被视为人格(原文如此),而这种人格与那些组成社会的个体人格有着质的区别。"紧接着,涂尔干又在同一篇文章中以更加激烈的方式表达了这一观点:"我坚持认为,除非当时的社会状态所要求的那种道德,绝不可以接受其他任何一种道德。接受一种非社会本性固有的道德,就意味着否定社会,因而也意味着否定自身。"①在涂尔干看来,与周围邻人的道德关系不可能通过经验性的方式在个体身上寻找到,也不可能固定地存在于基督教的博爱理想或人文主义的团结思想中;这种对于他人的无私责任单纯是一种"更高的目标,而他人仅是实现这一目标的手段和工具。"②涂尔干认为,集体性不仅是最高的、唯一的道德权威,而且是人成为人的关键因素,"人只在文明化之后才成为人。真正让人变成人类存在的东西,就是人们从所谓的文明,即那个由理念、情感、信仰的教义及行为规章构成的整体中所学到的东西。"③

  这一观念衍生出相应的教育观。在我们论述这种教育观前,有必要首先提及涂尔干道德论中的核心概念——制裁(Sanktion)。与杜威一样,涂尔干也明确反对康德的伦理说,但他反对的理由与杜威完全不同。在杜威看来,康德的伦理说扎根于行动者的意识,没有从人的行动导致的社会结果出发进行阐述。涂尔干没有像杜威一样用实用主义的道德来反对康德,而是对康德伦理说中的基本概念——行动人

---

① 涂尔干:《社会学与哲学》(*Soziologie und Philosophie*),德译版法兰克福(舒尔坎普袖珍版)1976 年,第 87—88 页。
② 涂尔干:《社会学与哲学》(*Soziologie und Philosophie*),德译版法兰克福(舒尔坎普袖珍版)1976 年,第 106 页。
③ 涂尔干:《社会学与哲学》(*Soziologie und Philosophie*),德译版法兰克福(舒尔坎普袖珍版)1976 年,第 108 页。

格的自主性——作出批判。他用集体制裁的概念取代了行动人格的自主性,从而彻底粉碎了人的道德存在的根基。

尤其值得注意的是,涂尔干不仅坚决抵制自然主义道德论及自然教育中提倡的自然的惩罚概念——坎普①解释过这一概念的教育合理性,卢梭也在《爱弥儿》中列举了能够清楚说明这一概念的示例。而且,涂尔干十分清楚地表明,自己的道德论以制裁为核心概念,制裁指某种行动遭受的结果,这一结果不是由行动的内容造成的,而仅仅是因为"行动违背了某种现行的规则"②。借此,涂尔干最终将社会制裁升华为道德的全部,就是那些像教条一样(康德)约束个体以及个体意识的东西。基于这一认识,我们就能理解,为什么涂尔干强烈地要求我们在行动时唯独顺从这个集体的权威,并特别建议我们"避免听从个人突发的良知"③。按照涂尔干将社会学构建成"关于社会事实的科学"的逻辑,我们完全可以想象涂尔干会如何探讨教育的问题。在他那里,教育正是被视为一种社会事实,被描述和分析为一种与其他社会体系相关联的社会体系。涂尔干从经验的角度出发确立教育的概念,也就是说,他确立教育概念的出发点是历史和社会现实中实施的教育。在他看来,教育在他观察到的所有时代,也包括他自己身处的时代,都仅仅是个体社会化以及社会再制造的一种手段。这种教育观让涂尔干从一开始就忽视了一个最关键的问题,那就是,既然我们主观认为教育曾经一直是,现在也仍是社会化的手段,是否可以由这一"事实"结论性地认为教育应继续这样保持下去呢。总之,这样一种教育观,正如它所显现的那样,从根本上摒弃了整个西方教育学传统对

---

① Joachim Heinrich Campe (1746—1818),德国作家、语言学家、教育家。——译者注
② 涂尔干:《社会学与哲学》(Soziologie und Philosophie),德译版法兰克福(舒尔坎普袖珍版)1976年,第 95 页。
③ 涂尔干:《教育与社会学》(Erziehung und Soziologie),德文版杜塞尔多夫,1972年,第 46 页。

教育作为人类人格自我构建的理解,更为严重的是,因为视集体性为规范,这种教育观根本认识不到自我构建的意义。

涂尔干明确反对从心理学出发审视教育,他称心理学为"不适合教育家饮用的泉源"。在涂尔干眼中,心理学至多只能用来帮助人们决定教育的手段。最为重要的是,涂尔干坚决反对一切视教育为发展天赋或开发实现自然人的观念。他认为,以儿童为人类之父的想法简直就是一种悖论,因为它完全颠倒了教育的事实。对于涂尔干而言,教育的主题只能是,"把我们从出生时的那种个体的、非社会化的存在改造成一种全新的存在。她(也就是教育)必须促使我们克服自己的天性:在这种条件下,儿童才成为人。"①"教育要将我们培养成一种人,这种人不应是自然创造出来的样子,而应是社会期待看到的样子;而社会想要的人,应当是符合社会内在的经济要求的。"②在另一处地方,涂尔干表述得更为明确:"每个新生的一代都像白纸一样摆在社会面前,由社会在其上作出新的描绘。刚降生到世界上的生命是自私的和非社会化的,社会必须尽快在其身上增添另一种存在,以便他过上社会的、道德的生活。这就是教育要做的事情。这就是教育的伟大之处。教育不会将自己限定为按照自然规定的方向去发展个人的生命体,或者去开发那些潜藏在个人身上的、仅仅需要被发现的可能性,教育要做的是把人塑造成一个新的人(原文如此),是利用我们身上最好的东西,即一切赋予生命价值和尊严的东西,去塑造出这个新的人。"③在此过程中,教育所创造的以及在儿童身上所培植的结果,一部

---

① 涂尔干:《教育与社会学》(*Erziehung und Soziologie*),德文版杜塞尔多夫,1972年,第81页。
② 涂尔干:《教育与社会学》(*Erziehung und Soziologie*),德文版杜塞尔多夫,1972年,第84页。
③ 涂尔干:《教育与社会学》(*Erziehung und Soziologie*),德文版杜塞尔多夫,1972年,第84页。

分是"儿童所从属的社会认为每个成员都必须具备的、特定的生理状态和精神状态",另一部分是"单个社会团体(阶层、阶级、家族、职业群体)认为其成员必须具备的、特定的生理状态和精神状态。"[①]简而言之就是：当教育在人身上种下结果,把人纳入到社会整体以及人身处的每一个特定的社会环境,并使人适应社会和环境时,人才成为人。对此,人们可能更愿意联系鹿特丹的伊拉斯谟的那句名言——人不是生而为人,而是教养之人始为人——并按照涂尔干的理解将这句话改写为：人不是生而为人,而是社会造就之人始为人。这种理解之所以产生,要归功于涂尔干对教育所做的经典的、常常受人援引的定义。出于清晰性和准确性的考虑,这里再次重述一下这一定义："教育是成人对尚不能适应社会生活的未成熟之人所施加的影响。其目的是,在儿童身上培养和发展特定的生理、智力和道德状态,这些状态不仅是政治社会的整体所要求的,也是儿童身处的特定环境所要求的。"[②]在此定义之后,涂尔干又立即补充了一句话,并在这句话中提出了一个至今仍能标志性地代表涂尔干教育观的概念。这句话就是：教育在于使"年轻一代系统地社会化"；教育完全是一个社会化的过程,教育的产品,即社会化的主体,也是社会的产物。

最后,还有一点需要我们特别注意。涂尔干提到,教育必须在人身上创造以及刻画出一个新的存在,即社会的存在。对此,我们不可误解为,教育就是要完全抹杀个体,将之献祭给神圣的集体。集体规范及准则的习得只能以内化的方式进行,即由个体自身来学习。在此之中,个体需要学习以及内化的其实是社会角色。社会角色也是一个至今仍能代表涂尔干思想传统的社会学基本概念。人刚出生时仅仅

[①] 涂尔干：《教育与社会学》(*Erziehung und Soziologie*),德文版杜塞尔多夫,1972年,第29页。
[②] 涂尔干：《教育与社会学》(*Erziehung und Soziologie*),德文版杜塞尔多夫,1972年,第30页。

是一块原料,是教育通过系统的社会化引导未成年人学习并内化(外在的)社会角色,才使得这块原料被塑造成一个社会的生物。对于这个从根本上带有涂尔干特性的基本思想,雷纳·科昵西①做出了非常精辟的总结:"通过承载社会角色,人成为了社会的生物。因此,社会化是在角色中进行的,这一过程最关键的地方就在于'内化'既定的规范和行为准则,而这些规范和准则在历史的进程中是不断变化的。"②

如同舞台上展现在我们面前的不是演员的真实身份,戏剧表演中吸引我们的不是舞台演员本人,而是他扮演的"人物"以及他在剧中塑造的"角色"一样,个人在社会化的视角下也不是行动着的人格,而是"角色的承载者,即由社会结构所决定的事实过程的执行者。"③

对于这一角色学习的过程,人们可以做出完全不同的阐释,这一点现在应该是无可争议的;此外,原本生硬的角色理论现在早就得到了修正,这一点也是不容忽视的;"社会人"(Homo Sociologicus)的概念由于局限为一种异化于自我的、单纯的角色扮演者的形象,因而遭到人们各式各样的批判,并被人们揭示为一种非本真的人造生命。社会化理论已经明显超越了其思想的创造者——涂尔干的理念。更加值得注意的是,哈贝马斯自1968年以来一直反对人们就社会化作单维度的理解,多亏于他,现在的人几乎不再提及一种僵硬的、通过制裁强制于人的角色学习,而更多地谈及一种阐释性的习得,对角色本身的理解也灵活了许多。尤其重要的是,角色扮演不再仅仅被理解为一种近乎机械化的复制过程,而是被视为行动者在不断变化的情境下诠

---

① René König(1906—1992),德国社会学家。——译者注
② 科昵西(René König):《埃米尔·涂尔干》(*Émile Durkheim*),出自凯斯勒(Dirk Käsler)编《社会学思想大家》(*Klassiker des soziologischen Denkens*)第一卷,慕尼黑,1976年,第330页。
③ 哈贝马斯:《社会化理论之提纲》(*Stichworte zu einer Theorie der Sozialisation*),出自格茨(Bernd Götz)与卡特施密特(Jochen Kaltschmid)编:《社会化与教育》(*Sozialisation und Erziehung*),达姆施塔特,1978年,第104页。

释角色的过程。在此之中仅有一点没有改变,那就是,教育和社会化仍在原则上被视为社会的产物;这一基本思想没有发生改变。因此,对于这一思想所导致的、针对教育所做的社会科学探讨,柯布恩-斯塔格①的评论也就依然生效:"当一种教育学将自己理解为行为科学时,角色作为社会化过程中的导引范畴就对这一教育学具有特别的意义。如果角色被视为规范,那么这种导引就表现为引人顺应——顺应传统(以传统、惯常和习俗为导引),顺应当下(以当代权力关系认可的潮流、'时代精神'为导引),或者顺应未来(以人们认可的可能性为导引)。这时,以传授角色为目的的教育就会将自己理解为教人习得规范的行为方式。这种复制保存现行的价值及规范的目的通过内化的方式得到了保障,即对既定的和认可的、社会文化的行为模式加以内化。在制裁的作用下,行为规范被强制内化为个人自己的行为。个人必须让自己适应既定的角色体系,从而以此融入现存的社会文化系统。"②事实上,对于这里所讲的、视角色为教育学(一种行为科学,准确来说是一种创制的教育科学)着眼点的思考模式,无论角色是与当今社会(甚至往日的社会)相联,还是与明日社会或者放眼未来的社会相联,其实没有实质的区别,人们至多只能以此区分,支持这一思想的人是保守的、进步的还是空想的。不管哪一种情况,只要个人本身想真正作为人存在,就必须让自己融入那个更大的、整体的社会,并且成为社会团体中的一员;正是这些社会的构成以及它们所委任的代理人和代理机构(参考学校就是社会化机构的观点),在实施教育这一社会的产物。

  这个带有涂尔干特色的基本思想一直被人们从根本上赋予现实的意义。若想对此有所了解,可以关注涂尔干的另一个基本概念的后续发展,以及这一概念在当代的,尤其是北美的社会学和社会心理学

---

① Ursula Coburn-Staege(出生年份不详),德国当代教育学教授。——译者注
② 柯布恩-斯塔格:《角色的定义》(*Der Rollenbegriff*),海德堡,1973年,第7页。

中所发挥的奠基作用。涂尔干曾在关于劳动分工和自杀的研究框架内,针对人不能适应社会的现象创造出行为失范(Anomie)的概念。在此之中,他将自杀归咎于社会规范体系的崩塌以及个体对规范缺乏认可和内化这两大方面的原因。后来,行为失范的概念由默顿①引入到北美的讨论之中。② 在那里,这一概念主要指个体缺乏对规范的认可和内化,这导致了人们广泛讨论的异化现象很少或几乎不再被视为人的自我异化的问题,而是被限定为个体在精神上和社会行为上不能适应(北美)社会规范的现象。③ 相应地,这种异化也就被称为"行为的失范",被解释为适应意愿和适应能力的缺失,并最终被贴上了社会心理障碍的标签。这样一种障碍又衍生出相应的治疗措施,在那样一个本身动荡不安的社会,这些治疗措施如同雨后春笋一般涌现了出来。它们主要针对人的行为实施治疗,即提供修正人的行为的方法和实践,从而让人身上可观察的、可测量的、便于统计的外在行为更加适应社会整体以及特定的社会环境和团体。鉴于当时的社会背景,这种做法显然是非常合乎因果和逻辑的。然而,一旦这种思维模式最后被纳入到教育的讨论,就会——毫无悬念地!——导致教育讨论不再具备科学理论的思维。这一后果清楚地呈现在一项有关北美家庭治疗的研究中(除却这一点,这一研究还是很有启发意义的):一方面,教育"依赖于"心理学,特别是在(治疗)方法的制定和试验上;另一方面,教育的目标来自于社会科学的分析(在家庭治疗中:教育目标就是社会科

---

① Robert K. Merton (1910—2003),美国著名社会学家。——译者注
② 默顿:《社会理论与社会结构》(*Social Theory and Social Structure*),格伦科第三版,1949 年;请以批判的眼光参见李策特(J. Ritsert):《行为失范的二律背反》(*Die Antinomien des Anomiegriffs*),出自《社会的世界》(*Soziale Welt*),1969(20),第 145—162 页。
③ 参见福尔里希特(Ignace Feuerlicht):《异化——从过去到将来》(*Alienation: From the Past to the Future*),西点(康涅狄格州),1978 年;也可参见博姆:《异化》(*Alienazione*),出自德艾(Giuseppe Flores d'Arcais)编:《新教育学词典》(*Nuovo Dizionario di Pedagogia*),罗马,1982 年,第 16—19 页。

学提炼出的、集体所认知的"正常的"，非失范的家庭图像）①。对于这样一种教育的模式，我们可以认为它是教育无知的表现，理由是，这种模式不仅倒退到卢梭的认知水平之下（卢梭早已在人和公民之间作出区分），而且无视了主体我作为自我行动的代理人、作为自身历史的谱写者、作为负责任地审视自己的为与不为的裁判所具有的自主性（至少在文艺复兴时期，这一自主性就已经为人"发现"）。

如果想要像看蜡像一样鲜活地了解这种涂尔干式的教育模式，可以如数回忆一下那些受过度发展的意识形态所控制的教育体系和教育构设是什么样子。一旦教育学和教育听从一种意识形态的指挥，且这种意识形态思想教条、唯我独尊（因为臆想自己掌握着"绝对的"、不可违背的、要么被拥护要么被反对的真理），这种教育学和教育就可被认为是抽象的涂尔干模式的具体表现，当然也是对这一模式的歪曲。在此之中，行为失范与不适应社会的人被尖锐地批判为异端分子或邪魅之人，经常遭受迫害；相对地，服从集体制裁及统治权力意志的人，则被认为是教育的典范。如此带有强烈意识形态性质的教育学并不少见，它们或以政治的、党派的形态出现，譬如德国纳粹党的教育学、法西斯主义的教育学或苏维埃的教育学，或以宗教的、教派的形态出现，譬如加尔文主义的教育学或某些反改革教育学派的分支。本书没有太多空间可让我们对这些教育学作进一步的介绍，此外，我们整体的认知思路也并非要做一种历史的研究，而是要做一种系统的研究，提及这些历史仅仅只是让我们在思考的湍流中有石头可以踩着前进。②

---

① 参见泰克斯托尔（Martin R. Textor）：《综合式家庭治疗》（*Intergrative Familientherapie*），海德堡，1985 年。
② 卡特尔法莫（Giuseppe Catalfamo）就教育、教育学和意识形态之间的关系做出了既简明且实质的分析：《意识形态与教育》（*L'ideologia e l'educazione*），墨西拿，1980 年，德译版标题为《意识形态与教育》（*Ideologie und Erziehung*），乌尔兹堡，1984 年。

下面一段重要引文出自德意志近代教育历史，其至少可以表明：此处呈现的教育立场不仅与意识形态、与特定的历史前提相互关联，而且，当教育观念因社会（改革的）兴趣而改变，当教育变成社会革新或经济改革的手段时，这种教育立场就会迅速得到传播。在最近一次德国教育改革及所谓的课程研究的发起阶段，也是真正具有启示意义的一个阶段，两场改革运动的先驱之一，罗宾逊①做出了如下纲领性的表述："必须对社会特定的需求进行分析，因而也包括职业的应用情境和需求，从而以此证明某些职能是必不可少的，这些职能又与某些通过特定对象可以获得的技能联系在一起。"②仔细推敲这段简短的文字，我们就会看清那些在社会动机诱发下产生的教育和教育改革的真实面目，它们由社会引发，也因社会才得以维持运作。面对这一结果，早已洞察秋毫的涂尔干只会淡然笑过。

如果还要举出最后一个例子，且其说明力和启发性不能有丝毫减弱，那么，希尔斯③的发展理论应当是最好的选择。这一理论不仅举世闻名，而且对学前教育有着很大的影响。当然，我们这里必须借用波尔加④的讽刺评论⑤指明，希尔斯的发展理论事实上是一种学习理论，因为他将儿童的发展解释为社会化阶段的连续。儿童通过阶段性的成长越来越适应社会的环境，社会承诺给他一定的报酬作为他完成适应过程的奖励，从而刺激和推进了这一过程。总的来说，在社会中获取的激励体系最终决定了儿童内在行为需求的发展，或者至少在最严

---

① Saul B. Robinsohn（1916—1972），德国当代著名教育家。——译者注
② 罗宾逊：《以课程修正进行教育改革》（*Bildungsreform als Revision des Curriculum*）1967年，新维德第五版1975年，第48页。
③ Robert R. Sears（1908—1989），专注于儿童心理学的美国心理学家。——译者注
④ Alfred Polgar（1873—1955），奥地利出生的美国戏剧评论家、散文家、媒体工作者。——译者注
⑤ 这里所指的评论应该是波尔加最为著名的戏剧评论，我们可以将之浓缩为这样一句讽刺的话语：女高音其实就是女低音。

格的意义上控制着这一发展。因此，幼小的儿童只会朝向一种方向去"发展"自我，那就是他在社会上的教育代理人，通常首先是他的父母，推动他发展的方向。之后，儿童将社会及社会团体的期待内化，这一后天获取的动机体系压盖了他的自然本能和自然需求。最终，长大了（然而可能永远不会真正成年）的儿童能够像人们期待的那样行为举止，因为他通过认同和内化习得了"正确的"行为，也就是社会欲求的、能够得到社会奖励的行为。如果再联系行为主义对这一"发展理论"作出扩充，我们就能大概明白，为什么这一章里探讨的教育范式叫做批判自然肯定社会的范式；我们也能大概明白，为什么这种教育范式在某些方面被认为具有科学的特性，因为最后这个例子让我们非常直观地感受到，这一范式多么渴望"科学地"掌控教育，以便引导教育朝着我们意愿和需求的方向发展。①

反对引人走向既定轨道

上一章里，我们由涂尔干出发探讨了批判自然肯定社会的教育范式，并通过几个示例对其作出了解释说明。但是，如果我们以批判的眼光审视这一范式，就会发现它至少有三处漏洞。

1. 首先，这一观念中特别荒谬和难以接受的一点是，它和肯定自然批判社会的范式一样确立了一种规范。在肯定自然批判社会的范式中，自然发展的规律被提升为教育的规范秩序，与之相似，在批判自然肯定社会的范式中，社会的规范和准则，即涂尔干总结为集体意识的东西，变成了教育的规范秩序。肯定自然批判社会的范式明确表示，教育规范只能建立在如下前提之上，即儿童天性本善——卢梭在

---

① 欲见更加详细的论述请参见博姆：《儿童早期教育理论》（*Theorie frühkindlicher Erziehung*），出自福克斯（Birgitta Fuchs）和哈特-彼得（Waltraud Harth-Peter）编：《儿童早期教育的其他可能》（*Alternativen frühkindlicher Erziehung*），乌尔兹堡，1992年，第11—35页。

《爱弥儿》开篇第一句就提出这一观点;与之相对,批判自然肯定社会的范式往往不会宣称自己的教育规范建立在类似的前提之上,即社会天性本善。这种沉默是有原因的:除去那些过于浪漫的想法,人们愿意视造物主手中创造出的儿童是纯洁的,是头顶圣洁的光环、没有任何瑕疵的,这种想法在某种程度上是可以理解的。然而,如果个人不顾历史和日常生活中的经验,依然认为社会是完美的和至善的,那就未免太可笑了。这句话中的社会不光指今天的(和昨天的),也指明天的,甚至指遥远未来中的社会(否则人们就会陷入乌托邦式的空想)。推翻一个社会远远不能确保我们完美地建造出另一个至善的社会,这是我们从众多社会革命中得出的一个道理。

在阿多诺看来,这一点恰恰是涂尔干最应遭到质疑的错误结论中的一个:"一切参与到整体中的个体都借助整体的无上地位超越了自己本身,由此,只有当个体体现出它参与的整体时,个体才会被认为在事实上和形式上'具有意义'。这样一种意义可能是负面的,即个体体现的是一个邪恶的整体,而这种情况随随便便就有可能发生。"①涂尔干对教育和社会化的认识建立在一种规范之上,而这一规范,用卡尔·马克思的话讲,是通过把社会神秘化才得以确立的。对于这样一种过激的社会乐观主义,如今困扰着我们的社会危机带来了很大的震撼,并且这些危机也让我们如同前面借用佩切伊②的话所说的那样,"得出结论:解决人类困境的办法和确保人类未来的保障只能在我们自身之中来寻求。"③

2. 借助这一论断,我们正好可以指出批判自然肯定社会的范式的第二个缺陷。如同肯定自然批判社会的范式最终否定人类人格的自

---

① 阿多诺:引文出自科昵西的著作《埃米尔·涂尔干》(*Émile Durkheim*)前言,第 20 页。
② Aurelio Peccei (1908—1984),意大利工业家和慈善家。——译者注
③ 佩切伊:引文出自《人类的困境》(*Das menschliche Dilemma*),德文版维也纳,1979 年,第 12 页。

主权,信奉一种自然决定论一样,批判自然肯定社会的范式也无视主体自我构建的原则。由于其狂热地抗拒任何形式的个人主义或主体主义,因此这一范式其实盲目承受着亦步亦趋、随波逐流的风险。那些被认为是主体我最本真的活动,即"我思""我判""我行",都在闪耀着夺目光芒的学习、内化及适应集体的超我面前黯然失色。如果把这一问题①放大,可以说:严格意义上,两种范式都没有将主体我的思考、评判和行动作为主动的、自我构建的人格活动来对待和探讨。坦白说来,两种范式其实是分别把自然和社会当作了在自我之中进行思考、评判和行动的主体。最起码,涂尔干始终坚持这样的观点,并且毫无顾忌地把这些观点逐字逐句地表达了出来。

此时,我回想起自己在一次报告后卷入的讨论②。当时,一位参会者批评我没有在报告中述及价值如何"进入"个体的问题。这位讨论者提出异议时明显默认了这样一个前提,即价值必定来源于社会的某个地方,并被输送至未成年人的思想之中。对于他提出的异议,特别是其中隐含的前提条件,我着实吃了一惊,并回应了一个反过来令对方颇感困惑的表述:身为教育家,我更关心价值如何从受教者身上"流淌"出来这个更具迫切现实意义的问题,而不太考虑价值如何"流入"受教者之中的问题。这是因为,认真思考之后我们就会发现,如何可以——不仅要可以,而且要真正地——让我们自己做出评价、进行价值判断,这才是更加令人振奋的教育问题;我们的每一次选择和决定

---

① 此处参见舒尔(Johannes Schurr):《论良知的绝对规范性》(*Zur absoluten Normalität des Gewissens*),出自《科学教育学季刊》(*Vierteljahrsschrift für wissenschaftliche Pädagogik*),1982(58),第1—19页。
② 这里指的是我的报告:《教育和教育学视角下的认知与行动》(*Erkennen und Handeln aus der Sicht von Erziehung und Pädagogik*),发表在林道尔(Martin Lindauer)和舒普夫(Alfred Schöpf)编:《人类是如何认知世界的?——乌尔兹堡大学学术讲坛》(*Wie erkennt der Mensch die Welt? Symposium der Universität Würzburg*),斯图加特,1984年,第212—235页。

都无疑意味着这样一种评判,因为我们总是在众多之中偏爱一个,选择一个而忽视其他许多。想要回答这个问题,就不得不抛弃批判自然肯定社会的范式,不管我们愿不愿意。因为就在我们承认价值内化只能指把我们遭遇的价值判断变为自己的价值判断的那一刹那,我们已经背弃了这一范式。当我们终于明白,以某物为真和以某物为价值一样,不能直接转嫁到别人之上,也就是说,这两种判断在任何情况下都必须由我们自身来实施时,我们就会主动选择放弃这种范式。借用阿多诺的话说,如果我们非要将那些对于真和价值的认识强加于自身之上,这只能说明,我们还没有走上通往成年和自立的道路。

3. 批判自然肯定社会范式的第三处缺陷在于,涂尔干和他的追随者们将主宰个人的思想、意愿和行动的决定权交予到了社会及其下设的机构手中,由此使得这一决定权从思考着的、计划着的和行动着的人格手中脱离。如果把涂尔干及其追随者们所持有的这种思想解释为剥夺主体的人格,使主体不再拥有任何思考、计划和行动的可能,这无疑是对涂尔干思想的简化,甚至是歪曲;但是,有一个疑问却不得不提,那就是,既然道德的权威脱离了个人,被移交到社会手中,会不会相应地只按照顺不顺从、合不合法的标准来评判个人的思想、意愿和行动呢?会不会继而导致人类世界真正人性的东西,即行动的道德,遭到无视呢?而行动的道德正是康德区分合法性与道德性的关键所在:衡量我的行为的标准是外在于我还是内在于我,裁决我的行为的权力是于我身外存在,还是掌控在我自己手中。无论如何,社会这个裁判只能判决我的行为是否符合积极的规范,至于我的良知允许我或者禁止我做什么,社会根本无力裁决。

如果想要在教育上找一个示例说明合法性与道德性之间的对立关系,可以回想一下马卡连柯(Makarenko)以及他的集体教育理念。马卡连柯认为,实施教育的主体无疑就是集体,而教育的总体目标就是，个体必须服从集体："服从自身所处的小集体以及整个苏维埃社会的大集体。"①服从集体并不一定要消灭个性，而可能只需要骗取个体交出自己的主体性。在此方面，马卡连柯使用了和卢梭一样的伎俩。在《爱弥儿》中，卢梭在其虚晃的掩饰下其实承认，他的教育的奥秘就是让儿童自己想要去做他应该做的事情。与之相应，马卡连柯也认为，"针对个人最实际的教育形态就是，将个人固定于集体之中，并且让个人相信，自己是主动自愿地置身于集体中的。"②一旦人将社会的角色期望内化，并在自己和社会角色之间画上等号，人就不再会意识到自己行为的角色成分，也不会与自己本身产生疏远的感觉。对于这样一种"社会化"的结果，我们只能称之为，是内化了的社会裁决权取代了人格的自主权。就此，时而被吹捧为教育经典大家的马卡连柯，在上一处引文的几行之外做出了一段颇具代表性的阐述。他说，教育家永远不可能成为宣示教育法则的教育预言者，因为"这些法则全部来源于苏维埃联盟的生活，特别来源于我们的集体生活，它们本就具有很强的信服力，无需我们对其多作解释"③。

---

① 马卡连柯：《我的教育观点》(*Meine pädagogischen Ansichten*)，出自《马卡连柯全集》(*Werke*)第五卷，德译版柏林1961年，第296页。
② 马卡连柯：《教育者的无奈》(*Pädagogen zucken die Achseln*)，出自《马卡连柯选集》(*Gesammelte Werke*)玛堡版第七卷《1932—1936年间短文集》(*Kleinere Veröffentlichungen 1932—1936*)，拉文斯堡，1976年，第40页。
③ 马卡连柯：《教育者的无奈》(*Pädagogen zucken die Achseln*)，出自《马卡连柯选集》(*Gesammelte Werke*)玛堡版第七卷《1932—1936年间短文集》(*Kleinere Veröffentlichungen 1932—1936*)，拉文斯堡，1976年，第412页。

第五篇

教育作为实践或者：
人格的教育

前面两篇,我们回顾了近代的科学的教育探讨的两大范式。尽管未能对这两种范式作出完整的论述,但是起码证实了一点,而这一点仅从我们赋予两种范式的名称就可以隐约猜测到:一种范式对一个方面越是批判,对另一个方面就越是肯定。如其名称展现的那样:肯定自然批判社会的范式认为,社会的、文明的发展会给人类带来危险和威胁,因此意图保护人类,使其不被仓促地交付给社会和文明,并且,这一范式坚决反对把人的教育看成是社会的产物;然而,其同时又完全盲目地信任人的天性,认为天性为善,因而只有天性适合为人的教育确立准绳和标准。与之相对,批判自然肯定社会的范式根本不信任人的天性,因而极力避免自己陷入任何个人主义的风险。这一范式宁愿把个人看成一种原料,将其交由社会化的过程尽情打磨并加工成社会可用的人。在这一范式的基本信念中,人的教育永远不可能是自然的产物;同时,这一范式又对社会表现出虔诚的信赖(有时这种信赖虔诚得让人动容),其判定社会拥有确立教育标准和教育参照点的权威,并在最大程度上把人的教育等同于人的社会化。

通过这些论述我们看到,那个贯穿于我们思考中的、把教育视为创制的观念几乎无可避免地徘徊在自然主义以及社会主义[①]的两大漩涡之间。一个是从人的天性当中得出规范,再由教育以创制的方式去培养这些规范;另一个是从社会当中得出规范和准则,再教人习得这些准则,从而使人从前社会的自然体及本能体转变为社会中有用的成员。当扬起创制之帆的教育之舟不是因触碰自然主义的礁石粉身碎骨,就是因陷入社会主义的漩涡

---

① 只要读者加以审慎思考,就不难发现:这里所说的社会主义概念只是自然主义的对立面,它不是狭义的政治、意识形态上的意义,而是宽泛地包含所有认为社会优越于人格的观点。

无法自拔时，人们只能如看上去应做的那样，改换一个能让教育之舟径直通过海峡的船帆。而这一船帆——这样称呼是为了继续保持形象化的说法——就是实践之帆。现在，我们在本书最后一章要探讨的问题就是：相比于从创制和技术的角度探究教育（无论这些探究属于哪种范式），是不是把教育理解为实践更能契合人的人格，更能契合人格组成的共同生活，以及教育关系这种对话的、人格之间的关系呢？

对于我们而言，探讨这一问题最大的兴趣点并不在于，我们的思考有多"顺应时代"①，有多符合主流的思潮，这一点是显而易见的；我们的指导标准只有一个，那就是，这种以实践为自身理解的教育和教育学是否契合人的人格；至于从科学社会学和科学政治学的角度看，这种教育和教育学需要顾及什么前提条件，我们暂且可以不予考虑。我们将要探讨的这个问题意味着，接下来我们所做的思考将会让我们最终超越本书出发的起点，即那个早已遭到康德讽刺②的、理论和实践的粗暴二分法。我们也将通过接下来的思考认识到，"实践不应只是理论的影子，它也应当拥有自己现身，甚至在理论之前现身的权利"③。

自然的产物、社会的产物、自我的产物

如果我们首先回顾一下教育学的历史，且不认为那些思想已经暗

---

① 此处参见博姆（Winfried Böhm）：《一种与时代不符的教育学的时代特性》（*Das Zeitgemäße einer unzeitgemäßen Pädagogik*），出自《人格教育学之构想》（*Entwürfe zu einer Pädagogik der Person*），巴特海尔布伦，1997 年，第 207—223 页。
② 参见康德：《论格言：理论上正确的不一定适用于实践》（*Über den Gemeinspruch: Das mag in der Theorie richtig sein, taugt aber nicht für die Praxis*），出自《康德著作全集》科学院版第八卷，第 273—314 页。
③ 根茨（Friedrich Gentz）：《对于康德就理论和实践关系的理性思考的补充》（*Nachtrag zu dem Raisonnement des Herrn Professor Kant über das Verhältnis von Theorie und Praxis*），出自《论理论和实践》（*Über Theorie und Praxis*），法兰克福，1967 年，第 91 页。

淡过时,不认为回顾那些思想是偏离我们的主题、甚至是与主题无关的做法,而是觉得这样做能让我们有所启发,能让我们批判地审视那些似乎"顺应时代"的教育观点并对它们作出必要的修正,那么,我们就能理解为什么最后一章要在开篇就提及裴斯泰洛齐(Johan Heinrich Pestalozzi)的思想了。而要理解裴斯泰洛齐的教育人类学,就必须把人的教育区分为自然的产物、社会的产物以及自我的产物。

在前面的思考中,我们把人区分为自然的产物和社会的产物来看待,裴斯泰洛齐对人的理解恰好可以帮助我们从另一种视角出发,即把人作为自我的产物,重新总结我们前面的思考。如此以裴斯泰洛奇的思想为指导进行总结概括,并不意味着只有视人为自我的产物才是正确的,其他两种视角都不正确,应当被排斥在外。相反,裴斯泰洛奇的思想恰恰可以表明,人不应当在概念上被区分成三个部分,甚至也不可能被区分成三个部分;三种视角只是从不同的角度对个体的人做出各自的观察。①

当人是自然的产物时,人就是必然规律生成的一种结果。作为这样一种结果,"我受自然的掌控,不知晓我自己创造的环境,仿佛我生活在天真的动物状态下。因为自然万能的法则,我只会追逐感官上的享受,如同鹰爱腐肉、猪爱水洼、牛爱牧场、羊爱岩石、兔爱灌木一样"。当人是社会的产物时,我就是"从阿尔卑斯山峰流入溪流的一滴水",一个在环境的变化和驱动中"微不足道的存在","我时而闪耀在金色的日光下,时而流淌在昏暗的洞穴中,时而徜徉在清澈的湖泊里,时而停歇在泥泞的沼泽中,然后又从沼泽和湖泊落入到涌动的河水里,潜游在水浪的拍打中,这些水浪时而清澈,时而浑浊,时而潺缓,时而湍

---

① 以下内容请参见博姆(Winfried Böhm)、施福拜恩(Ernesto Schiefelbein)、赛西特(Sabine Seichter):《教育的工程——一本可用于教学和学习的书》(*Projekt Erziehung: Ein Lehr-und Lernbuch*),帕德博恩第二版,2010年,第5章。

急,时而流经纯净之域,时而淌过淤臭之所,时而游移在阴森的河岸间,直至汇入死亡的永恒海域,最后干涸消逝"①。如果说在前一种情况下是天性在驱使着我,那么在后一种情况下就是社会的浪潮在推动着我。对此,裴斯泰洛齐提出的疑问是:"当我自身如此渺小卑微时,我还会,或者我还有必要时而为了我的生活②,时而又为了我的王国牺牲我的人性吗?"③

当我是自我的产物时,我就赢得了立足、自我的立足。这是因为,作为自我的产物,"我将自己刻入自己本身,成就了一个恒定的作品——没有哪股浪潮能将我从我这块岩石上卷走,没有任何时间能够冲刷我作为道德存在于我自身完成的这个作品的痕迹"。当我"借助自我良知的力量"认识到"我那动物的本性和社会的外壳之中的不合理之处",当我明白"我不可能像动物一样在力量和欲望之间守住平衡","我的自私与善心本质上不可能和谐地共处于社会人身上"④,这时,我就会把自己升华为自我的产物。在自然的和社会的状态下,我处于极度的不安定和不和谐之中,只有通过德性,我才能将自己解救出来;而德性在个体身上"最为密切地与个体的动物本性及社会关系联系在一起",并且德性在本质上"完全基于我的自由意志"。因此,只有德性才能让我与自己成为一体,让我立足于自我本身,让我消除那

---

① 裴斯泰洛奇著/施坦泽(Arnold Stenzel)编:《我对人类发展中自然进程的追踪考察》(*Meine Nachforschungen über den Gang der Natur in der Entwicklung des Menschengeschlechts*)(1797),巴特海尔布伦第二版,1968年,第97—98页。
② 本书原文使用 Fürfell(围裙古老的叫法)一词,暗指自然天性驱动下的本能生活。——译者注
③ 裴斯泰洛奇著/施坦泽(Arnold Stenzel)编:《我对人类发展中自然进程的追踪考察》(*Meine Nachforschungen über den Gang der Natur in der Entwicklung des Menschengeschlechts*)(1797),巴特海尔布伦第二版,1968年,第132页。
④ 裴斯泰洛奇著/施坦泽(Arnold Stenzel)编:《我对人类发展中自然进程的追踪考察》(*Meine Nachforschungen über den Gang der Natur in der Entwicklung des Menschengeschlechts*)(1797),巴特海尔布伦第二版,1968年,第98—99页。

些貌似存在于我的本性之中的矛盾。①

由于我的"自然"本性的矛盾及我的社会"天性"的矛盾很难消除——即使在道德的状态下,我依然是自然的个体和社会的角色扮演者——因此,迈向高尚的德性并不意味着我就跃上了一个更高的平台,从此我能稳居这一平台,骄傲、自豪、自鸣得意地如从塔顶一样俯视下方。裴斯泰洛齐在提及这一道德的飞跃时清楚地意识到,这种飞跃并不会将人引向一种持久的状态,相反,人随时都可能在这一飞跃后重新堕入动物的本性或者利己的私欲。作为自我的产物,我不是一幢一次就永久建成、此后便能经受本能欲望及贪婪私欲的肆意侵袭屹立不倒的大厦。与之相对,我只能把自己看成一个不知疲倦辛苦劳作的建筑师,这个建筑师必须不断在自我身上筑建新的高墙来抵御那些力量的侵袭。

在席勒的《审美教育书简》中,我们也可以找到关于"自然主义"观察人的视角及"社会主义"观察人的视角的不足之处的重要说明。席勒在第四封书信中写道,人可能在两种方式下与自我构成矛盾,"要么当他是感情控制原则的野蛮人,要么当他是原则破灭感情的蛮人。野蛮人轻蔑人造工艺,认为自然是主宰自己的无上统治者;蛮人嘲笑和侮蔑自然。然而相比野蛮人,蛮人更应遭到鄙夷,因为他们往往更进一步,沦为奴隶的奴隶。有教养的人把自然视作自己的朋友,他们尊重自然的自由,而尊重的方式就是只对自然的专横加以约束。"②这种把人区分为野蛮人、蛮人和有教养之人的做法在教育上具有重大的意义,也最为贴近裴斯泰洛齐人类学中的三大视角。

---

① 裴斯泰洛奇著/施坦泽(Arnold Stenzel)编:《我对人类发展中自然进程的追踪考察》(*Meine Nachforschungen über den Gang der Natur in der Entwicklung des Menschengeschlechts*)(1797),巴特海尔布伦第二版,1968 年,第 131 页。
② 席勒著/莱布勒(Albert Reble)编:《审美教育书简》(*Briefe über die ästhetische Erziehung des Menschen*)(1975),巴特海尔布伦,1960 年,第 11—12 页。

当人被理解为"野蛮人"时,其依据的基本信念是,人的行动由人的自发力量引起和操控,譬如情欲的感觉、私利的追逐、同情的好感等。人的形成被设想为一个发展的过程,引发和操控这一过程的是"自然的"需求、倾向、本能及兴趣。与之相对,当人被理解为"蛮人"时,人只服从所谓的客观的要求,盲目且顺从地臣服于这些要求并适应它们。正如席勒在第五封书信中所写的那样,对于此时的人而言,"隐忍顺从的准则就是生活的最高智慧"。

与前面两种人不同,教养之人在其教育思想中丝毫不否认,人的行动建立在自然的以及社会的前提条件上;但是,教养之人的出发点是,人既不由天性也不由社会所决定,即一次成型地确定好。相反,人自己书写自己的历史,人的人格面对自我的良知做出负责任的行动,也就是说,人的行动的根基承载于自己身上,即承载于自己的理性和自由中。在这样一种教育思想中,人不再是由自然或由社会外在决定的客体,而是自主构建自我本身的主体,因而也是自我的产物。

需要再次强调的是,这里提及人是"自我的产物",并不意味着我们愚蠢到想要无视一个事实,即每个人实际都一直生活在社会的关联中,不仅受到社会因素的影响,也受到自然因素的影响;只不过,自然的因素和社会的因素都不能将人确立下来。在人格主义教育学眼中,能够决定人的行动的是人自己的人格所拥有的良知,当事人必须自己实施人格的教化,这同时也是人格教育的目标。当然,总有人有时候希望摆脱自由的决定所带来的重负,他有可能生活混沌,不去考虑自由的决定是人独有的状态,也有可能把自主决定的重担转交给他人,或是依附于某些规范和准则,希望它们在自己不能稳步直立行走时提供拐杖一样的支撑。这就是未成年人与成年人之间的不同之处:未成年人希望逃脱选择和决定的义务,而这种义务中恰恰蕴含着他的全部自由;要么,他就任凭本能、爱好和需求,任凭主观的喜恶以及即时的兴致和情绪肆意地摆布自己的行为,要么,他就选择追随那些向他允诺加入蚁群①(如今多称为"集体")可以安然无忧的人。与之相对,成年人主动面对生活的境况,努力对之作出适切的认知,然后权衡不同的行动可能并对之加以检验,再做出有充分依据的决定,并把这一决定与指导其生活的理念联系起来。此外,成年人还将这一决定投射到自己的未来当中,无论多少艰难险阻也依然遵循自己的计划去实施行动。

个体、角色扮演者、人格

如果我们把这个必须不断由人自己制造的产物,或者也可以说是人的道德个性叫做人格②,并将之与自然的个体、与社会的角色扮演者区分开来,那么可以看到:个体、角色扮演者、人格之间的本质区别在于,前面两种情况下的我作为人是被决定好的(要么是在天性的驱使下,要么是在社会关系的推动下),而后一种情况下的我却是我自己确立的。自然让我成为了我这个个体,社会使我成为了角色的扮演者,作为人格的我构建和发展了我自己;前两种情况中,我是必然规律的产物或者社会关系的产品,后一种情况中,我是自己的自由及自己的选择和决定的结果。前面两种情况中,我的历史由自然或者社会编写,后面一种情况中,我在真正意义上成为了自己历史的书写者。个体性与角色性是降临到我头上的,也就是说,我的个体天性不是由我自己创造出来的,我在其中扮演角色的社会剧本也不是由我自己撰写

---

① 蚁群的比喻并非凭空捏造,而是起源于蒙台梭利对一种完善的社会结构的设想。参见福克斯(Birgitta Fuchs):《蒙台梭利的教育肖像》(*Maria Montessori. Ein pädagogisches Proträt*),魏茵海姆,2003 年,第 119 及后续几页。
② 此处参见索埃塔德(Michel Soëtard):《人格作为秉性与使命》(*Person als Gabe und Aufgabe*),出自艾克曼(Walter Eykmann)和博姆(Winfried Böhm)编:《人格是政治和教育的标准》(*Person als Maß von Politik und Pädagogik*),乌尔兹堡,2006 年,第 115—122 页。

的。与之相对，我的使命却是由我的人格自己指明的。这一使命就是，通过自己自由的、理性的选择决定自己应当成为什么样的人，并且不断重新调整这一决定，然后根据自己的天性禀赋及自己所处的社会情况，把自己构建成这样一种人。

对于这一基本的人格思想，施莱尔马赫（Friedrich Schleiermacher）用几乎无人能及的精炼语言作出了表述，他在自己的著作——《独白》（Manologen）的第二篇中写道："哪怕只做一次自由的抉择，也是为人的一种表现；只要一次自由的抉择，就可守住人的人性；失去人性，就等于从未有过人性。"[1]

通过上面的思考，我们可以区分出人的教育的真正基础是什么，以及限制教育的各种不同条件是什么，这种区分对于人格导向的教育学有着根本的意义。

要想让人成为自我的产物，升华自己获得德性，我们必须始终明白，这一点最终只能在人格自决的过程中实现，而这一自决过程又受各种事实条件的限制。这些既定条件包括历史性的和经济政治性的，也包括自然的生物天性和社会的影响。也就是说，人总是在具体的条件下、因时因地地决定自我，总是受自己天性的多种影响以及受社会期待的多样限制，这一点是不容否认的。

由此衍生出另一个问题：为什么人的人格受限于如此之多的条件（甚至可以说只在这些条件的范围内，从未跳跃出去），依然能够对自我做出决定呢？这一问题的答案是：因为人就是人格，所以从原则上讲，人就是自我教化的基础。虽然人总是囿于既定条件而局限在一定的决策空间内，但是，人从来都不由这些条件所决定，也就是说，这些条件不能将人一次成型地固定下来。因此，当我们把教化及教育的原

---

[1] 布劳恩（Otto Braun）与鲍尔（D. Joh. Bauer）编：《施莱尔马赫作品集》（*Schleiermachers Werke*）第四卷，莱比锡，1911年，第418页。

则和基础固定在人的人格中时,我们并不是在进行理想主义的空想。真正低劣的理想主义的自我欺骗只会在一种情况下发生,那就是,无视限制人格自决的条件,臆想自己能够完全撇弃它们,废除它们。

综上所述,无论人被看作野蛮人及自然的产物,还是被看作蛮人和社会的产物,这些视角都只看到了身处条件限制下的人,也就是说,它们都没有把人当成人格来看待。由此,这些视角未能认识到教化真正的基础是什么。这一基础正是人格。人格是一个枢纽,它能协调限制自己的全部条件。鉴于这一点,人格同样也是教育和教育学真正的基础。

人格主义的贡献

人格主义是 20 世纪 30 年代初在巴黎兴起的一场文化批判运动,其最先指明了作为自我原则的人格与事实条件限制下的人之间的重要区别以及这一区别的全部影响。基于这一点,穆尼埃[①]在 1936 年发表《人格主义宣言》,首次尝试概括该运动的特性时,对人格主义作出了如下表述:"在我们的理解中,任何将人的人格置于限定人格发展的物质需求和社会要求之上的学说和文化,都叫做人格主义。任何在当今致力于寻找一条超越法西斯主义、共产主义和衰败的资本主义的道路的共同努力,都被我们归为人格主义的理念"[②]。人格主义从未将自己单纯地理解为一种世界观,或者一种意识形态,相反,人格主义严格意义上应是多样的,这一点穆尼埃也曾明确讲过[③]。尽管如

[①] Emmanuel Mounier(1905—1950),法国哲学家、新闻工作者、人格主义的代表。——译者注
[②] 穆尼埃:《人格主义宣言》(*Das personalistische Manifest*)(1936),苏黎世,年代不详,第 7 页。
[③] 穆尼埃:《人格主义宣言》(*Das personalistische Manifest*)(1936),苏黎世,年代不详,第 7—8 页。此处主要参阅德艾(Giuseppe Flores d'Arcais)编:《人格主义教育学或人格的教育》(*Pedagogie personalistiche e/o Pedagogia della persona*),布雷西亚,1994 年。

此,各种人格主义都是在挑战一种以"反形而上学"的方式观察人的做法,挑战的方式就是,"应形而上学的呼唤做形而上学的回答",谋求建立"以形而上学为导向的人类文明和文化"①。这种关于人格的形而上学论并非建立在以亚里士多德为传统的存在形而上学论之上,而是继承了奥古斯丁创立的自由形而上学论②的传统,这一点显而易见③。

作为一种文化批判的运动,人格主义形成的动机多半来源于政治和经济而非教育,但它无疑从一开始就对推动教育形成了一股强烈的动力——这一点和存在哲学有相通之处。这一动力毫无例外地体现在人格主义所有的精神"之父"身上,他们不仅投身社会教育性的活动,而且明确地把教化理论作为自己人类学和哲学思想的固有部分。这些精神"之父"的代表有穆尼埃、马里顿(Jacques Maritain)、别尔佳耶夫(Nikolai Berdiajew)、马塞尔(Gabriel Marcel)、兰茨贝格(Paul-Ludwig Landsberg)、利科(Paul Ricoeur)等。但是,要谈一种真正意义上的、以这场法语地区的文化批判运动为根基的人格主义的教育学,郭蒂尼(Romano Guardini)的思想④才可算得上是初始的萌

---

① 穆尼埃:引文出自《人格主义宣言》(*Das personalistische Manifest*)(1936),苏黎世,年代不详,第12—13页。
② 此处参见科布什(Theo Kobusch):《人格的发现——自由形而上学论与现代性的人类图像》(*Die Entdeckung der Person: Metaphysik der Freiheit und modernes Menschenbild*),弗莱堡,1993年。也可参见博姆(Winfried Böhm):《奥古斯丁》(*Aurelius Augustinus*),出自孟泽(Clemens Menze)等编:《人类图像》(*Menschenbilder*),法兰克福,1993年,第29—45页。
③ 此处主要参见施戴范尼尼(Luigi Stefanini):《社会人格主义》(*Personalismo sociale*),罗马1952年,第二版1979年,以及同一作者:《人格的理论》(*Theorie der Person*),出自《教育展望》(*Rassegna di Pedagogia*),1981(39),第65—82页。也可参见德艾(Giuseppe Flores d'Arcais)编:《施戴范尼尼纪念文集》(*Scritti in onore di Luigi Stefanini*),帕多瓦,1960年。
④ 此处参见海纳尔(Günter Henner):《郭蒂尼思想中的教育学》(*Die Pädagogik im Denken Romano Guardinis*),帕德博恩,1990年。

芽，而卡特尔法莫①、德艾②以及两者弟子的学说才可真正配得上这一称号。本书作者就受到了他们人格主义的影响③，这一点无需特地说明，细心的读者一定已经发现了。

由于本书仅对教育作出思考，不可能着力描绘人格主义错综复杂的发展历史，因此，我只用几笔加以勾勒，并主要突出其中两个能给我们的思考带来启发的重要观点④。

首先，当我们用概念粗略地定义我们对人格的理解时，我们会发现穆尼埃是这样表述的："人格拥有的自由就是，自己探索自己的使命，并且自由地运用手段去实现这一使命。这种自由的目的不是让人克制自己，而是让人学会负责"⑤。对于穆尼埃而言，人的人格的突出

---

① 此处参见卡特尔法莫：《意识形态与教育》(*Ideologie und Erziehung*)，德译版乌尔兹堡，1984 年；《人格主义教育学》(*Personalismo pedagogico*)，罗马，1957 年及其他多版；《没有教条的人格主义》(*Personalismo senza dogmi*)，罗马，1972 年；《希望教育学的基础》(*Fondamenti di una pedagogia della speranza*)，布雷西亚，1986 年；以及卡特尔法莫用德语发表的文章《历史上的人格主义及其人格主义的教育学》(*Der historische Personalismus und seine Pädagogik*)，出自《教育展望》(*Rassegna di Pedagogia/Pädagogische Umschau*)，1981(39)，第 3—16 页。
② 此处主要参见德艾丰富作品当中的如下几本：《教育讨论基础的初步探讨》(*Preliminari di'una fondazione del discorso pedagogico*)，帕多瓦，1972 年；《教育讨论的伦理前提》(*Premessa deontologica del discorso pedagogico*)，帕多瓦，1975 年；《教育学的视野》(*Orizzonti della Pedagogia*)，比萨，1989 年；《人格主义教育学的贡献》(*Contributi ad una Pedagogia della Persona*)，比萨，1993 年；以及德艾用德语发表的文章《人格的教育》(*Die Erziehung der Person*)，斯图加特，1991 年。
③ 参见博姆：《"我的"人格主义》(*Il „mio" personalismo*)，出自德艾编：《人格主义教育学或人格的教育》(*Pedagogie personalistiche e/o Pedagogia della persona*)，布雷西亚，1994 年，第 55—62 页。也可参见博姆的自我简介《我在当代文化语境下的教育学》(*La mia pedagogia nell'attuale contesto culturale*)，出自《教育与生活》(*Pedagogia e vita*)，2000 年第 1 期，第 12—35 页。
④ 瓦尔特劳德·哈特-彼得(Waltraud Harth-Peter)就教育学中的人格主义思想写过一篇很好的导读——《现代人格主义光芒之下的宗教和教育》(*Religion und Bildung in Lichte des modernen Personalismus*)，出自海特格尔(Marian Heitger)与温格尔(Angelika Wenger)编：《布道坛和讲台》(*Kanzel und Katheder*)，帕德博恩，1994 年，第 513—551 页。
⑤ 穆尼埃：引文出自《人格主义宣言》(*Das personalistische Manifest*)(1936)，苏黎世，年代不详，第 90 页。

特点首先体现在,人格是拥有一份使命的。这句话有两重含义:一方面,每个人一直都是人格;另一方面,每个人都必须自己去发现这份唯一的、不可重复的使命,并且通过自由创造性的选择及决定去实现这一使命,也就是说,每个人也都应该成长为人格。但是,我们不可以用唯我论的方式去解释这种成长的过程,因为这种成长永远不可能在个体人格的内在隔绝中得到实现,相反,我们必须把这种成长放在具体的条件下来看待,正是这些条件促使人学会负责任。因此,当人格忠诚地①将自己与人们的人格共同体联系在一起时,它只能以自由的行动构建自己,但这同时也意味着,人格始终是"身处情境下的存在"②,这种存在永远不可能仅限于精神的层面。相反,它是一种"寄身于肉体的精神性"③,是一种"肉身人格"④。

由此,人格的另一个特性也清晰地显现了出来。在第一个特点中,人格拥有一份必须通过自由的选择和决定才能实现的使命,人格也在原则上具有和同伴的人格共同相处的能力。除去这个特点,人格还在具体的条件限制下通过行动试图对自己面临的情境作出回应,以此依靠自我的力量来决定自我。鉴于上述两大特性,有待人格自由地去实现的使命、人格的共同体以及人格自我负责任的行动构成了人格本质的三大核心标志。相比之下,那些生理心理的天性以及社会的要求,即人格所面对的限制条件,只能退居其次,这一点应该不难理解;

---

① 关于忠诚的问题主要参见马塞尔(Gabriel Marcel):《形而上学日记》(*Journal metaphysique*),巴黎,1927 年,德译版维也纳,1955 年。
② 马塞尔(Gabriel Marcel):《关于情境中的存在的现象学解释》(*Phänomenologische Bemerkungen über das Sein in der Situation*),出自格罗泽(Peter Grotzer)与佛尔茨(Siegfried Foelz)编:《马塞尔作品选集》第三卷,帕德博恩,1992 年,第 72—89 页。
③ 穆尼埃:引文出自《人格主义宣言》(*Das personalistische Manifest*)(1936),苏黎世,年代不详,第 13 页。
④ 此处详细参见兰茨贝格:《行动的意义》(*Le sens de l'action*),出自兰茨贝格:《人格主义的问题》(*Problèmes du personnalisme*),巴黎,1952 年,尤其参见第 108 及后续几页。

此外,以人格为导向的教育学也不能把自己简单地理解为技术性的"教育科学",而是应当以人的人格的自由、自主为出发点展开讨论,如果它还想抓住人的教化和教育的基础。关于这一点,我们将会在下面的思考中展开论述。

但是在此之前,我们有必要引出第二个关于人格的观点,并对其加以思考。当我们看到人格的本质体现在每一个使命不可替代的唯一性中,我们就会明白,为什么人永远不可能完全成为因果分析科学的对象,为什么永远不可能用精确的、经过严格科学验证的应用指令和行为指令来指挥人具体的、自我负责任的行动。知晓这些并不意味着我们应当以非理性的方式将人格神秘化;因为如果这样,我们不仅不能对人格有所了解,也不能创造出以人格为核心的科学的教育学。人格被神秘化可能会导致如下的后果:要么人格被放逐到纯粹的意念和信仰的范畴,要么人格被贬低到主观感受的狭小领域,这两种理解都会进一步滋长教育学中技术性的科学理解。对于这样的后果,人格主义反复做出过抵制①。当人们用因果分析的、科学的方式来观察人时,人只是被当作一个客体看待。与之相对,人格主义最重要的出发点就是人的"内在体验"②,即人格直接的自我意识。人格用语言表述出它对自己的理解,由此就将自己的主体性表达了出来,并通过与同伴人格的相互对话就自己提出的关于人的本质的理解作出讨论。这里所说的主体性不是指人的主观感受,而是指人格自身的主体存在。

---

① 此处参见郭蒂尼最具代表性的文章《论人格之下的社会科学与秩序》(*Über Sozialwissenschaft und Ordnung unter Personen*),出自郭蒂尼:《基督教作出的区分》(*Unterscheidung des Christlichen*),美因茨,1963 年,第 34—63 页。此处也可参见海纳尔:《郭蒂尼思想中的教育学》,帕德博恩,1990 年,尤其参见第 114 及后续几页。
② 关于内在体验这一基本概念首先参见兰茨贝格:《哲学人类学导引》(*Einführung in die Philosophische Anthropologie*),法兰克福第二版,1960 年,尤其参见第 169 及后续几页;以及兰茨贝格关于内在世界认知理论所做的评注,出自《哲学杂志》(*Tijdschrift voor Filosofie*),1939(1),第 363—376 页。

正是作为这样一种存在,人格通过自我负责的选择和理性的决定实现了自己本身。自由、语言、理智,总而言之,人格的自身力量以及自我责任性的一切现实表现,即人类主体所有行动的真正基础,很难在解剖学家的手术刀下①被发现出来,也不像泥炭那样能够从感觉的沼泽地中被挖掘出来。然而,这些现实表现需要被指明,只有这样,它们才能得到人们恰当的理解。

人就是人格

当我们把人视作人格时,必须首先确定人格是人的本质属性。人格不是这个人或那个人身上的一个偶然特征,不是那种在一个人身上可能存在、在另一个人身上可能不存在的特性。相反,人一直就是人格,人不可以"习得"他的人格,或者在生命的某个时刻才获得人格,人格也不可能被教授或者配送给人。人可以借助自己人格的力量决定一切,也可以生活得好像没有人格一样。他可以做出比动物还要动物的行为,远远倒退到人性的水平之下,也可以像上帝一样行动着,以世界主人的虚假身份自居,然后毫无顾忌、肆意妄为地与他人及地球相处。在这两种情况中,人都可能会否认人格的存在,但他永远不可能摆脱人格,因为就连否认人格存在的这种决定能力,也基于人格存在的先决条件之上。由此,人格是人身上必备的本质属性,人不可以按照自己的判断随意支配人格,因为人本身就是人格。

但是,人格作为人的必备本质属性,不只是一个单纯的一般概念,不可以把个人作为其属性之下的任意一员归于这一概念,否则就会意味着,只要把人归于人格这个上位概念,就能依据人格把人充分

---

① 这一表述讽刺性地影射了著名外科医生魏尔肖的说法。据称,他在临终时曾经说过,虽然在上千个病人身上做过手术,但他的手术刀没有一次碰触过病人的灵魂。

地确定下来。① 相反,人格这一本质属性存在于每个人,也就是每个个体的人身上,因此,每个人(最终的)的基础其实都承载在自己身上。不能因为把人视作整体的某个部分或一般的某个个例,就必须根据人的这一本质属性无视个人具体的人格,并最终与黑格尔所说的"个体人格的痛苦"②相应牺牲和处死个人具体的人格;与之相对,更加确切的做法是把个体的人视作"一种独一无二不可替代的、实现人的理念的质性形态"。③ 因此,准确地说,人格就是"人的本质属性在每个个体身上的重复发生"④。这样看来,人格不仅是一般的,因为它存在于所有人身上;同时,人格也在严格意义上是个人的,因为它存在于每个人身上。

正因为每个人都是人这一理念独一无二的、人格化的实现形态,所以,人格绝不可能只是一个抽象的概念,一种单纯规范性的理念。这样一种理念只能在想象中存在,因为人格所涉及的是人自身的真实本性。我们理解的人格绝不等同于自我意识这样的纯粹事实,因为并非我思故我在,而是我在故我思。人格完全不是那种单纯在某一时刻显现出来的自我,相反,它贯穿存在于人的整个生命之中。因此,人格不仅仅意味着独立的自我本体,更意味着稳定的自我整体。⑤ "人的一

---

① 这一事实导致亚里士多德的存在形而上学论出现许多问题,由此,托马斯·冯·阿奎那对亚里士多德的观点——关于个体的科学是不可能存在的——,做出了如下补充:"个体不属于艺术的考虑范围。";"个体是以物种为目的存在的。"
② 黑格尔在其《精神现象学》的结束部分提到了绝对精神的最高境界。在这一境界中,个体的"精神"必须被牺牲和处死,因为它们对于绝对精神的自我实现而言,充其量只能算作实现的手段。
③ 兰茨贝格:《哲学人类学导引》(*Einführung in die Philosophische Anthropologie*),法兰克福第二版,1960 年,第 70 页。
④ 此处参见施拉德(Wiebke Schrader)的深刻论述:《探究个体的紧迫性》(*Die Dringlichkeit der Frage nach dem Individuum*),出自施拉德编:《哲学展望》(*Perspektiven der Philosophie*)第八卷,1982 年,第 29—100 页。
⑤ 此处参见奎勒斯(Ismael Quiles):《哲学人类学:存在本质和内在特征》(*Antropologia filosofica in-sistencial*),布宜诺斯艾利斯,1978 年。

切内在皆为一体,每次行动都只是对其他行动的补充,也都包含着其他行动。因此,我眼中的自我形象大大超越了那个在特定结果和特定界限下显现出来的有限自我。我无法正确看待自己任何一次单独抽离出来的行动,也不能说某次单独的行动就是一个整体的行为。对我而言,每一个举止都体现出我的全部本性,没有什么是孤立的,每一次活动都伴随着其他活动的发生;这种审视是没有界限的,为了能够延续下去,它必须始终处于未完成的状态。要想获悉自我的全部本性,我就不得不省视人的人性,并将我在人类王国中的位置和地位确定下来;而谁又能够在思考人性时不迷失自我,陷入到纯粹精神的深广领域及其本质当中呢?"[①]

在教育的视角下,这意味着如同前面所讲的那样,儿童不是经由教育者才成为人格的;儿童从一开始就必须被视为人格,并和其他任何人一样获得同样的尊严。总之,儿童的人格不能由外在随意添加,儿童的人格尊严也不应是争辩之后赢得的约定结果。[②]

现在我们可以说,每个人依据其自然本性都是真实的人格存在,但这仍然不是对于人的人格的充分描述。人格不是偶然的物种特性,而是人的必备本质属性;不是一般的概念,而是人这一理念唯一的、具体的实现形态;不是单纯的思想建构,而是(当然不会被错误感受的)独特现实。人格的三大核心标志可以被概括为人

[①] 施莱尔马赫:引文出自维尼格编:《教育学文集》第一卷《1826年讲演录》,杜塞尔多夫,1957年,第412页。
[②] 此处参见德艾那篇简练的文章《儿童也是人格》(Auch das Kind ist Person),出自福克斯(Birgitta Fuchs)和哈特-彼得(Waltraud Harth-Peter)编:《儿童早期教育的其他可能》(Alternativen frühkindlicher Erziehung),乌尔兹堡,1992年,第157—161页。也可参见哈特-彼得:《人格主义教育学照耀下的儿童》(Das Kind im Lichte personalistischer Pädagogik),出自《儿童——蒙台梭利教育学半年刊》(Das Kind: Halbjahrsschrift für Montessori-Pädagogik),1991年下半年,第10期,第38—53页。

格的实质①，此外必须补充的还有人格本身与其他所有本体的区别，如所有植物本体或动物本体，即我们所说的人的人格的主体性。这种主体性不是黑格尔所讲的那种"惰性主体性"，后者局限于单纯的感觉、意念，或者甚至贬义地指那些不具客观性、因而价值低下的东西。与自然科学中不同，主体在根本上指自我之中的存在，客体与主体发生相对关联。主体首先要存在于自我之中，而客体只在与主体发生关联，即依赖一个主体而获得思考时才成为客体。这种理解直到自然科学的出现才发生了根本的扭转，自然科学让我们相信客体似乎也具有独立性，因而必须在不依赖主体的条件下对客体展开观察。② 总之，当我们把人格当作主体来谈论时，我们绝不是在贬低人，恰恰相反，我们是在称颂人，因为只有人才可以作为人格充当主体。

我们可以把这种主体性理解为人的对话及反思特质，或者借用贝尔林格③所做的精确表述，将这一主体性理解为人格的三大构成，即反

---

① 前面我们解释过，人格形而上学论不可能以传统的存在形而上学论为基础。此处，我们也需要以类似方式清楚阐明，这里所讲的人格概念明显不同于自然科学上的本体概念，而是一个哲学性的本体概念。对于这样一种本体概念，我们可以引用施戴范尼尼（引文出自施戴范尼尼：《人格的理论》，第67页）的一段相关文字作出解释："除此以外，我从最内在的体验中又收获了本体这一概念，对我而言，这个概念可以表示我的存在的人格本性。之所以这样理解是因为，那种把本体理解为表层现象和非本质现象的基础的想法太过泛滥，已经受到了英美经验主义的批判和现代思想的谴责，与之相对，本体概念应该被真正理解为存在本身之中的稳定性质，这种理解在人格的存在模式中得到了不容反驳的证实，而人格的存在是我时刻都能在自己身上体验到的：正是基于人格的存在，我才能够且必须与他人，与我身边的人及所有人，尤其是与那个认可我的人格存在的人建立联系，但是，我绝不可能化为其他人存在的形态，更不可能成为上帝的存在形态。虽然我可以接受自己是由上帝的力量创造出来的，但我绝不能接受自己被视为与上帝有着相同的本性。"关于这个问题也可详细参见贝尔林格（Rudolf Berlinger）：《人的世界本性——形态创制的形而上学》（*Die Weltnatur des Menschen. Morphopoietische Metaphysik*），阿姆斯特丹，1988年；以及德艾：《人格的教育》（*Die Erziehung der Person*），德文版斯图加特，1991年。
② 关于这一划时代的转变请参见兰茨贝格：《哲学人类学导引》（*Einführung in die Philosophische Anthropologie*），法兰克福第二版，1960年，第182—186页。
③ Rudolf Berlinger（1907—1997），德国哲学家。——译者注

思性的思考、语言宣告的能力和自由行动的可能。①

　　相对于一切追求自然生长的理念,以及把自我实现模糊地理解为生理心理的发展过程的观念而言,人格必须被理解为一种具有思考力量的自我实现。② 这种自我实现不是指放任发展自我的需求,而是擅于批判性地评价这些需求。在动物那里,本能就是调控动物行为的上层机制;与动物不同,人可以通过思考和反思与其本能和倾向保持一定的距离,正是这一距离赋予人恰当的谨慎。此外,这种因思考而产生的距离还促成了幽默的形成,导致作为人格的人才是唯一会笑的生物,即一种有能力与自己保持距离并批判地审视自己的生物。③

　　但是,如果人不掌握语言,形成这一距离就是不可能的。许多依据生物特性能够在人身上确定下来的东西,都可以被视为动物性在人身上的延续和再发展。就连生命力的外在表达,譬如因饥饿或情欲发出的喊叫,也都可能是天性引发的结果。唯独语言以及通过语言完成的距离形成和决策过程,能够使人从动物性中跳跃出来,因为在这个过程中,人不单能够直接表达自己的自然状态,而且能够经过反思用客观化的句子结构来表达这些自然状态。④ 人是一种能够谈论自己、

---

① 除了前面提到的贝尔林格的作品,此处还可参见他的《哲学思考》(*Philosophisches Denken*),阿姆斯特丹,1992 年,第 175—242 页。
② 此处详细参见博姆(Winfried Böhm):《关于自我实现概念的批判反思》(*Kritische Reflexionen zum Begriff der Selbstverwirklichung*),出自贝克(Heinrich Beck)与奎勒斯(Isamil Quiles)编:《在东西方文化的碰撞下发展人的人性》(*Entwicklung zur Menschlichkeit durch Begegnung westlicher und östlicher Kultur*),法兰克福,1988 年,第 105—125 页。
③ 此处参见贝格森(Henri Bergson):《笑》(*Das Lachen*)(1940),德文版达姆施塔特,1988 年;尤其也可参见皮兰德罗(Luigi Pirandello):《幽默》(*Der Humor*),德文版明德尔海姆,1986 年;此外还有博姆(Winfried Böhm)及孔拉德(Helmut Konrad):《教育与幽默》(*Bildung und Humor*),出自《科学教育学季刊》(*Vierteljahrsschrift für wissenschaftliche Pädagogik*),1989(65),第 113—120 页。
④ 此处参见贝尔赫姆(Theodor Berhem)、博姆(Winfried Böhm)及林道尔(Martin Lindauer)编:论坛文稿集《世界奇迹——语言》(*Weltwunder Sprache*),斯图加特,2000 年。

能够解读自己本身并由此唯一能够描绘世俗行为①的生物。借助语言，人解读着自己以及周遭的世界；借助语言，人进行着世界整体的构建②并在整体中指派出自己的位置。人的语言不仅是动物渴望征服生活的本能的延续，正如实用主义语言哲学所宣扬的那样；更确切地讲，人的语言是人类意义创建的核心要素，而这种意义创建远远超越了人的一切直接"需求"。③

"自然以残酷的方式对待生命和生物，尽管这样，也正是因为这样，动物才显得纯真，这种纯真会让我们惊讶于自己的人性，惊讶于我们主宰他人和自然时对它们做出的行径。我们懂得以审慎选择的目光看待这些。这种选择中包含着距离，包含着对那些超越固定行动模式的可能情况的观望和权衡。在固定的行动模式中，动物总是受本能和性欲的驱使，针对即刻的刺激做出特定的反应。哪里有人，哪里就会形成距离，形成时间，形成时间的意义以及开放的未来，甚至还会形成对自己有限终点的感知。统治、权力、荣辱、享受、占有及成功，这些只是人们多样生活可能中的一些，它们对家庭、社会以及国家这些生活圈的秩序形成有着重要的影响，甚至往往会构成相反的作用。尽管如此，所有这些生活圈都依赖于言语的交流，依赖于利益的平衡以及以语言为基础的共同性的建构。因为语言，又因为语言具备共同性及创造出共同性，人类社会跳跃出了即时的法则，也跳跃出了个人的自我存在。"④

---

① 此处参见齐达齐尔（Herbert Zdarzil）：《教育学中的人类图像》（*Das Menschenbild der Pädagogik*），出自孔拉德（Helmut Konrad）编：《教育学与人类学》（*Pädagogik und Anthropologie*），基彭海姆，1982 年，第 152—165 页。
② 兰茨贝格：《人类和语言》（*Mensch und Sprache*），出自《德语研究杂志》（*Zeitschrift für deutsche Forschung*），巴黎，1939(1)，第 54—75 页。
③ 卢梭在其杂文《论语言的起源》（*Über den Ursprung der Sprachen*）(1759)中早就对这一点做出了很好的描述。
④ 伽达默尔（Hans-Georg Gadamer）：《人类自由的人类学基础》（*Die anthropologischen Grundlagen der Freiheit des Menschen*），科隆，1987 年，第 60—61 页。

因为人可以借助语言的反思与自我的直接倾向和本能形成距离，所以，人在语言上是不受任何自然因素限制的，并且人还能通过与自我形成距离达到这样一种状态，即基于自我自由的决定做出行动。由此，人不再像动物一样受本能的驱使。人格范畴内不存在外在的因果关系，不存在对外部感观的单纯反应，而只存在自发决定的内因。① 人格行动因而是有目的、有意图的，也是有价值指向的。

现在，让我们再来回顾一下上面陈述的内容，总结看看究竟把人视作自然的个体，视作社会的角色扮演者以及视作人格是什么含义。"自己决定你自己"，这句命令性的话语清楚地表明了人格的意义。在成为人格的使命道路外，存在着两条岔道：一条通往个体，另一条通往角色的扮演者。在通往个体的那条路上，指路导引苍白地写道："活成你本来的样子"；在迈向角色扮演者的那条路上，指路导引又要求道："活成你被期望的样子"。但是，如果我们从道路的另一头出发，就会分别由角色扮演者和个体迈上通往人格的道路。"把你自己从社会束缚中解放出来，从'普罗大众'中解放出来！"这句指示可以让角色扮演者成长为人格；"把你从你自己之中，从你自己的本能、倾向、需求和欲望中解放出来，即从你的'自我'中解放出来！"这句指示可以让个体成长为人格。总而言之，这两条通往人格的道路都可以用"活成你自己的样子"来做指引的路标。此时，我们又回到了人格提出的那个要求——"自己决定你自己"，这句话也可以被表达为："认识并履行你自己的使命"，或"成为你应该成为的样子"。

---

① 此处参见斯坦因（Edith Stein）：《人格的本体结构及其在认知理论上的问题》（*Die ontische Struktur der Person und ihre erkenntnistheoretische Problematik*），出自盖尔伯（L. Gelber）与路易文（R.Leuven）编：《斯坦因全集》（*Edith Steins Werke*）第六卷《世界与人格》（*Welt und Person*），卢万，1962 年，第 137—197 页。

人成为人格

在我们对人格的理解中,使命的想法是一个动态的因素。尽管我们可以确定,人的使命在于,通过自由的行动成长为本性所属的样子,即能够思考的、有言语能力的以及能够自由负责任地行动的人格。但是,这一使命却没有规定的内容,没有被一次性地固定下来。相反,它总是逐步地将自己显现出来。在这一过程中,它会首先提供多种多样的可能供人选择,然后,人会朝着某个特定的方向做出自己的抉择,最后,人会忠诚于自己,表露出自己的稳定个性,这种个性能够经受住环境和时间的所有变迁,成为人的人格。对于人格的这种活动,穆尼埃正是用使命这一概念来表述的:"人格真正的活动是,不断统一自我所有的行动,并借此逐步统一自我所有的个性及状态。这种统一不是系统的、抽象的统一,而是逐步地去发现一种精神性的生命原则。对于那些有悖于这一原则的表现,该原则不会去破坏它们,而是由内在出发重新塑造它们,由此对它们加以保存和完善。每个人格都具有如此富于活力和创造性的原则,我们将其称为人格的使命。人格的主要价值并不在于它是独特的,这是因为,当它赋予人独特的性格特征时,它其实也是在建立人应当普遍拥有的人性特征。但是,人格除了具有统一性外,的确也具有独特性。人格的目标以某种特定的方式存在于人格内在,这一目标就是,不停地履行人格的使命。"[①]

由此可见,因为人就是人格,所以只有人能够同时成为人格,而这一点实现的前提是,人必须愿意在现实的条件下,即在现实空间和既定时间的限制条件下,将自己真实本性的样子变成现实。因此,当我们把人作为人格来谈论时,我们其实是在关注一种动态的张力。这个张力的一端是我们本来所是的自我,另一端是使命实现后的自我,即

[①] 穆尼埃:《人格主义宣言》(*Das personalistische Manifest*)(1936),苏黎世,年代不详,第 81 页。

我们应当成为的那个自我。"我们依然会成为人格，虽然我们一直就是人格。在完成人格特殊使命的道路上，我们独一无二的、尚未完结的全部生命史的奥秘就是'人格'所关乎的内容，而这一奥秘是超越我们现在的自我的。"①

综上所述，人成为人格的方式就是，在现实中构建发展自己原本一直具有的独特的本质属性，以此在行动中证明自己是自己生命史的书写者。由此看来，人格形成需要两大重要基础，一是自我认知的能力，借助这一能力，人意识到自己具有创造性的、自我构建的力量；二是人通过构建世界对自我作出负责任的构建："人的自我认知在这里表现为对于自我的一种确立，这种确立发生在人格形成最初的存在意义上，也发生在理论和实践的相互统一中：由此形成的关于自我的认识推动着人去构建自我，而人之前的构建又会对人的自我认识产生影响。人会在自我身上体验到一个本质性的存在倾向，并进而将这一倾向变成自己整个存在的意义基础。"②如此关于人的理解早在奥古斯丁那里就已经出现，因为他早已把人视为一种现实的、处于时间和世界之中的原则，人的现实性意味着，人必须被唤醒，必须认知到自己的现实意义。这种理解在文艺复兴的哲学中获得了全面的发展，尤其以库萨的尼古拉③、皮科④和维韦斯⑤为代表。

通过构建自己，把自己规划成想要并且能够成为的那个人，通过慎重权衡选择一种行为或是拒绝另一种行为，人不仅确立了自

---

① 帕能伯格(Wolfhart Pannenberg)：《人格与主体》(*Person und Subjekt*)，出自马瓜德(Odo Marquard)与施帝勒(Karlheinz Stierle)编：《本我身份》(*Identität*)，慕尼黑，1979年，第407—422页。引文出自第412页。
② 兰茨贝格：《哲学人类学导引》(*Einführung in die Philosophische Anthropologie*)，法兰克福第二版，1960年，第65页。
③ Nikolaus Cusanus (1401—1464)，文艺复兴时期神圣罗马帝国神学家。——译者注
④ Pico della Mirandola (1463—1494)，意大利哲学家、人文主义者。——译者注
⑤ Juan Luis Vives (1493—1540)，西班牙文艺复兴时期的人文主义者。——译者注

我，赋予了自我责任，不仅就自我本身做出决定，而且也在某种程度上被"决定"了下来，因为他必定会成为自己决定有责任去成为的那种人。①

为了能够更确切地理解这种责任指的是什么，我们可以参见马塞尔(Gabriel Marcel)对忠诚现象所做的阐述。马塞尔把忠诚完全视作一种人格的现象，并将该现象置于其整个伦理学说的核心。在他的《形而上学日记》中，马塞尔向自己提出了一个简单的问题，即人为什么能够给予他人承诺。当某人向他人做出允诺，发誓对他人坚决忠诚时，这样的承诺（只要它是真正的承诺，而不是纯粹的玩笑）就不是一时萌生的愿望。赋予自我责任，或者说知道自己负有责任，这种行为明显与单纯的自我感觉不同。个体可能只因一时兴起应允一种关系；而人格承诺一种关系则具有相当的约束力，这份约束力意味着对人格本体的考验。作为人格（而非没有自我的个体或同样如此的角色扮演者），我们不得不面对许多要求，对于这些要求，我们不可能只是暂时地或假想地回应它们；这就好比，我们不可能只是"假想地"去爱人，或者只是"暂时地"生育孩子。既然如此，难道我们可以假想地和暂时地充当教育者？可以撇弃人格的责任去实施教育或教学吗？②

关于这种责成自己忠诚的行为，我们只能将之解释为一种针对人格提出的、必须由人格以绝对的责任作出回应的要求。一旦确立这种责任，人格就再也无法将它收回，除非对它作出全盘否决。因此，完全

---

① 关于这个更大的问题领域请参见里舍维斯基(Andreas Lischewski)的宏大研究《人格与教化——联系兰茨贝格在哲学人类学与教化理论范畴内所做的思考》(*Person und Bildung: Überlegungen im Grenzgebiet von Philosophischer Anthropologie und Bildungstheorie im Anschluss an Paul Ludwig Landsberg*)，共 2 册，阿姆斯特丹，1998 年。

② 此处参见塞西特(Sabine Seichter):《作为"反思活动"的教育科学》(*Erziehungswissenschaft als „réflexion engagée"*)，出自布莱克曼斯(Luc Braeckmans)编:《心灵与灵魂的老师——迈向爱与自由的教育学》(*Leraar met hart en ziel: Naar een pedagogiek van Ciefde en vrijheid*)，根特，2011 年，第 183—204 页。

不具约束力的人格行动和人格责任是不存在的。"每个行动都是人格的一次回应,没有约束力的行动不仅是狂妄放肆的,而且是高傲自大的。"①借助人格的行动,人最终完成了从自我构建到自我构建成形的过渡。这样说的原因是,人就是人格,因而人格的行动也就必须被视作人自己的行动。在历史的过程中,人首先决定自己应当成为什么样子,然后,人就成为这种样子——当然不会丧失他的人格本体,因为这是他永远无法抹去的。对于这一关联,齐格蒙德②借助纳粹刽子手阿道夫·艾希曼做出了如下令人震惊的解释:即便艾希曼可以向法官辩解,自己在身体和心理上已经变成一个"完全不同的人",但他仍然还是那个在25年前屠杀犹太人的刽子手。因此,那些由他所犯的罪行理应完全归咎在他自己头上,由他自己承担责任。③

人格和共同体

然而,如果把这种对人类人格的尊崇与唯我论混淆起来,就是完全错误的做法了。这是因为,在唯我论看来,个体的人只是一种满足自我的、类似于单体式的存在。与之相对,人格主义却一再指出,人的对话特质以及人构建人格共同体的能力是人格本身的一个决定因素:"当我们清晰地意识到,人的独特性并不意味着孤立,而是体现在他的存在对他人存在意义,我们便对"人"这个概念或具体的人做了一个明确的界定……真正的人格主义应该是一种社会团结主义。"④

---

① 马塞尔:《存在和占有》(*Sein und Haben*),德文版帕德博恩,第二版1968年,第49页。
② Georg Siegmund(1903—1989),德国天主教哲学家和神学家。——译者注
③ 此处参见阿伦特(Hannah Arendt):《艾希曼在耶路撒冷——一份关于平庸的恶的报道》(*Eichmann in Jerusalem: A Report on the Banality of Evil*),纽约,1963年,德译版慕尼黑,1964年。
④ 兰茨贝格:《关于基督教的人格思想的几点思考》(*Quelques réflexions sur l'idée chrétienne de la personne*),出自《人格主义的问题》(*Problèmes du personnalisme*),巴黎,1952年,第13—27页,引文出自第16页。

唯我论的单体理念错误地理解人的自我实现,最终导致形成了人的自私、自利、竞争与嫉妒。如此看来,以人格个体和共同体为指向的人格主义思想与这种错误理解自我实现的意识理念之间是存在天壤之别的。当这种意识理念反映在教育学上时,这种教育学一定以那种自诩为"人本主义"的心理学为基础,并且一定以一种近乎仪式化的崇拜宣扬需求的满足和自我的满足。

在这样一种以自我为中心的自我实现的理念中,个体的自我必然成为主要的考虑对象,"着眼于自我的劳动"(无论这一劳动涉及什么内容)必然成为真正的生活内涵。基督教伦理学及康德伦理学中关于人与人之间相互性的根本思想,在呼唤"现实的"和"真正的"自我的伪道德面前,逐渐黯淡并最终被完全掩盖。(然而,即使从"现实的"和"真正的"意义上看,傻瓜依然是傻瓜,罪犯依然是罪犯!)此外,道德的最终目的也从他人身上转移到自我身上。在如此自我实现的宗旨下,自我被赋予绝对的价值,而他人,包括可能的或现实的同伴,获得的只是相对的价值。利他主义至多只能在服务自我目标的时候才可为人接受,而且最好是以隐秘的方式服务于自我的目标。由此,人们不自觉地从经济的、资本的原则出发来建立人与人之间的关系;这些关系可以随意替换也可以随时取消,因为它们身上只存在契约的特性。相应地,只要一种关系能够带来价值和"利益",人们就会对它进行"投资"。人们会用"关系经济学"来盘算某种关系的得与失并在两者之间毫不留情地计算它们的差额。①

与之相对,人格主义却持完全不同的观念。因为人就是人格,也就是说,人有能力通过思考与自己形成距离,所以,人也能够认可他人

---

① 此处详细参见博姆(Winfried Böhm):《关于理性与非理性的双生性的评论》(Zur Kritik der androgynen (Un-)Vernunft),出自梅思曼(Hartmut Meesmann)与希尔(Bernhard Sill)编:《双生体》(Androgyn),魏因海姆,1994 年,第 234—259 页。

是独立的人格,能够不仅为自我本身,也为他人去重视和关爱他人的人格。对于只考虑自我的个体和能够坦诚接受对话的人格,穆尼埃认为两者的区别在于,个体的特点是要占据和占有他人,而人格的特点则是拥有甘于奉献的爱和能力:"个体特性当中包含着一种迫切的索取,一种占有的本能。当个体被这种本能占据时,就会拥有真正占有的欲望。屈从于这一本能的个体会表现出嫉妒、索取、占有的基本倾向,并会确保每次占有都成为巩固自身安全和利益的堡垒,以便捍卫自己的安全和利益不受爱的意外侵袭。"① 总之,个体被刻上了涣散与贪婪的印记,而人格却被赋予了团结和自由选择的特性;人格和个体成为了对立的两极。

只有思考的人才能在思考中有意识地克服自己的私欲;只有具备言语能力的人才能与他人展开平等的对话。当人格与人格相遇时,无论是"第一人格"的我,还是匿名的"第三人格"的他、她或者它(这里的它指性特征尚不明显的儿童——译者注),都不能充当主宰一切的核心。值得注意的是,人不仅在语法上被分成三种范畴(人称),在人格上也被分成第一人格、第二人格和第三人格三种范畴。人格的三重范畴可能正显示出语言对于人的人格存在所具有的重要意义。至少,人们可以通过语言就第一人格、第二人格和第三人格做出表达,并相应地区分出抒情诗歌、戏剧和叙事史诗这些文学形态。

如果我们按照语法上区分的三种人称,把人的理解划分成第一人称的抒情式、第二人称的戏剧式以及第三人称的叙事式,那么,我们明显就是基于一种戏剧人类学在进行思考。该人类学以你我之间具有决定意义的关系为出发点,是所有人格主义思想都具有的一种人类理解。这种人类生命观不把人的生命解释为纯粹自我抒情的表达及个

---

① 穆尼埃:《人格主义宣言》(*Das personalistische Manifest*)(1936),苏黎世,年代不详,第 76 页。

人自我的本能、倾向、需求和兴趣的展开；也不把人的生命理解为某种程度上客观的、可以借助叙事化的距离加以描述的物质制造过程；相反，它视人格之间的相遇和相处为人的生命中最根本的东西。由此可见，戏剧在我们的人类学理解中远远不止是一个关于人类生命的形象比喻。① 关于这一点，我们可以联系易卜生的《培尔·金特》做出思考。在这部著作中，主人公培尔·金特不停地周游于世界之中。是什么驱使他这样做呢？是对自我的追寻，对实现自我人格的追求。他是在何处到达终点的呢？最终，培尔·金特回到了自己已然白发苍苍的未婚妻苏尔维格的怀抱，他发现，自己的未婚妻就是那个能与自己进行人格对话的同伴，而在青年时期他却未能对她的呼唤作出回应。培尔·金特最终走完了自己的漫长旅程，尽管他在途中多次遭遇奇特的经历。这些经历要求他"活成自己的样子"，而实际却是在摧毁他寻找自我的动力。

人格作为世界性的原则

由于我们看到人格是不可重复的、独一无二的、不可替代的，因此，我们将人格与单纯的物种代表——个体以及可以随意替换的社会角色扮演者区别开来；由于我们赋予他人的人格与自我的人格一样的权利和尊严，因此，我们超越了自然个人主义的思想；同理，如果我们抛弃那种错误的、如今已经陈腐过时的文化概念，转而突出人格的世界关联，那么，我们就能冲破那个太过频繁、太过容易被激化为极端民族主义的集体主义。②

---

① 此处参见博姆（Winfried Böhm）：《戏剧剧院作为教育机构》（*Theater als Bildungsanstalt*），出自福克斯（Birgitta Fuchs）与科赫（Lutz Koch）编：《审美和教化》（*Ästhetik und Bildung*），乌尔兹堡，2010 年，第 161—173 页。
② 此处参见里舍维斯基（Andreas Lischewski）：《"主体之死"!？——论教育人类学在"主体"与"后现代"之间的自我理解》（„Tod des Subjekts"!? *Zum Selbstverständnis Pädagogischer Anthropologie zwischen „Subjekt" und „Postmoderne"*），乌尔兹堡，1996 年。

近些年来，人们就跨文化以及多元文化教育展开了生动的讨论。这些讨论非常清楚地表明：我们在探讨问题尤其是教育问题时，总是喜欢以文化的一般概念为出发点。然而，这样的出发点在今天看来一定是有问题的，甚至是有危险的。文化这一概念自17世纪晚期开始被普遍使用，它身上首先包含着一种确立边界的因素，即每一种文化都与另外一种文化存在着特定的差异；其次，文化概念中的核心定义是民族（或某种特定的宗教），这意味着：每种文化都只是一个民族（或一个宗教）的文化；最后，文化概念还包含着一个强烈的统一因素，因为它在每个个体身上都打上标志这一文化的专属印记。至于这一概念会产生何种影响，威尔士①认为，这种文化概念促成危险的文化种族主义的趋势是潜在的和可见的。② 文化种族主义不光追求各种文化之间的分裂和相互排斥（仅仅出于保持自身纯粹性的目的），而且还会促使各种文化在其内部实行严厉的专制统治，按其预先规定好的人的形象实施教育。

每一种文化都会刻画专属自己文化的人的形象，因其十分精确，这一形象可被用来准确地判断个人是否以及在多大程度上融入了相应的文化，从而能够被视为这一文化的成员；或者，个人因为偏离这一形象，必须被认定和贴上"外来者"的标签③。在西方"文化"史的进程中，"外来者"的标签化造成了三种对待这种人的典型方式，或者说三种"解决"这一问题的方法：转化、隔离和清除。事实证明，专属一种文化的人的形象的形成总是会带来特别大的灾难。当这一形象被贴在

---

① Wolfgang Welsch（1946—　），德国当代哲学家。——译者注
② 此处参见威尔士：《跨文化——文化肢解之后的生存形态》(*Transkulturalität: Lebensformen nach der Auflösung der Kulturen*)，出自《信息哲学》(*Information Philosophie*)，1992年5月刊，第5—20页。
③ 此处参见博姆的文章《多元文化教育以及对于外来者的憎恶》(*Multikulturelle Erziehung und Fremdenhaß*)，出自博姆等：《教育与人权》(*Erziehung und Menschenrechte*)，乌尔兹堡，1995年。

外来者或者敌人身上,使其演变成仇恨、攻击,最终甚至是战争行动的对象时,人类就会面临大的灾难。这种关联直到今天始终未曾改变。战争绝对不是人格与人格之间的对战;因此,人们在战争准备前期总会利用一个宣传标语去破除敌方文化,或者说破除另一个民族(另一个宗教)成员的人格,将他们贬低和物化为一幅幅复刻出来的敌人形象,以此证明消灭他们是有价值的。

虽然我们这里不能涉及和探讨多元文化的问题,但是,我们清楚地知道,如果教育只与这样一种一般的文化概念联系在一起,如果教育单纯僵化地指向某一种特定的文化,那么教育必定会承受的风险,就是被人的文化承载者身份蒙蔽双眼而看不到人的人格属性。

与之相对,人格主义认为的文化既不是某个民族,也不是某种宗教所具有的(局限性)文化,而是一种真实意义上的人的文化(cultura hominis)。这并不意味着,任何人的教化(在任何情况下)都不会在某种既定的文化和特定的视野下进行,毕竟母语的习得以及母语所传播的世界观就会让人在特定的视野下做出抉择。当文化被视为"人的人格的文化",或者说"人格主义的文化"时,这种看法其实是想超越那种把人视作特定的文化成员的狭隘观念,强调人格这个必然具有跨文化性质的人类属性。此外,这种看法还想公开把人理解为世界的主体,这一主体通过探讨(为他规定好的)既定文化,创建出自己的世界观,并通过创造性的文化活动构建出自己的世界。总之,个体、角色扮演者与文化处于相互对立的状态,而人格与世界却是相辅相成的。

因此,人格不是在文化中,而是在世界中履行自己的使命。如果说人发展自我是作为自然的生物,人被社会化是作为社会的存在,那么,人的教化就是在世界视域下进行的。教化不是指在器官的层面去发展人的天性,也不是指由外部向人身上填塞知识——前者叫作生长,后者叫作学习或者教学;不是指任由自我满足的个体朴素自然地生长,也不是指通过约束的方式使人变得社会化——前者叫作盲目的自我实现,后者叫作社会化或者职业培养。教化绝对不是如此单维度的过程,相反,它是人与世界之间极具张力的、辩证的对话过程。对话的方式是,人类个体摆脱自己自私的天性,把自己从感官体验世界的囚禁中解放出来,然后参与到世界之中,投身于自己效力世界的固有使命。在此之中,人认知到自己是处于时间和空间关联下的人格,于是在某种更高的自我层次上对自我作出约束。通过教化,世界成为了我们使命的来源之处。对于这一思想,施莱尔马赫再次做出了完美的总结:"我的行动的目标是,确立自我身上的人性,以某种最终的形态和固定的特性将我的人性表现出来,并在这种自我成形的过程中,通过向自由灵魂构成的共同体展现我自己自由的行动,同时对世界作出构建:无论我的行动会不会直接立刻形成某个在我来说是世界的东西,无论我的行动会不会立刻与他人的行动关联起来,我都不会改变我的行动。我的行动不是空洞的,只要我能够更加明确自我,确立更加独特的自我,我就借助自我的成形过程同时构建了世界。"①

在探究世界的过程中,人把自己认知为世界的主体,理解并体验到自己构建世界的力量。人有能力作为主体掌握自己的生活和命运——尽管事实条件总是约束限制着人的这种世界行动。逃避这种世界行动的责任,就等于否定自己效力世界的使命。创建一个统一的世界观,积极地做出负责任的世界行动,这两者都是由人格所为。如果想要直观地呈现人的这种世界使命,我们可以再次联系世界剧场的

---

① 施莱尔马赫著/布劳恩(Otto Braun)与鲍尔(D. Joh. Bauer)编:《施莱尔马赫作品集》(*Schleiermachers Werke*)第四卷,莱比锡,1911 年,第 411 页(本人——Winfried Böhm 特别强调此处)。关于此处请参见莱布勒(Albert Reble)的杰出作品:《施莱尔马赫的文化哲学》(*Schleiermachers Kulturphilosophie*),埃尔福特,1935 年,尤其参见第 127 及后续几页。

比喻。正如我们从古典悲剧到当代戏剧所了解的那样，世界剧场的比喻其实涉及到一个戏剧导演的形象，他对宏大的世界戏剧作出指导，对角色作出分配，并最终判定一个演员胜任某个角色的程度及其完成角色扮演的水平。①

正是在这种意义上，文艺复兴时期的哲学和人类学认为，上帝是一个极其富有远见的造物主，因为他不是简单地将人带到世界，而是把人置于世界的中心，以便人能够自己确立自己的位置和地位②。同时，人被置于世界的中心，还意味着世界聚集在人身上，由人构建出来：人的造物主身份体现为他的能力，即人能够"借助自由和理性创造出科学、艺术和技术这些成果，由此构建出新的世界现实"。③

在另外一层意义上，确切来说是完全政治化的意义上，康德也把人视作世界的公民和世界的构建者。在他的哲学构想《永久和平论》中，康德认为持久的世界和平的基本前提是，人类不再视自己为互相争夺领土权的单个国家（和文化）的成员，而是向着一种世界公民的文化迈进并获得一种世界公民的权利，这种权利思想以人的普遍访问权利（Hospitalität）为基础，考虑到了人格之间形成共同体的基本事实。

人格和"教育科学"

通过把人理解为人格，我们让自己走上了人类学的道路。这条道路既不适用于技术性的教育思考，也不适用于受制创制思维的"教育

---

① 此处参见林克（Franz Link）与尼格尔（Günter Niggl）编：《世界剧场：古典时期到当代戏剧中的神、上帝与戏剧导演》（Theatrum Mundi: Götter, Gott und Spielleiter im Drama von der Antike bis zur Gegenwart），柏林，1981 年。
② 此处主要参见皮科著/布克（August Buck）编：《论人的尊严》（De hominis dignitate. Über die Würde des Menschen），汉堡，1990 年。
③ 贝尔林格：《哲学作为探讨世界的科学》（Philosophie als Weltwissenschaft）第一卷，阿姆斯特丹，1975 年，第 46 页。

科学"。人格不可以被制造；它不可以按照操作理论及创制性地运用操作理论的模式被生产出来；对于人格而言，视教育为（操作性）理论运用的模式起不到任何作用。这一点很容易得到解释，譬如，穆尼埃就曾精确地表述道："客观关系和决定论的世界，即实证科学的世界，最与人格无关，也距离人和存在最为遥远。人格在这种世界中根本没有地位，因为这种世界在描绘现实的图景时根本没有考虑到人格引入世界的新维度。这一新维度便是自由"①。由于教育科学以科学的客观性为指导范式，因而必然会简化人格的问题，或者对这一问题淡然置之。人格既然不属于物质，就不能被客观化，因而也就不能成为科学的研究客体。② 那些局限于可检验的定理之上的经验科学必须把这里所说的人格从其研究范畴中排除出去，因为这种意义上的人格既不具备操作性，也不能以严格的经验的方式被证明真伪。在这样的背景下，人格概念变成了一句所谓的"空话"，其只能满足教育哲学家和教育实践者的朴素愿望，而不能满足教育科学的要求。相对于人格，教育科学研究的是"更加纯粹"和更加客观的对象。③ 由此是否真的在教育科学上取得了某种进步，还是仅仅简化和修剪了对于人——教育者和受教者——的理解，从而使这一理解更加符合教育科学的范式，这无疑是一个颇具争议性的问题。④

---

① 穆尼埃：《人格主义宣言》(*Das personalistische Manifest*)(1936)，苏黎世，年代不详，第89页。
② 此处参见霍普福娜(Johanna Hopfner)：《尝试型人格或人格的尝试》(*Versuchsperson oder Versuche der Person*)，出自艾克曼(Walter Eykmann)与博姆(Winfried Böhm)编：《人格是政治和教育的标准》(*Die Person als Maß von Politik und Pädagogik*)，乌尔兹堡，2006年，第131—142页。
③ 关于这一观点可以参见布雷钦卡(Wolfgang Brezinka)：《从教育学到教育科学》(*Von der Pädagogik zur Erziehungswissenschaft*)，魏因海姆，1971年，该书从第四版(全新修订版)起使用标题《教育的元理论》(*Metatheorie der Erziehung*)，慕尼黑，1978年。
④ 此处主要参见罗姆巴赫(Heinrich Rombach)：《科学之中各种方向的斗争》(*Der Kampf der Richtungen in der Wissenschaft*)，出自《教育学杂志》(*Zeitschrift für Pädagogik*)，1967(13)，第37—69页。

当然，即使是"教育科学"，也不能否认人类人格存在的现实——尽管它从概念上将之排除在外。当人的行动与经验验证的科学所做的预言不同，或者与统计分析预估的结果不同时，当学校里教师及学生的举动与科学理论所做的预测和规定不同时，教育科学就不得不面对人格存在的现实。对于由此产生的难题，经验教育科学通过引入"主观因素"或"遭遇者主观理论"的说法将其掩盖。然而，遭遇的概念更多是模糊的，而非清楚的。对此，今天任何一个批判地观察到这个概念使用上的随意性及其较低的区别度（有谁不是某件事情的遭遇者？）的人都心知肚明；遭遇指称的存在现象几乎无法被证明真伪，因此，从"教育科学家"口中说出这个很是让人尴尬。至于所谓的"主观干扰因素"，这倒像是一个非概念化的东西，而不是一个概念。既然人们已经承认，教育在任何情况下都是主体之间的交往（而不是由一个主体技术性地支配一个客体），那么就不能事后再把这些主体物化成"客观因素"。否则，人们就会把教育的真正本质从教育当中完全抹杀掉，而这一本质就是人格的自我构建。

我们这里把人理解为人格，并基于一种信念为出发点，即每个人在与儿童交往时，在教导未成年人时，或者在给成年人提出咨询建议时，都体验到了教育。每个人都在不受社会科学理论结构的影响和技术思考模式的制约下进行着教育，并且只将这种教育感受为人格之间相互对话的过程。鉴于这些，我们这里所作的人格理解其实不是从近代的、科学的世界观中产生的，相反，我们所说的人格在词源上来自于古典思想，在意义上形成于基督教思想。

通过在历史的以及系统的层面对基督教思想作出精深的研究，德艾对古希腊时期政治的普遍主义和基督教思想中人格的普遍主义进行了对比分析，由此揭示出了人类视野的彻底转变。这种转变是必要的，因为只有在这种转变下，人们才不再以社会为本去看待人，而是以人为本来看待社会，才不再（只）把人看成工具，而是（也）把人看成目的。人们必须把自己从自然主义的观念中解放出来，必须超越那种单纯视人为公民的理解，而把人本身当作对象来认知，认知人是什么、能够成为什么以及应该成为什么。除了应当把公民和人之间的上下关系颠倒过来，还有一件事同样重要，那就是重新评价广度和深度之间的关系。古希腊时期的普遍主义追求在更广的广度上进行扩张，与之相对，基督教思想中人格的普遍主义却主要以追求深度为目标，因为它深入人的内在并更新人的内在，从而以此有力地将自己扩展到整个人类之上。①

也就是说，人格一词在基督教思想中才获得了更加深层的意义，也是在这里，人格才成为人的尊严的化身；对此，基督教的根本信念，即个人拥有不可估量的意义和重要性，起到了决定性的作用。② 这种对于个人的高度推崇根源于旧约中的神学思想，因为旧约认为，人的形象与上帝相似，因而人的生命是不可侵犯的。同时，它也吸收了新约的思想，从新约流传的例子中汲取了不少养分。这些例子表明了上帝是何等爱护并关心着每一个人，其中特别典型的就是那则关于善良的牧人的寓言：牧人关心羊群中的每一只羊，为找回一只丢失的羊羔而感到高兴。顺便提一下，裴斯泰洛奇在解释教育关系的真实性时也提到了这则寓言，并且在《圣经》中将操心羊群的善良牧人与利用牛儿进行劳作的农民形象进行了对比。就我们这里而言，这一对比中重要

---

① 德艾：《基督教思想中的教育学》(*La pedagogia nel pensiero cristiano*)，米兰，1954年；也可参见施密丁格(Heinrich Schmidinger)：《人就是人格——神学和哲学视角下的基督教原则》(*Der Mensch ist Person: Ein christliches Prinzip in theologischer und philosophischer Sicht*)，因斯布鲁克，1994年。
② 此处参见迈尔(Hans Maier)：《人权和基督教思想》(*Menschenrechte und christliches Denken*)，出自博姆等：《教育与人权》(*Erziehung und Menschenrechte*)，乌尔兹堡，1995年。

的一点是,裴斯泰洛奇认为农民和牧人都很了解自己的动物:前者了解如何让牛儿为自己的目的服务,后者了解羊群是为了让自己服务于羊儿的目的——勿用多言,在裴斯泰洛齐眼里,教育知识只能属于后面那一种类型。①

此外,基督教还将柏拉图的灵魂不朽论扩展到了个体不朽之上,这又促使个人的意义再次获得了增长;之所以能作这种扩展是因为,基督教把不朽的灵魂与肉体生命的不可复制紧密地联系在一起。最后,基督教哲学形成过程中创造出来的时间概念以及基督教对历史的理解又导致个体生命再度获得了人们的推崇,而且是更大的推崇。由于人的永恒命运在生死之间短暂的尘世生命中被决定下来,所以,这段精确计算的、表现命运和决定命运的时间就获得了一份十分独特的意义。后来,这一思想在夸美纽斯那里得到了充分的发展:没有哪个人不会得到那份面向所有人的、促人自我完善的关爱,因为"大家都是人,大家都要面对未来世界的生活,而为他们指明通往未来道路的正是上帝。"②

夸美纽斯顺便提到,人格概念对于(早期)基督教神学论述(圣父、圣子、圣灵)三位一体的问题十分重要。虽然我们这里大可以放心地不去探讨这个神学的问题,但是我们不应忽视,借助三位一体的神学思想,人格概念获得了一种关联性的意义内涵,也就是说,人们

---

① 此处参见舒尔(Johannes Schurr)颇具启发性的阐释:《裴斯泰洛奇的"夜晚时刻"》(Pestalozzis „Abendstunde"),帕骚,1984年。也可参见索埃塔德(Michel Soëtard):《裴斯泰洛齐——教育家的诞生》(Pestalozzi ou la naissance de l'éducateur),伯尔尼,1981年。

② 夸美纽斯著/齐泽维斯基(Dimitri Tschiževskij)编:《泛教论》(Pampaedia),海德堡,第二版1965年,第17页。里舍维斯基(Andreas Lischewski)基于变化了的时代经历,以突出救世史的方式重新阐释了夸美纽斯的泛教论:《夸美纽斯教育学中的基督教原则和目标——一幅有关精神特质史的草图》(Die christlichen Prinzipien und Ziele der Pädagogik des Johann Amos Comenius: Eine mentalitätsgeschichtliche Skizze),出自《创办者年鉴》(Stifter-Jahrbuch),2008(22),第43—67页。

在提到人格时必须看到它与其他人格的生动关联，即人格化的我与人格化的你之间的关联。从神学的视角来说："圣子只有通过他与圣父的关系才获得上帝的神性，同样，圣父也只有依靠生育圣子才成为上帝。如此，圣父和圣子是借助一种精神的共同体才获得了上帝的本性。"①必须补充说明的是，人格的关联问题涉及教育探讨中的一个广阔领域，我们现在不打算探究这一领域，而只是想触及一个问题，即教育关系是否正是根源于这种人格之间的关联而形成的。之所以这样说是因为，教育者不正是由于受教育者才成为教育者吗？儿童不正是由于父母的孕育及母亲的生产才"创造出"一位父亲和一位母亲，继而可在字面意义上被称为"人类之父"吗？此外，我们还应看到（虽然指明此点有些多余），正是这个我你之间相互关联的想法贯穿了马丁·布伯的整个思想；布伯当然不是从基督教三位一体神学思想中获得的这一想法，而是由另一个宗教传统，即哈西迪犹太教。支撑这一宗教传统的是犹太教和基督教都信奉的一种原始体验，这种体验就是，只有当"你"呼唤"我"并与"我"攀谈时，"我"才在现实中成为我本身；只有当"我"对那个"你"作出对话和应答时，"我"才成为人格的我。②

此处，我们不想深究马丁·布伯的思想，而是想首先谈谈一部著作当中的一个部分，这部著作就是古典时期西塞罗的《论义务》。多年前，达伦多夫③将角色理论引入德国社会学讨论时也探究了这部著作。我们这里引出该著作是想借它在某个特定的方面继续阐释人格的概

---

① 帕能伯格（Wolfhart Pannenberg）：《人格与主体》（*Person und Subjekt*），出自马瓜德（Odo Marquard）与施帝勒（Karlheinz Stierle）编：《本我身份》（*Identität*），慕尼黑，1979 年，第 407—422 页，引文出自第 412 页。
② 此处首先参见马丁·布伯：《对话原则》（*Das dialogische Prinzip*），海德堡，第五版 1984 年以及《论教育》（*Reden über Erziehung*），海德堡，第七版 1986 年。
③ 达伦多夫（Ralf Darendorf）：《社会人》（*Homo Sociologicus*），奥普拉登，1958 年。（达伦多夫为德裔英国社会学家、哲学家、政治家。——译者注）

念。在该著作第一卷的第四章,西塞罗在人格的概念之下述及了人的四种"面具"。这些面具同时佩戴在人的脸上,造就了人的具体形象。第一种面具指人人共有的种类特征——尤其指人人共享的理性,因为理性是人区别于动物的一大特征;第二种面具指人专属的性格类型,即一个人是严肃的、幽默的、外向的、狡猾的、粗鲁的、懦弱的、灵巧的还是愚笨的;第三种面具由个人所处的境况造成,也就是说,是生活的环境为我们套上了这块面具;第四种面具取决于我们所受的教育和我们所做的选择,譬如职业层面上的。

接下来有意思的事情就是看西塞罗会赋予哪种面具更大的意义。对此,西塞罗的回答相当明确:王国统治、贵族头衔、权力、财富以及它们的对立面都是由环境决定的,都在很大程度上取决于偶然,而佩戴哪一种面具却是由我们自己打算和决定的。特别有趣的地方在于,为了向我们阐明第二种面具非常重要以及第四种面具拥有至关重要的决定作用,西塞罗运用了戏剧这一比喻。如同一个聪明的演员只会接演适合自己的角色一样,我们的天资和秉性、特殊能力和突出才干也为我们的整个生命实践指明了道路。如果我们在选择和决定时完全不顾这些现有的情况,那将是极不明智的;但是,如果我们完全受控于自己的天资和秉性,那也是非常愚蠢的,任何一个笃思慎行的演员都不可能仅仅因为感受到自身拥有胜任舞台角色的能力,就去接演一个角色。第二种面具充其量只能指明我们可以前行的方向;最终选择哪个方向还是由我们自己决定,换句话说:天性仅仅是可以供我们打造和发挥的原料;而用这块原料做成什么,那就是我们自己的事了。西塞罗对于第四种面具的阐释特别清楚地集中在一点之上,而这一点又十分明确,那就是,无论我们做出什么样的选择和决定,最关键的地方在于,我们要保持对自我的忠诚,要恪守自己的本我,并坚持自己的本我过完一生。如果要用一个概念来呈现西塞罗思想①的总体镜像——虽然这个概念没有在西塞罗本人那里使用，但却能贴切他的思想——那么符合这一条件的概念就是使命。然而，使命概念早已多次出现在人格主义的思想，尤其是穆尼埃的思想当中了。

要理解使命概念的来源，仍然可以借用世界剧场的比喻，不过前提是，我们必须愿意且能够冲破近代科学思想及完全以人为核心的世界观的壁垒。除此以外，还有可能要增加第二个前提条件，即我们必须愿意且能够偏离某些思考上的歧途。之所以会出现这些歧途是因为，科学理论和科学的解释模式被客观运用到我们的日常生活经验上，导致我们再也无法不拘束、不做作地去体验我们的日常生活。对于使命这样一种现象，如若先给出确切的定义，然后再从定义出发逐步地解释现象的内涵，这种做法是没有意义的；要搞清楚使命的现象，只有一条途径可走，那就是号召我们自己去体验这一现象，当然，这种体验不是一种主观上的随意体验，也不是以科学为支撑人为拔高的经验，而是一种不做作不掩饰的人格体验。②

马丁·布伯似乎非常亲近世界剧场这个比喻，因为他如是写道："我的统一体，这个不可复制的本质形态，其不可分解成任何元素也不由任何元素组成，我把它体验为一种托付给我来执行的、事先设计好或塑造好的形态，虽然作用于我身上的一切也都对它有所影响，且这种影响是必然的"。③ 布伯对于这一思想的演绎并非基于某种神学或者哲学的观念，也更加不是从某种社会科学的理论出发的，相反，他所

---

① 有能力的读者可在此处清楚看到，我们这里并不是要从语文学的角度去解读西塞罗的著作，而是站在教育学的立场借助西塞罗的思想去激发我们新的思考。
② 此处参见马塞尔：《希望的哲学》(*Philosophie der Hoffnung*)，德译版慕尼黑，1964年。也可参见沃耶图拉 (Karol Wojtyla) 的丰富论述：《人格与行动》(*Person und Tat*)，德译版弗莱堡，1981年。
③ 马丁·布伯：《善与恶的图像》(*Bilder von Gut und Böse*)，海德堡，第三版1964年，第74页。

依据的是人类人格的体验,因为只要作为人,人就是人格,就能够在原则上享有这种人格的体验。

内在体验作为确信人格存在的直接路径

当我们寻求一个切合的入口来认知作为人格的人时,人格主义将我们引向了"内在体验"的概念。这个概念最重要的作用应是取代经验科学的"外在经验",并且应当表明,内在体验是认知人格独有的一条路径。

奥古斯丁无疑是这条道路上的历史先驱,他的著名格言是"不要离开你自己,回到你的内心,因为真理位于人的心中!"[①]秉承着这一观念,奥古斯丁在其《忏悔录》的前九卷中对自己的生活作出了忏悔。他回顾了自己的生活,批判地解释了自己的人生,并向读者坦诚了自己犯下的所有罪过,以及自己认为从上帝那里获得的所有眷顾。接着,奥古斯丁在第十卷中思考了自己的真诚忏悔可能会带来什么样的价值。对于上帝而言,基督徒奥古斯丁坚信,这一忏悔实际并不能带来任何新的认识:"即便我不向你忏悔,在你面前,我又能隐藏什么呢?倒是你有可能在我面前隐藏起来,而不是我在你面前有所隐藏。"[②]对于人而言,奥古斯丁则认为,每个人,只要他是人,肯定能够理解和证实自己关于人所坦言的真理:"但愿主,还有人,都能听到我忏悔的内容,虽然我不能向他们证明我忏悔的是真的,但是他们相信我,因为爱让他们愿意倾听。"[③]

然而,奥古斯丁所说的这种出于爱的"信任",绝对不是一种盲目的、甚至只凭感觉的信任。关于这一点,奥古斯丁毫不犹豫地做出了

---

① 奥古斯丁:《论真宗教》(De vera Religione),39,72;《论教师》(De magistro),38—39;《论自由意志》(De libero arbitrio),2,41。
② 奥古斯丁:《忏悔录》(Confessiones),10,2。
③ 奥古斯丁:《忏悔录》(Confessiones),10,3。

澄清。是否奥古斯丁所忏悔的每个细节都是他自己的事情,因而他的忏悔是真的;他在忏悔中是否坦诚地叙述了自己生命当中的真实事件,这些不是人们可以得知的内容,也不是奥古斯丁在其假想的自传中所看重的东西。① 奥古斯丁所做的尝试是,借助这些事件让人们获得一种有关人的真理,这种人是拥有自身人格本性的人,即拥有自己的"内心"②的人。借助这种尝试,每一个他人都能够通过自己的本性,即"相似的内心(……),而不是某种外在的东西"③,在自身之中理解这一真理。

实际上,奥古斯丁传授给人们的是人格对于"我从属于我"④的体验。这种体验其实与奥古斯丁生命中真实发生的事情没有太大关联,而是主要关乎于这些事情中表现出来的有关人的真理。奥古斯丁这样做的目的是,让人们在自身之中寻找这一真理并证实这一真理——如果人们能够坦诚地研究自己。因此,虽然所有人都能感受到外界发生的事情以及外界表达的话语,但是,"真正能够明白的只有那些用内在真理去比照外界所听之声的人"。⑤

尽管奥古斯丁声称自己以人内心的体验为根本,但是,碍于教父和主教的身份,人们还是会怀疑他真正的出发点其实是基督教的信仰理念。与之相对,兰茨贝格建立的"内在体验"理论则被公认为一种哲

---

① 此处参见维纳(Ulrich Wehner):《奥古斯丁的"忏悔"——以教化哲学为意图导演出来的伪自传?》(Augustins „Bekenntnisse" — eine in bildungsphilosophischer Absicht inszenierte Pseudobiographie?),出自博姆(Winfried Böhm)编:《奥古斯丁及其思想对于当代的意义》(Aurelius Augustinus und die Bedeutung seines Denkens für die Gegenwart),乌尔兹堡,2005 年,第 59—76 页。
② 奥古斯丁:《忏悔录》(Confessiones),10,3。此处,人的内心被视作唯一一个"我还是本我"的地方。
③ 奥古斯丁:《忏悔录》(Confessiones),10,4。
④ 奥古斯丁:《忏悔录》(Confessiones),10,5。
⑤ 奥古斯丁:《忏悔录》(Confessiones)以及《论教师》中的好几处。

学的理念,该理论为人格主义指明了方向,尤其对穆尼埃产生了强烈影响。①

兰茨贝格首先认为,如果存在一个有关人的真理,那么肯定人人都是知道这一真理的。人类特定的存在本性,即那些专属人所有的本质属性,如恐惧、担忧或者无聊,以及人类典型的行为,如自由的选择和必要的自我决定,这些不可能不为人熟悉。但是,这并不意味着,每个人都会在现实中反思性地觉察到这个真理。我们往往只知道恐惧,却没有明确认识到我们认知恐惧的能力;我们经常自己做出决定,却没有反思地意识到自己做出决定的必要性。在人的直接意识中,人就是人,兰茨贝格将这种直接意识称为"内在体验":"所有人都在现实生活中不断进行着内在的体验,……作为关于生活的体验,它会陪伴人的整个生命过程,此外,这种体验也是被体验的直接对象。一旦人们拥有观察的意图,体验的主体和体验的对象就会一同消失。这是因为,生活才是内在体验的特点,而生活本身其实就是经历。因此,内在体验的概念有必要重新获得其应有的认知意义。在人的真实生活中,人们应当能够在经历生活的同时也去体验生活,能够对自己的生活做出或有深度、或不那么有深度的直接理解,也就是说,人应当拥有体验生活的可能"。②

作为关于自我的直接认知,内在体验永远不可能得出一个理论性的确切结论,并且,它还总是同时意味着人的生命活动。譬如,当人们

---

① 按照利科的个人观点,兰茨贝格以其机智风趣的人类学讨论对人格主义作出了最大的贡献。除利科以外,穆尼埃的遗孀也曾在与本书作者的多次谈话中表达了这一观点。此处也可参见瓦尔斯(Jan van Waers):《国家与人格——穆尼埃的政治哲学》(*Staat en Person: De politieke filosofie van Emmanuel Mounier*),德尔福特,1987年。
② 兰茨贝格:《关于内在世界的认知理论的评论》(*Bemerkungen zur Erkenntnistheorie der Innenwelt*),出自《哲学杂志》(*Tijdschrift voor Filosofie*),1939(1),第369—370页。

确信自己必须做出自我决定时，这也同时意味着，人要做出一个决定，即便这个决定只是避开某个必要的决定。由此，自我认知与自我决定直接联系起来；它们是人的人格在实施统一的自我贯彻时表现出来的两大方面。但是，反过来也说明，人只可以认知自己已经实现的人性内涵；如果一个人在现实中从未得到机会去尝试自由以及独立做出决定，那么，他就很难在自己身上认识到那个关于人的真理，即自由和自主决定都是人的本性。

由此可以确信的是，我们绝对不能利用经验的、量化的认知途径中的外在经验来确切地研究人的特有本性和专属活动。这不仅是因为，恐惧担忧、自由以及决定力始终无法被感官感知，它们只是人作为人的"内在"表现；还有一个原因是，人的生命活动本身是无法被随意制造的，也就是说，生存层面的行动只能产生于生存层面的生命活动中，绝不可能生成于人为刻意营造出来的心理研究和社会调查的氛围中："正是出于这些原因，这里（即内在体验的范畴内——温弗里德·博姆注）只存在认知和证实，而不存在严格意义上的研究和实验。只有当人自己的生活出现痛苦与愤怒、恐惧与无聊以及欢乐与绝望时，人才能真正认知到它们。（……）一旦人试图以研究为目的刻意制造内心的体验，那么，实际上他只会制造出虚假的感受，而那些此时此刻产生出来的真实感受是无法通过这些虚假感受被人认知的。譬如，当一个人感受到的爱并非作为注定命运出现在人的生活中时，那么，人就不可能感受到真正的爱，而只能对那些有关爱的表达作表面的理解。也就是说，当人以认知爱为目的去追求爱时，其带来的只会是一场闹剧"。①

要想进一步描述这种关乎生存层面的内在体验的特点，并且更加

---

① 兰茨贝格：《关于内在世界的认知理论的评论》（*Bemerkungen zur Erkenntnistheorie der Innenwelt*），出自《哲学杂志》（*Tijdschrift voor Filosofie*），1939(1)，第 371 页。

确切地搞清楚这种体验有哪些特定的活动，我们必须首先指明它的两大特征。正是由于这两大特征，内在体验才明显不同于一切指向自然科学的认知理论。兰茨贝格将这一区别明确表述为，内在体验涉及的是"本体的内在"以及"命定的现实"。①

兰茨贝格首先认为，"内在体验"并非对与外在状态相对的内在状态进行描述，因为这种意义上的内在体验不仅无法描述肝、心和肾的内在状态，也无法描述头痛以及其他的心理状态。关于这些事实状况的体验，兰茨贝格称之为"存在者此在层面的"经验，他将这些状况理解为任何"以偶然方式"发生在人身上的情况。每个人的身体条件和心理状态各不相同；无论是肢体残缺之人，还是神经官能症患者，他们都与其他人一样同生为人，拥有同等的人性。臂部或者腿部的残缺只是偶然发生的状况，可以通过假肢得到替代；同样，神经机能也不属于人的本质特征，可以借助针对性疗法得到治疗。总而言之，恰恰是这些构成人的朴素存在的必要条件，譬如生理的、心理的或是社会的条件，构成了外在经验的对象。

相反，"内在体验"与"内在"相关，而这种内在与"空间上的"内在完全不是一回事情。我们这里所指并看重的"内在"，是（……）一种本质的、不可消除的内在，它是最终定型且不可改变的，因为它由本体所确立。"②由此可以确定的是，存在者此在层面的外在经验与存在者本体层面的内在体验并不单纯是一个范畴内的两种不同情况，譬如说是空间范畴内的两种不同方向。确切地讲，在这两种基本的经验类型之间存在着一个本体性的差异。而造成这一差异的原因就是，内在体验探究的是人的本质属性。为残缺肢体安装假体的方法可以用在动物

---

① 参见兰茨贝格：《哲学人类学导引》（*Einführung in die Philosophische Anthropologie*），法兰克福第二版，1960年，第169及后续几页。
② 参见兰茨贝格：《哲学人类学导引》（*Einführung in die Philosophische Anthropologie*），法兰克福第二版，1960年，第175页。

身上；心理结构也可以通过相似的方式在动物身上得到研究和证实——譬如斯金纳和巴洛夫用老鼠和狗所做的实验。然而，人的本质结构却只能由人自己、在人自己身上得到体验。我们永远无法通过动物实验检测人的自由是否存在，或者人如何能够做出生存层面的决定；医学上迄今也仍然未能通过放射检查发现人的"灵魂"，但这并不能证明灵魂是不存在的，它只能证明，灵魂如果存在，其绝对不会以这种方式为人发现。

由此，我们过渡到了存在者此在层面的经验与存在者本体层面的体验之间的第二个区别。此在层面的经验总是具有一个特定的方向，这种方向严格把研究对象视为对象，即客体，并且，此在层面的经验还坚持一种观察的意图。譬如，截肢者在医生眼中以及神经机能症患者在心理医生眼中首先都不是人，而是病人和精神疾病患者。只有当他们与医生或者心理医生建立关联时，他们才会获得这样的身份，即变成一个"病患"。也就是说，病患身份的存在相对依赖于另一个人的医生身份或者心理医师身份。与之相对，人的本体存在无需依赖另一个人，人无需借由与另一个人的相对关系获得人格的存在；确切来讲，人一直就是人格。正是基于这一原因，兰茨贝格在一句大胆且容易遭人误解的表述中将内在体验的世界指称为"主体的世界"。主体是什么，只有主体本身才能知道。如果要用那些适用于客观对象的研究方法来研究主体，这种想法从一开始就是错的："内在体验的世界是根本意义上的主体世界，而不是引申意义上的主体世界。在引申意义中，主体其实被贬低成了一个只能通过与另一个特定主体的相对关系才能存在的客体。可以肯定的是，根本意义上的主体只存在于主体本身之中。"①

---

① 参见兰茨贝格：《哲学人类学导引》(*Einführung in die Philosophische Anthropologie*)，法兰克福第二版，1960 年，第 82—83 页。

"主体无疑存在于主体本身,而客体却不存在于客体本身。(……)内在体验的核心内容正是'确定的主体',这一点主要拥有一种形而上学的现实意义,因为其完全没有涉及主体关联性的问题。"①

由此我们可以断定,内在体验并非简单地涉及存在者此在层面的状况,即以偶然方式实际发生在存在者身上的情况,而是涉及存在者本体层面的状况,即人类生命特有的、本质的、必然的结构;我们也可以指明,内在体验的内容只会出现在生存层面的生命活动中,而决不能倚赖客观的确定性被制造出来。基于这两点,我们就能理解,兰茨贝格所讲的内在体验涉及命定的现实到底是什么意思。

如果科学依据的基础是外在经验,那么它们就会要求自己的理论能够通过经验的方式得到证明。当然,我们必须考虑到,这种可证明性并不意味着理论要与现实世界相符。现代自然科学承认自己的理论建构在经验中得到证明的条件仅仅是,这些理论能够被证明具有实用的价值,即能够实现某个既定的目标。原则上来说,这种以实用价值为导向的理论检验任何时候都有可能成立,因为,只要借助相应的实验条件,我们就可以对某种理论的适用性进行检测。总之,外在经验不仅以随时随意可制造的检验方法为基础,而且还强调,由它得出的理论并不必然与现实相符,也就是说,这些理论是以纯粹的实用性为考虑建构出来的。

与之相对,内在体验被认为涉及命定的现实,而这其实是一种双重界定。首先,内在体验是命定的,因为它所体验的内容只出现在生存层面的生命活动中,所以,内在体验原则上不可以被任意制造。与此同时,这种由命运决定的特性又意味着,内在体验所体验的是生存层面的现实,这种现实不受任何经验科学的空洞模型和逻辑构想的干

---

① 参见兰茨贝格:《哲学人类学导引》(*Einführung in die Philosophische Anthropologie*),法兰克福第二版,1960年,第 184—185 页。

预:"从内在体验的发生方式和发生内容来看,它比外在经验更少地依赖于我们的意志。因此,我们产生抵触之情原则上证明了,一种存在的在此存在(Dasein)及如此存在(Sosein)是不受我们意志控制的。"①

鉴于这种命定的特性,人的主体性作为人的本体属性表现为一种不可逃避的现实。从人的存在本性来看,人即是主体和人格,主体和人格的存在不可被人随意消除。人的自由是被预先确立好的,人必须自己做出决定,自己负责任地构建自己的生活。换句话说,人必须构建自我。"如果内在世界不被感知为现实的存在,那么何谈内在世界要求对人作出系统构建的想法?内在体验促生了内在现实,导致个体不得不探究这种独特的现实,由此,内在体验促成了内在的实践。(……)一旦内在世界不具备现实的特性,那么,人就不能构建自我,也不能依靠自我进行抗争。能让我们进行抗争的这份力量就是现实。"②

由此也就证明,只要人真的想作为人生活,人就不能停留在对人是什么做纯粹理论的观察,因为纯粹理论的人根本无法自己做出决定和选择,也不能停留在对周遭自然环境做纯粹创制的劳动,因为纯粹创制的人只会从实用的角度出发采取行动,不会考虑自己能否对行动承担相应的道德责任。只有当人认识到并且承认,自己以及所有人的主体存在是一种本体的现实,人才会通过负责任的实践构建自己的生活。在此之中,理论和创制都被用来为人格的实践服务,理论指的是,人能认知人格从根本上具有不可侵犯的尊严;创制指的是,人能够在现实中创造维护人类尊严的条件。

目前流行的一种思想认为,只有当体验在人的感观和经验中得到检验时,体验所呈现的才是"现实",才在根本上比任何"纯粹的"哲学

---

① 参见兰茨贝格:《哲学人类学导引》(*Einführung in die Philosophische Anthropologie*),法兰克福第二版,1960 年,第 191 页。
② 参见兰茨贝格:《哲学人类学导引》(*Einführung in die Philosophische Anthropologie*),法兰克福第二版,1960 年,第 192—193 页。

思考更加可信。但是，如果我们考虑一下内在体验对于人的整个人格所具有的价值，我们就不得不承认事实情况恰恰与之相反。关于近代兴起的认为客观事物独立存在的假设，起初这只是人们不得已的做法，因为这种前提假设可以让自然科学作出"更加精确"的研究。但是，一切客观事物其实只是相对于主体存在，而主体对自我的确信程度肯定要高于对任何外在经验的确信程度，因此，我们可以借用兰茨贝格的观点做出一个相反的表述。这一表述就是，相对于我们用"客观方法"认知到的现实，我们更能直接确信通过内在体验所体验到的现实，这也继而让这一现实拥有了更大的（经验性的！）体验价值，因为它是涉及主体的现实："事实情况是，当人们对事物作不同的体验时，事物的特性也会同时发生很大的改变，基于这一点，人们对外在世界的现实产生了怀疑。然而，这样的怀疑却从未发生，也不可能发生在内在世界的现实上。"①

由内在体验确信人格存在到科学认知人格存在

直接确信人格存在尚不足以等同于科学认知人格存在。到目前为止，内在体验仅被认为能够直接确信自我的人格存在，然而，科学认知还应包含其他一些特性，譬如认知应当是必然的、普适的以及可检验的，不具备这些特性就无从谈起一门科学。因此我们需要检验的是，是否可以把内在体验最初直接的确信转化为一种必然的、普适的和可检验的认知。

兰茨贝格把"内在体验"对人格存在的确信称为一种"知其然并且知其所以然的认知"，并把这种认知与一切"局部认知"区分开来。通过这种方式，兰茨贝格实际指明了两种认知之间的区别，一种只认知

---

① 参见兰茨贝格：《哲学人类学导引》(*Einführung in die Philosophische Anthropologie*)，法兰克福第二版，1960 年，第 186 页。

部分或个别的特征,另一种让人认知自我的人性存在:"真理明显是,只有思念的人才知道思念的存在并且懂得思念,只有爱着的人才知道爱的存在并且懂得爱。(……)我们无法通过自然科学了解煤,这样说至多只是一句虚伪漂亮的套话。真实情况是,我们掌握"一些关于煤的知识","一些关于树的知识",并且可以把这些知识抽离出来和精确地表述出来。科学心理学家虽然掌握一些关于懊悔的知识,但是,真正知道懊悔的存在并且懂得懊悔的人还是懊悔者本人。"①

这样一种"知其然并且知其所以然"的认知还算不上是科学的认知,因为科学认知必须建立在明晰的、精确定义的范畴和概念上。也就是说,一旦内在体验是完全非理性的,即与理性认知之间存在鸿沟,那么,要想理性地认知人格就完全不可能了。如此,当然也就不会存在那种坚持以人格为出发点、以人格为核心的科学教育学了。

然而,兰茨贝格认为,内在体验与理性认知之间是不存在鸿沟的。人是拥有语言的生物,人的思想始终是一种语言的建构,尽管人自己意识不到:"即使无声的思考也总是发生在语言的范畴(……)。人往往不是对语言本身进行思考,而是思考时进入到语言的范畴以及借助语言进行思考。"②对于内在体验而言,这意味着,内在体验也始终在语言的范畴中进行,而人又借助语言的范畴来理解自身:"人总是利用范畴来理解自己的内在生命,而这些范畴又来源于内在体验并且只在内在体验中获得意义。对我们来说,"人性"就是真正由内在体验产生、又为内在体验利用的一个范畴;也就是说,这一范畴本身由基本的内在体验得出,继而又为理解人的内在生命提供了适

---

① 参见兰茨贝格:《哲学人类学导引》(*Einführung in die Philosophische Anthropologie*),法兰克福第二版,1960 年,第 196 页。
② 兰茨贝格:《人类和语言》(*Mensch und Sprache*),出自《德语研究杂志》(*Zeitschrift für deutsche Forschung*),巴黎,1939(2),第 54—75 页。引文出自第 75 页。

当的可能。"①

由此，兰茨贝格为哲学人类学设置的任务是，在最高的意识存在层面去探究那个"被称为'人性'的人的存在状态"。这样，人们就可以借助具体概念来理解内在体验的内容，并继而对之作出科学的表述。换句话说：哲学人类学必须追求，对内在体验中形成的人性范畴所表达的内容作概念性的论述。譬如，哲学人类学必须能够解释，为什么人在体验到人性时不可能同时产生受宿命摆布的经验，为什么"自由"和"决定能力"之类来自内在体验的范畴更加适合充当人的典型特征，而不是那些借助外在经验获得的范畴，譬如"物质性"或者"因果规律性"。②

现在我们已经解释清楚，为什么"知道人格存在并且懂得人格存在的认知"，即直接确信人格存在的内在体验，可以被转化为一种概念性的"局部认知"，而且这种转化还无需牺牲内在体验关于人格存在所获得的真理。在此基础上，我们还必须阐明，关于人格的认知到底在多大程度上算是一种必然的、普遍的和原则上可检验的认知。

人格认知的必然性表现在，人对人性的体验所呈现的其实是人的主体存在这一命定的现实。人性体验本就具有反抗的能力，也就是说，它在原则上不依赖于我的自我意志，这恰恰证明，人性体验所体验到的是必然的现实。这种必然性不仅完全排除掉偶然的可能，而且不可经由人的主观努力被消除掉。我的主体存在不是由我自己随意支配的；我在何时作出思考，也不是由我自己按照逻辑关联预先安排好

---

① 兰茨贝格：《哲学人类学导引》（*Einführung in die Philosophische Anthropologie*），法兰克福第二版，1960 年，第 198—199 页。也可参见茨魏莱茵（Eduard Zwierlein）：《兰茨贝格的哲学人类学思想》（*Die Idee einer philosophischen Anthropologie bei Paul-Ludwig Landsberg*），乌尔兹堡，1989 年。
② 此处参见沃耶图拉（Karol Wojtyla）：《人格与行动》（*Person und Tat*），德译版弗莱堡，1981 年，尤其参见第 141 及后续几页。在这几页，该波兰哲学家称自由决定为人格与生俱来的行为，并且视自我决定为人的人格结构的根基。

的；如果没有我的人格作为前提存在，我根本不可能在某时某刻做出思考。

由此清楚地表明，这里所指的确定的必然性既与决定论和宿命论毫无关联，也与自然科学中的"因果"概念毫不相关，因果概念由于单纯依照原因结果的模式，恰好排除掉了人格主体自由决定自我的可能。相反，这种必然性涉及的是人格的存在，其意义是指，人作为人必然要自己决定自己，必然要拥有自由，要自己做出决定，且原则上不能逃避自我的决定和决定的自由；人注定只能做人，而不可能是，也不可能成为人以外的其他东西："人既不应该成为动物也不应该成为上帝，而是应当尽力履行人的本质属性。"①

相比必然性，证明人格认知具有普适性的难度较大。人对人性的体验首要是并且仅仅是人对自我人格的体验。在此之中，人把自己体验为人格，但这绝不理所当然地意味着，其他所有人也都有过或者将会有相同的体验。由此，想要把严格属于我自己的内在体验转化成一个关于"人"的一般论述，并对之加以证明，这是比较困难的。对于这一问题，兰茨贝格同样尝试从一种直接的内在体验出发，并对之作出概念性的论述，这一体验就是死亡的体验。② 毋庸置疑，没有人能够体验自己的死亡并紧接着作出概念性的论述，因为在死神到来之际他已经没有条件做到这一点了。但是，当人们经历挚爱之人的死亡时，人们便可以体验死亡和探究死亡。兰茨贝格之所以这样说，是因为再度受到奥古斯丁的影响，并且他还明显借鉴了克尔郭凯尔（Kierkegaard）的理念。首先，兰茨贝格认为，只有当自我以及他人的个体意识进步到能让人在爱的行动中同时触及被爱之人独一无二的人格时，这种爱

---

① 兰茨贝格：《哲学人类学导引》（*Einführung in die Philosophische Anthropologie*），法兰克福第二版，1960 年，第 85 页。
② 兰茨贝格：《死亡的体验》（*Die Erfahrung des Todes*）（法文版巴黎，1936 年），卢塞恩，1937 年，新版法兰克福，1973 年。

才称得上是人格的爱。其次，爱又让人意识到两个人格紧密结合成一个统一体，一个人格的集合。在这一集合中，一方得以"参与另一方的生存存在"，从而导致产生了"我们"。当人所体验的不是一般意义上的他人的死亡，而是自己挚爱之人的离世时，这种体验不仅会让人意识到自己将无可挽回地丧失挚爱之人的人格——她"将不再和我们说话，不再像以前一样和我们共同生活，而且是永远不再"；而且，这一体验会让我们感觉自己仍与离世的爱人存在紧密的联系："'我们'是一个由人格行动秩序构成的、特殊的新的存在，在这种新的存在的推动下，我们仿佛通过自己的亲身经历体验到了自己死亡的命运。我们一直追随着'我们'这一存在，直到一方踏入'另一个世界'，此时，'我们'作为一个特殊的存在就会瓦解，因为我们体验到了这种瓦解；确实有那么一刻，我们仿佛感受到了来自死亡国度的阴冷气息"。[①] 这一体验会让我们深受触动，因为它让我们看到自己注定死亡的命运，促使我们从生存存在的层面探讨死亡的问题；尤其重要的是，借助这种对死亡的体验，内在体验成功地完成了从必然性到普适性的过渡。对此，我们可以说，这是理解人性存在的过程，即获取"人性"的过程，从自我范畴到"人人"范畴的过渡："某种意义上来说，我们在死亡体验中（……）所体验的（……）是一个兼具必然性和普适性的内在统一体。但是，必然性和普适性各有自己特殊的秩序。这里所涉及的普适的必然性，其实不是逻辑层面上的秩序，而是象征层面上的秩序。事实上，在关于死亡的体验中，他人于我而言象征代表着其他所有人：确切来讲，他人就是'人人'；当我的邻人以其特殊的方式去世时，这其实象征着'人人'都注定要走向死亡。除了这种可以被人真切体验到的死亡的必然性，还有什么能够真正代表现实存在、兼具特殊意义和普遍意

---

① 兰茨贝格：《死亡的体验》(*Die Erfahrung des Todes*)（法文版巴黎，1936 年），卢塞恩，1937 年，新版法兰克福，1973 年，第 23 页以及第 25—26 页。

义的精神体验呢?"①

对于一部以解释人格的教化和教育为目的的教育作品而言,深入探讨死亡体验的问题是没有必要的,也是不可能的。因此,我们这里只是想借关于死亡体验的思考来表明,哲学上关于人格所做的论断,譬如人格主义关于人格的论述,是有理由被认定具有普适性的,但是得有一个条件,即人格必须被理解为一种有关现实的概念表述,这种现实原则上发生在每个人的身上,因此,每个人原则上也都能够认识这一现实并且理解这一现实。

此处,我们仍然有必要在这里的普遍性概念与自然科学中常用的普遍性定义之间作出清楚的区分。在自然科学中,普遍性和普适性指的是,一个逻辑层面上的理论性的假想定律能够充分适用于数量可观的个别情况,且具体适用的次数可以通过经验的方式得到检验,也就是说,借助这一定律实现一个实际的目标是有很大可能的。由此,普遍性在自然科学中是一种能够概括所有个别情况的、逻辑层面上的抽象概念。与之相对,人格体验的普遍性始终未曾抛弃个体不可替代的、独一无二的质性。之所以说关于人格的论断是普适的,其依据的基础是,人格作为人身上本体性的现实是普遍存在的。但是,这一现实始终只能被理解为个体的现实,为此,我们在前面说到,人格是人的本质属性在个体身上的重复发生。这里所说的普适性恰恰矛盾地体现在,其既要考虑人格是人人身上都共有的现实,又要考虑这一现实具有独一无二的个体特性。

---

① 兰茨贝格:《死亡的体验》(*Die Erfahrung des Todes*)(法文版巴黎,1936 年),卢塞恩,1937 年,新版法兰克福,1973 年,第 27 页。此处也可参见克尔郭凯尔:《在墓旁》(*An einem Grabe*)(1845),出自《关于虚构场面的三篇讲稿》(*Drei Reden bei gedachten Gelegenheiten*),杜塞尔多夫,1951 年;博姆(Winfried Böhm):《人类人格的戏剧》(*Das Drama der menschlichen Person*),出自《什么是基督教教育?》(*Was heißt christlich erziehen?*),因斯布鲁克-乌尔兹堡,1992 年,第 132—142 页。

至于何以判定有关人格的论述是否可以检验的问题，前面的思考其实给出了间接的回答。只要以人本身为准则的东西，就是可以被检验的：那些被认定为专属于人的体验，肯定可以在相应的条件下由每个人自己做出检验，譬如关于人的决定自由的体验。检验的条件不可以通过创制的方式被制造出来，这在某种程度上增加了检验的难度，但并没有从原则上断绝检验的可能；因为，如果条件相宜，且一个人的人格曾经能够自由决定和做出过自由决定，那么，人就能够并且一定会通过自己的反思意识到，用决定自由作为理解自我的范畴是与人相符的，是能把人与动物区分开的。但是，人和人不会形成绝对等同的理解，每个人其实都是在自己所处的具体条件下，对自己所理解的一种范畴，譬如"决定自由"，做出不同的解读，因此很显然的是，要想检验关于人的本质属性的论述，原则上只有让所有人之间发生对话，也就是说，所有人都必须在对话中就关于人格的体验（不是外在的经验！）作出概念上的理解、交流和比较。鉴于这一点，兰茨贝格把哲学人类学的任务确立为一种"合作"。通过合作，人人都"并肩作战，争取明确和真正地理解自我、构建自我"："只有当各种各样的精神与灵魂，努力以真实的、不可替代的方式，把他们自己内在的、关于人的体验表达出来时，人们对人的认知才能往真知的方向靠近。"[①]

由此清楚地表明，人格论述的可检验性不同于自然科学中的可检验性定义：首先，人格的现实无法在经验上和感官上得到检验；其次，检验人格的条件无法像技术实验中那样，任由人的意志相对随意地制造出来。总而言之，自然科学的假设只能"以客观的方式"得到检验；关于人格的科学论断只能依靠论证性的对话，依靠比较和交流"象征性"的体验得到检验。只有这样一种检验的概念才可被认为是严格意

---

① 兰茨贝格：《哲学人类学导引》(*Einführung in die Philosophische Anthropologie*)，法兰克福第二版，1960 年，第 7 页。

义上对人格(相互间)或主体(相互间)的检验。

既然围绕人格的认知不仅是一种直接的认知,而且这种认知还能被转化为一种科学的(即用概念表达的)、必然的、普适的和可检验的认知,那么,以人格为导向的实践的"教育学"就完全有理由被认为是科学的,并且无需惧怕被拿来与创制的"教育科学"进行比较。真正的情况应该是:既然教化和教育所关乎的不是需要得到技术加工的客体,而是以人的人格主体的实践作为基础,那么,对于教化和教育而言更加恰当的做法就应该是,围绕人的实践进行认知,而不是只对人作抽象的、技术层面的认知。抽象的、技术的认知始终不把人当人格看待,所以,它在认知视野中也就不可能对人的实践进行认知,而恰恰只有对实践作出认知,一门科学才能在真正意义上被认定为"教育"的科学。那种自封这一名号的科学最好被叫作"操控影响客体的技术科学";因为它不关注教育的本质,即人格主体的教化,所以这种科学根本算不上是"教育的科学"。[①] 我们甚至可以挑衅地说:经常遭人鄙夷的"人格教育学",连同其表面上对"科学性"造成干扰的"主观要素",才是最本真的"教育科学",因为只有它围绕人格的教化进行认知,而没有人格的教化,教育根本无从谈起。

由此看来,"从教育学走向教育科学"[②]的道路并不一定是适合教育学科的康庄大道,换个角度看,这条路也许更像是一条破败不堪的枝丫岔道。之所以这样说,是因为这条路偏离了人的人格主体,甚至试图把人格主体驱逐出科学的领地。

[①] 此处参见舒尔(Johannes Schurr):《关于教化的先验理论》(*Transzendentale Theorie der Bildung*),帕骚,1982年。

[②] 布雷钦卡(Wolfgang Brezinka):《从教育学到教育科学》(*Von der Pädagogik zur Erziehungswissenschaft*),魏因海姆,1971年,自1978年第四版起更名为《教育的元理论》(*Metatheorie der Erziehung*)。

教育学作为实践的理论

底特利希·本纳①在其《教育科学的主流》(*Hauptströmungen der Erziehungswissenschaft*)一书中分析指出,从教育学的自我理解来看,其始终视自己为一门"建立在原则之上的实践科学",即一门"有关实践又用于实践"的科学。② 虽然教育学似乎也可以被理解为认知科学,即创制的、技术的科学,或者被理解为规范科学(制定规律的科学——译者注),即理论的、演绎的科学,但是,其传统的自我理解已经否定了这两种可能,对此,本纳称之为真正的"超越历史之外的传统"。③

作为"用于"实践的科学,教育学的任务在于,对实践预先作出审慎的指导,由此,教育学也就分生成教化的理论和教育的理论。作为"关于"实践的科学,教育学又致力于,对事实上已经发生的(及正在发生的)教化和教育作出批判性的反思。因此,本纳要求教育学的研究实践应当更加宽泛和更有意义,也就是说,教育学应把"理论指导和指引下的实践"④作为特别的研究对象,通过这种方式,理论才可以反馈性地体验到自己落实在实践中的情况。但是,如果教育学以实践中得出的标准来审慎地指导实践和批判地反思实践,那么,教育学必然就会得出自然主义的错误结论。出于这种考虑,教育学作为接近(教育)哲学的、实践的理论,必须建立在原则的基础上:"教育学理论(……)不是以空想的方式将教育实践确立下来,也不是要完整地建立一门教育科学,而是要揭示科学论述教育需要什么样的条件。如果教育哲学以教育责任至上解释人们应遵循什么原则科学地指导教育情境的构

---

① Dietrich Benner(1941—   ),德国当代著名教育学家。——译者注
② 本纳:《教育科学的主流》(*Hauptströmungen der Erziehungswissenschaft*),魏因海姆第三版,1991年,第118—119页。
③ 本纳:《教育科学的主流》(*Hauptströmungen der Erziehungswissenschaft*),魏因海姆第三版,1991年,第118—119页。
④ 本纳:《教育科学的主流》(*Hauptströmungen der Erziehungswissenschaft*),魏因海姆第三版,1991年,第326页。

建,以实现意义明确的教育至上解释人们应遵循什么原则科学地引导教育任务确立自己的意义,那么这种教育哲学其实在尊崇实践的至高地位,而这里的实践就是指,在现实中促成教育的责任和意义明确的教育。"①

可以看到,本纳所理解的实践教育学与人格导向的教育学是非常接近的,尽管两者在单个问题上各有不同的看法。两者都把教育学解释为一门实践的科学,都不直接对具体的、唯一的教育情境作理论上的规范或技术上的指导;此外,两者也都明确认为,教育学作为"实践的理论"不同于"理论的理论",即规范教育学,也不同于"创制的理论",即自诩自己为"教育科学"的教育技术学。

至于人格导向的教育学到底可以在多大程度上算是建立在原则上的、指导实践和反思实践的理论,简单来讲可以这样说:毋庸置疑,只要教化和教育关乎的是自由决定、自我负责的成年主体(而不是客体),那么,教育学的根本原则就只能是人格。因此,人格主义教育学总是反复强调,人格必定是所有教育学讨论关注的核心。② 这句话有双重的含义:一方面,教育学始终相对依赖于哲学上的探讨,尤其是哲学人类学、伦理学以及科学理论;另一方面,这种相对依赖性又意味着教育学同时具有相对自主性。这样说是因为,教育学在思考人格的教化和教育时也对人格作出探究,因此,科学教育学家自己作为人和人格会以批判的眼光审视,人类学的、伦理学的以及科学理论的观点是否具有真实的内容,会对这些观点与人类人格的关系作出批判的检验。鉴于这些,我们可以认为,那种被剥夺掉哲学根基的、不作目的论探讨的"教育的科学"是不会存在的,教育学必定会和哲学发生建构性

---

① 本纳:《教育科学的主流》(*Hauptströmungen der Erziehungswissenschaft*),魏因海姆第三版,1991年,第122—123页。
② 此处主要参见德艾:《人格的教育——人格主义教育理论的基础》(*Die Erziehung der Person: Grundlegung einer personalistischen Erziehungstheorie*),德文版斯图加特,1991年。

的对话。通过这种对话,教育学成功逃脱了一个反复出现的危险境地,即沦为某种既定的世界观或某种教条化的形而上学论的帮凶。对于作为实践在发生的人格的教化,对于以这种实践为导向的教育,以及对于作为实践科学的教育学而言,人格这一原则不是一个固定的逻辑结构,而是一个动态的现实。人格必须在自我认知以及自我构建的张力中,自由地规划自己的生命意义和生命道路,并且不断重新实现自己的规划。因此,人格永远不可能被最终"确定"下来。

正因为人格是教育学的原则,所以教育学才明白,人格实践绝不可能以创制的、科学的方式被规定下来。无论是对自我教化的个体人格,还是对具体的教育者,我们都不可能由某个先期形成的理论出发去检验他们在实际教育情境中做出的决定。教育学能够提供的仅仅是一个聚焦于人格之上的意义导向;至于这种实践的理论能否在实践中得到采纳,这一点现在是,也永远是超出教育学支配能力之外的。

由此,我们清楚看到了科学指导实践和科学反思实践只可能表达什么意思。指导实践并不是要直接指挥具体的教育实践——在实践理论和具体实践之间存在着一个"教育差",其具体表现在,单个决定始终需要在主体的人格视野下做出,而绝不可能以科学的方法被预先确定下来。同样,反思实践也不可能仅仅是以经验的方式对数据作出统计——一种意义导向的作用到底如何,这一点无法借助统计检验的方法得到测量,而是需要科学研究者和教育行动者持续进行论证的对话,论证的主题就是如何可能修正和改善一个预先指导教化和教育的设想。预先指导的意思只是做出一个意义建设,展示对于人的人格质性的一种阐释,对于教育行动者而言,他可以利用这一阐释批判矫正自己的教育行动,也可以用这一阐释作为范畴来进行自己的理性思考。与指导实践相应,反思实践应是批判性的,即能够批判地追问,具体的教育工作在多大程度上切合受教者的人格尊严,以及具体条件在多大程度上有利于或者不利于拓展人格决策的空间,以至于迫切需要对条件作出改变。

人格主义教育学只能被理解为实践的理论,这一点已经由人格主义教育学的本质充分确立下来。这种教育学在其本质上关注维持和促进人的实践,即人自我负责的自我构建和世界构建。之所以有这种关注是因为,从教育学的角度看,衡量人的教化的唯一标准就是人的自我构建和世界构建;从人类学的角度看,"人必然要通过行动寻找自己的本质属性,这种必要性绝不是人自己随意杜撰出来的,而是本就存在于人的生活之中"①。波兰哲学家沃耶图拉(Karol Wojtyla)也在类似的意义上谈到了人的本体现实。借此,他所表达的是,"人格其实就是通过行动来实现自我的一种现实。""因此,当人成为行动的行动者时,人同时也在行动中实现自我本身。人完成了,即实现了,仿佛真正绽放了那个基于自己的人格属性所具有的本质结构,也就是基于自己是人、而不是某样东西的这一属性。"②

教化、可塑性和教育

在前面的思考中,我们曾经反问自己,既然专属于人的教化不同于自然的发展和促人社会化的社会化过程,那么教化到底属于哪种类型。对此我们认识到,教化指的就是人作为人格,即自由负责的主体,在历史的进程中以及在时间和空间的限制条件下,自己决定自己成为什么样的人。因此,教化与人类人格创造性的自我构建不可分割地联系在一起。在此背景下,如果想要解释我们所谓的教育是什么,解释我们为何把教育理解成为促进人类人格自我构建性的教化所提供的

---

① 本纳:《普通教育学》(*Allgemeine Pädagogik*),魏因海姆第二版,1991年,第26页。
② 沃耶图拉(Karol Wojtyla):《人格与行动》(*Person und Tat*),德译版弗莱堡,1981年,第174页和172页。

外在帮助,有必要先简短地插入一个"中间概念"。这个概念能在某种程度上把教化和教育联系在一起,并且不会让人对这一联系形成错误的理解:它就是对教育学自身理解至关重要的可塑性(Bildsamkeit)概念。1835 年,赫尔巴特在其作品《教育学讲授纲要》中提出了可塑性,并将之视为教育学的基本概念。对于我们这里所探讨的教育的性质问题,即教育是具有实践的性质还是具有创制的性质,可塑性概念的历史能给我们带来很多启发。这是因为,随着可塑性概念在理解上发生转变,人们对教育的理解也在相应地发生变化。

如今,人们所说的可塑性概念大多源自于精神科学的传统。狄尔泰联系赫尔巴特的可塑性提出了受教者的可塑性一说,并将这一可塑性描述为一个"高度复合化的经验事实"。由此他认为,为了能够成功地实施教育干预,(教育学)有必要确切认知精神生活的(发展)规律①。类似的思想也出现在鲍尔森那里,他把可塑性表述为"教育在受教者身上的关联概念"②,这一理解在精神科学教育学中享有不可撼动的地位。科勒③也用我们所能想到的最简洁的方式对这一思想作出了表达。他认为,可塑性是与教育理想相互关联的概念。

然而,恰恰是在精神科学教育学中,出现这种可塑性的定义是非常奇怪的。首先,这一定义向工艺技术性的制造思想敞开了大门,而这种思想正是精神科学教育学应当抵制的④。其次,教育学思想对可塑性概念作如此定位只能说明,可塑性被当作一种经验性的概念,譬

---

① 关于狄尔泰的可塑性概念请参见艾格乐(Gunther Eigler):《可塑性与学习》(*Bildsamkeit und Lernen*),魏因海姆,1967 年。
② 鲍尔森(Friedrich Paulsen):《教育学》(*Pädagogik*),斯图加特第五版,1912 年,第 24 页。
③ Max Frischeisen-Köhler (1878—1923),德国哲学家、心理学家和教育学家,精神科学教育学代表人物之一。——译者注
④ 此处主要参见利特(Theodor Litt):《技术思想和人的教化》(*Technisches Denken und menschliche Bildung*),海德堡,1957 年。

如狄尔泰所说的"高度复合化的经验事实"。这种理解为人们对可塑性事实展开经验性的调查研究铺平了道路,而这正是费舍①到凯尔哈克②再到罗特③所走的道路。

与之相对,赫尔巴特引入的可塑性完全是一个形而上学的概念④。虽然这个概念迄今在理解上仍存有很大困难,并且这些困难在某种程度上由赫尔巴特造成,但是,把可塑性局限为僵硬事实的做法绝不是赫尔巴特本人的意思。

赫尔巴特提出的可塑性是一个一般意义上的形而上学概念,因此,这一概念不仅局限在人类学的意义上,即局限在人身上,而且存在于许多现实之上,其中也包括受教者这种"现实",因为受教者(与其他所有现实一样)会建造一套自我维持的机制面对外部的干扰;除此以外,从教育学的角度看,赫然巴特主要用可塑性的概念来对抗先验自由的理念,尤其是对抗费希特和康德的思想。在反对唯心主义先验哲学的抗争中(赫尔巴特只对唯心主义先验哲学作出过激烈的驳斥),他认为先验唯心主义最大的问题在于,"错误地认识了人的心理机制"⑤。基于这一点,赫尔巴特赋予自己的使命是,重新照亮先验唯心主义投射在教育学上的阴影。对此,他期望能够按照数学规律建构出一种心理学,将之当作精神的机械论加以运用,从而制造出一束驱散阴影的光亮:"如果能够依照数学规律建构出心理学,我们就可以假定,受教

---

① Aloys Fischer(1880—1937),德国教育学家。——译者注
② Martin Keilhacker(1894—1989),德国心理学家和媒体教育学家。——译者注
③ Heinrich Roth(1906—1983),德国教育学家。——译者注
④ 此处参见鲍曼斯(Peter Baumanns)的简要阐述:《赫尔巴特的可塑性原则及其教育思想中的哲学根基》(*Das Prinzip der Bildsamkeit und die philosophischen Grundlagen des Erziehungsdenkens bei J. Fr. Herbart*),出自《教育展望》(*Pädagogische Umschau*),1969(23),第 630—641 页,尤其参见第 632—633 页。
⑤ 赫尔巴特:《唯心主义与教育学的关系》(*Über das Verhältnis des Idealismus zur Pädagogik*)(1831);这里引自赫尔巴特著/底特里希(Theo Dietrich)编:《教育学短文集》(*Kleine Schriften der Pädagogik*),巴特海尔布伦,1962 年,第 64 页。

者不仅可以被影响,而且特定的影响会产生特定的结果,通过不断的研究,再加以相关的观察,我们离预知结果就会越来越近"①。

对于我们而言,此刻最重要的应是看到,可塑性的形而上学理解为自我的(自我教化)活动留出了足够的空间,外在只能对自我起到启发或激励的作用——不过,对莱布尼茨提出的"无窗"单子的纯粹自发运动,赫尔巴特根本上是持怀疑态度的。一旦可塑性被僵化成事实,即被作出经验性的理解,自我活动的空间就会逐渐遭到挤压,并且还会让人觉得,受教者是被动的、是可以被人随意塑造的。在威廉·莱恩(Wilhelm Rein)编撰的《教育学百科手册》中,佛尔茨(O. Foltz)所写的《可塑性》一文以恰如其分的尖锐话语对可塑性的经验定义做出了如下表述:"所有精神活动必然都是原因导致的结果,都受制于因果的规律,所有儿童必然都会成为固定的样子,即他的天生资质和他所受的外在影响共同决定他成为的样子"。显而易见,可塑性被确立为"一种生物对外在力量的影响表现出的顺从,而这种影响能够改变生物、改造生物和改良生物"。

我们可以把这里所讲的关键内容总结为如下论点:当可塑性被当作教育的基本概念时(不是一种经验事实,尽管这一事实是如此"复杂"和具体!),根据赫尔巴特的看法(赫尔巴特无疑在可塑性概念历史上占据至关重要的地位),这一概念其实源自于一种形而上学的思想,该思想视精神生活为"现实"为维持自我所做的努力。作为形而上学思想的原则,可塑性意味着一种单子的(但并非无窗的单子)内在是"可以被塑造的"。值得注意的是,这种可塑性既有被动的又有主动的意义!它所指的是,外界可以在不损害单子内在本质属性的情况下,

---

① 赫尔巴特:《论教育学的阴暗面》(Über die dunkle Seite der Pädagogik)(1812),出自凯尔巴赫(Karl Kehrbach)与福吕格尔(Otto Flügel)编:《赫尔巴特全集》第三卷,朗根萨察,1888 年,第 151 页。

激发并且推动单子内在持续进行自主活动和自我构建。只有认为可塑性具有被动和主动的双重特性，我们才能理解赫尔巴特的那句话——可塑性可以过渡到教化的范畴；一旦可塑性被错误理解为受教者应被当作"原料"，纯粹被动地被拿来塑造铸形，那么可塑性就不可能过渡到教化的范畴——这样最多只能算是"人的铸形"[①]，而谈不上人的教化[②]。

如果我们认为，赫尔巴特仅仅是用可塑性概念作为战斗前锋去对抗先验自由的体系，那么我们只对赫尔巴特作出了一半的解悟，对可塑性也只能算是可笑的半知半解。有鉴于此，当我们称可塑性为教育理想的关联概念时，这种说法不可避免地会被人们彻底误解，因为这一表述起码潜藏着这样的含义，即把可塑性具体化、扭曲成一种（需要得到纯粹经验性研究的）僵硬事实。在我看来，要想让可塑性成功摆脱被人误解的风险，只有不把它与物质化的、承载具体内容的教育纲领联系在一起，不把它当作这种教育纲领的客观的关联对象，而是把可塑性确立为教化的关联概念。[③]

只有在可塑性被理解为纯粹被动的可塑性，也就是说这一概念只被理解了一半的时候，可塑性才可以和技术的、创制的教育理解协调起来。相反，如果教育理解所联系的可塑性概念恰当地考虑到了人格教化中自由的自我构建的因素，人们就会一下子明白，任何教育的措施和方法其实都受限在狭窄的范围内。当系统理论不再尝试以技术

[①] 此处详细参见黑尔帕赫（Willy Hellpach）：《铸形》（*Prägung*），莱比锡，1928 年。
[②] 此处参见巴劳夫（Theodor Ballauff）那篇具有深刻思想的文章：《社会化与教化》（*Sozialisation und Bildung*），出自博姆（Winfried Böhm）等编：《哲学与教育学——德艾纪念文集》（*Filosofia e pedagogia-oggi: Festschrift für Giuseppe Flores dÁrcais*），帕多瓦，1985 年，第 23—41 页。
[③] 此处详细参见博姆：《可塑性与教化》（*Bildsamkeit und Bildung*），出自《科学教育学季刊》（*Vierteljahrsschrift für wissenschaftliche Pädagogik*），1988(64)，第 395—415 页；再次刊印在《人格教育学之构想》（*Entwürfe zu einer Pädagogik der Person*），巴特海尔布伦，1997 年，第 149—168 页。

为因去制造自我构建的结果，而是尝试用技术来刺激人的自我构建，从而达到操控自我构建的目的，这种做法只会如本纳针对肖尔①和卢曼②提出的正当批判所讲③的那样，导致技术替代技术的现象产生。此外，这种做法还忽视了教化存在的唯一条件：实施负责任的行动的人格必须能够意识到自己的自由，必须能够不受强制地决定自己的人生道路——这种强制不仅是因果意义上的，也是刺激意义上的。

由此，要想让教育与人的人格相称，只能把教育理解成对教化的帮助，也就是说，教育不应被理解为创制，而应被理解为实践。要谈论受教者的可塑性则必须认识到，受教者是作为人向另一个人敞开自己，从另一个人那里获得启发和帮助的；受教者只可被置于决策的情境，被激励着自己去作出思考，而绝不能也不该被教育者剥夺具体决定的权利。作为实践，教育只能被理解为引人走向自主和成年的措施和过程，它们帮助人激发自己所有的力量和潜能，帮助人寻找到自己的人性。也就是说，教育只能被理解为一种人与人之间的帮助，这种帮助针对的对象是迷茫不知自己生命方向的未成年人。教育的目的是让未成年人在涌动的价值浪潮中找到自己的位置，在多元的思想观念中找到自己的定位，特别是找准自己人生规划的着眼点。

既然教育被理解为帮助未成年人的实践，那就必然会产生一个问题，即教育到底有哪些手段和方法可以利用。方法，尤其是教育方法，从不是目的本身，方法的意义和价值（除了它在人类学上的阐释）总是蕴含于方法所指向的目的和目标之中。鉴于此，我们可以在原则上把方法区分为技术的方法和人格的（教育）方法。技术方法的特点在于，

---

① Karl Eberhard Schorr (1919—1995)，德国当代教育学家。——译者注
② Niklas Luhmann (1927—1998)，德国当代重要的社会学家。——译者注
③ 此处主要参见本纳：《可以用技术代替技术来解决技术问题吗？》(*Lässt sich das Technologieproblem durch eine Technologieersatztechnologie lösen?*)，出自《教育学杂志》(*Zeitschrift für Pädagogik*)，1979(25)，第 367—375 页。

其不仅在内容上实施特别明确的步骤,而且追求以最大的精准度和最大的可信度制造一个产品、一个造物和一个结果。与之相对,人格的(教育)方法并非简单用一种手段来代替另一种手段,而是有着完全不同的质性,因为这种方法原则上保留了失败的可能。冒险和失败是人格教化的基本条件,教育不可能也不应该通过"可靠的方法"消除掉这些条件。否则,教育一定会走向非人性的道路,即脱离自由和尊严的道路。只要教育以人格的自由教化为目标,所有技术的方法就将统统失效,因为这些方法要么从外在铸造好受教者的形象,将受教者决定性地构建好;要么就是相信,只要提供合适的环境条件,受教者内心善的本性就会得到"自由的"发展。①

真理、或然和实然

薄伽丘向我们讲述了一个禀赋极高的大学生的故事。这位大学生以令人瞩目的成绩完成了学业,但却随即陷入到了一个十分纠结的境地,因为他同时爱上了两位女士。两位女士都十分年轻、漂亮,且同样值得追求。年轻人在其生命中第一次意识到,自己必须做出一个存在性的决定,而他决定的方式就是年轻学者善用的方式,即从自己深入研究过的、为之奉献了青春年华的科学当中寻求建议。值得注意的是:尽管他认真地向这些科学请教,但是它们却一个接一个地败阵在具体的生活面前——无论是逻辑学还是几何学,是语法学还是宇宙学。到底何处才是他的向导,才能给他真正的建议呢?在寻找的途中,年轻人邂逅了文学。他在文学中似乎发现了一个丰富的宝藏,其中蕴含着活生生的生活实例和各种各样的生命蓝图。于是,年轻人一直追寻着这个富含生活经验的宝藏,并最终相信,在解决具体生活问

---

① 这些自诩自己是自由方法的教育方法其实和真正的自由没有太大关联,这一点直观地体现在蒙台梭利的教育方法上。在她的方法中,自由仅仅局限在生理发展自由的狭隘理念上。

题方面,文学和历史能够起到的作用远远超出所有科学加起来的作用。①

借助薄伽丘给我们讲述的这个故事,我们可以转换一下思考的方向,即不再从亚里士多德走向培根,再走向杜威,而是反过来从杜威回到维柯,再回到伊索克拉底。前面我们已经回忆了,培根用《新工具》颠覆了亚里士多德的旧工具论,并在其中规定,近代科学必须仔细研究自然、服从自然法则,从而以此来掌控自然。知识就是力量;将知识运用于技术能让我们统治自然,建造主宰自然的人类帝国。此后,杜威又将培根的思想延伸到自然之外,扩展到人和人的共同生活之上,由此发展出他的技术哲学。这种哲学因为严格以实用性为指向,所以想让实践最终也臣服于创制的统治。

培根的革命以及杜威对哲学的"改造"建立在一个共同的、非常明显的认知理论的前提上。该前提就是:严格意义上,人只能认知由人自己创造出来的东西。维柯也从根本上认同这一理念,他在自传中将培根(与柏拉图、塔西佗和格老秀斯并列)明确表示为自己最看重的作家及"老师"②。但是,对于这一理念能否运用到自然之上,维柯却提出了彻底的质疑。鉴于这一点,人们称维柯为 17 和 18 世纪狂热兴起的笛卡尔和培根式的新科学观的伟大反抗者,是完全有根据的。③ 在其

---

① 此处参见薄伽丘:《爱的迷宫》(*Das Labyrinth der Liebe*),出自克雷尔(Max Krell)编:《薄伽丘全集》第五卷,慕尼黑-莱比锡,1924 年;也可参见薄伽丘:《捍卫诗艺》(*Die Verteidigung der Poesie*),出自加林(Eugenio Garin)编:《西方教育学历史及文献》(*Geschichte und Dokumente der abendländischen Pädagogik*)第二卷,莱茵贝克,1966 年。
② 此处参见德·马斯(Enrico De Mas):《维柯眼中的四大作家》(*Vico's Four Authors*),出自塔克里阿科萨(Giorgio Tagliacozza)等编:《维柯——一次国际研讨会》(*Giambattista Vico: An International Symposium*),巴尔的摩(马里兰州),1969 年,第 3—14 页。
③ 参见德艾为自己编撰的《维柯文选:教育学著作选集》(*Giambattista Vico: La pedagogia. Antologia degli scritti*)所作的前言,布雷西亚,1962 年。

1744年完成的主要作品《新科学的原则》①中,维柯本人明确呼吁,应当重振一种与近代(自然)科学相对的科学观,即修辞的、人文主义的科学观。可惜,维柯及其他一些重要的意大利教育家在德国教育学中境遇悲惨,他们要么只是被粗略带过,要么干脆被直接忽略。我们这里之所以提及维柯对笛卡尔和培根的科学模式的批判,是因为我们恰好可以利用这一批判,把教育是否可以方法化的问题过渡到文化史的宽广领域内去讨论,而不是在琐碎的教学论和方法论中去纠结这一问题。

其实,维柯批判的并不是方法思考本身;他本人也坚信,只有借助方法才能确保论断的科学性。确切来讲,维柯所反对的是,笛卡尔把"清楚而明晰的感知"绝对化为近代的理想认知,把几何学式的方法设想为普遍的方法。尽管几何学式的方法理念遵循数学的公理演绎,可以促成和解释现代自然科学的进步②,但是,要说它也能成功地指导人们在伦理社会的、政治的和教育领域的行动,这就十分值得怀疑了。维柯批判的高潮在于,他批判笛卡尔主义者及其建立的科学文化只讲求方法的一元论。按照笛卡尔主义者的想法,只有那些基于严格的推论证明被认为确凿无疑的论断,才可以称得上是真正的科学论断。在笛卡尔的《谈谈方法》和《探求真理的指导原则》中,理性证明被抬高为检验真理的唯一标准,"清楚而明晰的感知"被提升为一切认知的一般准则。

与笛卡尔相对,维柯强调方法必须弹性地适应其针对的对象。尽

---

① 维柯著/霍斯勒(Vittorio Hösle)与耶尔曼(Christoph Jermann)编译:《关于各民族的共同性质的新科学的原则》(*Prinzipien einer neuen Wissenschaft über die gemeinsame Natur der Völker*)(1744),共二卷,汉堡,1990年。
② 在其第7次大学就职演讲《论我们时代的研究方法》(1708)中,维柯明确指出了几何学式的方法为自然科学带来的便利。自然科学研究之所以能够取得巨大进步,首先要归功于物理学的方法基础,即分析几何学和力学。

管几何学的方法能在所有可以数学化的领域促成确定的论断(唯一的确定:Certitudo),但是,一旦涉及开化和理性引导人的行为,这一方法就不契合它的对象了。数学上的确定性不可能存在于人的政治、社会和教育现实中。行动情境因个人而异,且处在不同的背景,它们复杂而具有不可预估的变化性,因此,"清楚而明晰的感知"原则上是不可能产生的。

人的行动,特别是教育行动,是选择和决定的结果,对此,我们只能期望自己做出"正确的"和恰当的选择决定。要让我们能够在行动中检验自我是否做出了"正确"或恰当的抉择,需要一种完全不同的方法。相较于笛卡尔的批判方法在于按照数学上的确定性来区分真伪,维柯却试图向我们展示,修辞式的认知形式是不可抛弃的,这种认知形式视商讨论证得出共识为检验真理的标准,并且遵循共通的感觉(sensus communis)。在这种认知形式中,人们对雄辩的主题进行全面的审视,而不是仅由认知主体做出清楚而明晰的感知。在方法上,人们把有关雄辩主题的重要观点聚集在一起以对某种情况作出判断,并追求在专业人士有根据的观点之上达成共通的感觉。

鉴于这些,维柯警告人们不能因为现代理性主义的影响,把那些对引导世界公民成长不可或缺的科学和艺术全部从科学的经典殿堂里驱逐出去。这些科学和艺术涉及历史、诗歌、法学和修辞学,它们在维柯眼里是不容忽视的,因为维柯本人就曾接受过人文和法律方面的教育。维柯的这些思想支撑在一个古老的信念之上,即实践的成功不仅依赖于理性的因素,而且同样需要感性、节奏感、想象和想象力作为前提。

在其作品《论意大利最古老的智慧》中,维柯反对笛卡尔及笛卡尔的认知理想,提出了认知理论的基本原则:真理与创造是相互转化的,即人能够认知为真的东西,必定也是人自己创造出来的。就此,维柯在该书中把人的这种创造性认知局限在数学之上:"在数学中,人认识到自己创造出来的完整形态,也通过认知行为本身创造出了真的东西"。① 数学是人建构出来的;人自己就是数学的发明者。人能够掌管数学科学,能够认知各个数学步骤和程序的真实性及连贯性,因为数学本就是由人创造出来的。数学是人创造出来的一种造物,这种造物只涉及虚构的、抽象的想象的事物,因此,数学馈赠给人的真理也只能关乎于虚构、抽象和想象②,而不是关乎于实际的、具体的、可以牢牢抓住的现实。与之相对,有一种人的造物却是真实存在的,它不像数学只存在于人的虚幻想象中、只是一种纯粹的人造产物,而是被人创造在现实之中。因而,这种造物与抽象的数学相对,代表的是一种具体的现实,它就是人的行动世界,包括道德法律的世界和历史的世界,尤其也包括教育。③

在维柯看来,把几何学的方法运用于人的实践生活,换句话讲,就是用几何学的方法来支配人的实践范畴,这意味着"借助理性规则做出错误的思考",尤其还意味着对人的本性的轻视。人的本性始终是不确定的,因为它由人的自由意志构建而成,而自由意志是不可以被"估算"的。④

---

① 参见维柯著/奥托(St. Otto)与维西特鲍尔(H. Viechtbauer)译:《论意大利最古老的智慧》(*Liber Metaphysicus. Risposte*),慕尼黑,1979 年,第 175 页。
② 从当今的视角看,我们可以联想一下(抽象的)统计平均值。在美国讲课时,我经常要求学生对各门课程的"中间学生"作出经验性的调查研究。之所以这样要求是因为,我想让学生们意识到,中间学生不仅没有性别,而且根本不会存在,也就是说,中间学生只是一种纯粹的虚构现象(虽然这一点可能会引起性别研究者的不悦)。
③ 在维柯眼里,近代世界观中决定性的以人为中心的思维方式其实是人狂妄自负的一种表现,甚可能是一条危险的歧途,或者是我们前面联系里希特所讲的"上帝情结"的表现(参见第二章)。事实上,这种思维方式仅仅局限在那个由人创造出来的、充满数学精确性的虚构世界;鉴于人类的历史现实,我们可以借助斯内尔(Bruno Snell)的表达作出如下论断:"历史科学中似乎存在这样一条定律:越是可以精确确定下来的东西,越是在本质上不那么重要。"(斯内尔:《西方思想中的理论和实践》(*Theorie und Praxis im Denken des Abendlandes*),汉堡,1951 年,第 28 页。)
④ 此处参见维柯著/克里斯托弗里尼(Paolo Cristofolini)编:《哲学著选》(*Opere filosofiche*),佛洛伦萨,1971 年,第 811 页。

1708年，维柯发表了一篇奠定他的教育思想的就职演说，该演说中有一段明显受到了西塞罗的影响："根据我们的阐述，那些把科学论断的方法转嫁到理智实践之上的人，是在做一种不正确的行为；之所以这样说是因为，他们在用纯粹理性的思维评判现实的情况。其实，大部分人都是愚笨的，大部分人都不受思考，而只受兴致和偶然的支配。(……)因为这些转嫁者没有形成共通的常识，也从不探究可能出现的情况，而是只沉浸于对真理的追求，所以他们根本不会注意人们总体上有什么想法，或者人们是否与他们一样有真理的概念。"① 不久之后，维柯又提出，(严格的)科学和(实践的)理智之间的关键区别在于，"科学推崇那些能从单个原因推导出尽可能多的结果的人，而理智则崇拜那些针对某一事实寻找尽可能多的起因、继而判定哪个起因为真的人。之所以如此是因为，科学注重最表层的真理，而理智注重最里层的真理；由此造就出人与人之间不同的性格和特征，即愚笨之人、未受教育的聪明人、不理智的学者以及理智之人。"②

　　笛卡尔所说的我思故我在，即通过方法上的怀疑获得对思考的确定，在维柯看来仅仅是对意识的确定。我思主体至多只能算是证明我存在的一个标志或者一个机会，绝不能被当作我存在的原因。在《论意大利最古老的智慧》中，维柯写道，思考不是造成我作为精神存在的原因，其至多只是我作为精神存在的一个标志："思考的我是精神和肉体的结合；如果我思是我在的原因，那么我思也就是我的肉身存在的

---

① 维柯著/沙尔克(Fritz Schalk)编：《论我们时代的研究方法——论精神教化的本质和途径》，拜德哥德斯堡，1947年，第61页。
② 维柯著/沙尔克(Fritz Schalk)编：《论我们时代的研究方法——论精神教化的本质和途径》，拜德哥德斯堡，1947年，第63页。艾科(Umberto Eco)的侦探小说《以玫瑰之名》(*Im Namen einer Rose*)借助难以逾越的直观示例展现出了这些不同的研究方法(这部小说还被更加直观地拍摄成了电影)。关于这些研究方法的理论根基，艾科又在其《理性的迷宫》(*Das Labyrinth der Vernunft*)一书中作出了阐释(德译版莱比锡，1989)。

原因,而肉身恰恰是不会思考的。因此应该反过来说:因为我是肉身和精神的结合,所以我才会思考。所以,肉体和精神在我身上结为一体的事实才是我思的原因。如果只有肉体存在,我就不会思考;只有也作为精神存在,我才能够洞察。"①

当我们想要获得真正的科学,而不仅仅是我们自身的意识时,仅凭笛卡尔的我思主体已经不够,我们必须遵循真理就是创造这一原则,也就是说,我们必须坚信,只有我们自己制造和创造出来的东西才是严格意义上的真的东西。

苏霍道尔斯基②曾经明确指出,维柯的主要目的并不是要建构历史的科学(虽然这一点迄今仍被习惯性地视作维柯的主要功绩),而是要从根本上指明人的历史性,基于这一特性,一切把人纯粹逻辑理性化的做法原则上都是不可取的。③ 因此,真理与创造相互转化的定律其实是在表明,人的历史世界与人的本性是一致的(或者至少是相似的)。该论点有力支持了针对笛卡尔哲学的批判:人的本性不仅局限为人拥有理智和理性,相反,其应当首先包括人的感性和想象力。如果由各民族的历史来观察人的本性是如何发展的(这正是维柯的新科学要研究的对象),那么我们肯定会把历史的进程(同样还有教育)区分成三个阶段:第一,以感性为主的阶段;第二,以想象为主的阶段;第三,以反思理性为主的阶段。

在各民族的第一阶段,人们野蛮且冲动地生活着——维柯称之为"野兽"——但是在其内心深处,上帝已经埋下了那个辨识自身人性的种子。人性在这些野蛮人身上最初表现为,他们承认自己能力有限,

---

① 维柯著/克里斯托弗里尼(Paulo Cristofolini)编:《哲学著作选》(*Opere filosofiche*),佛洛伦萨,1971 年,第 74 页。
② Bogdan Suchodolski (1903—1992),波兰哲学家、科学和文化历史学家。——译者注
③ 此处参见苏霍道尔斯基:《17 和 18 世纪的哲学人类学》(*Anthropologie philosophique aux XVIIe et XVIIIe siècles*),华沙,1981 年,第 413 及后续几页。

承认有什么东西凌驾于人之上,超出了人的经验范畴。这种人性使人摆脱了狂热的、动物的野蛮属性,因此,它不是一种狂妄的以人为中心的意识,而是一种诗意的形而上学。该形而上学遵循审美的逻辑,促使原始人类为自己创造出神灵的存在。譬如,针对雷雨这个令人生畏的自然现象,原始人类设想出掌控雷电的神灵朱庇特,以便恳求神灵帮助和保护自己;他们还为朱庇特建造出最初的祭坛。人们结束了漫无目的的游荡生活,开始怀着敬畏之心躲避自己创造的神灵;他们把女性带入洞穴,缔结最初的婚姻,并在自己的简陋居所建立起最初的家庭。接着,他们又形成了延续人类种族的意识,感受到尊敬祖先、保留祖先记忆的责任,于是,他们开始安葬死者。维柯认为,神圣的婚礼和庄严的葬礼是最先出现的传递人性的活动,也是最能传递人性的活动。

不久,富有生动想象力的原始人类就创造出了最初的神话,而且选择相信这些神话,因为他们在神话中(重新)认识到了自己的激情和自己的天性。所以,神话不是无耻的谬论,而是人类想象活动的表现。神话被人用来解释未知的世界,然后又成为人实践行动的准绳。理性因素直到人类社会及文化进入发展的第三阶段才开始出现;通过用科学理性地解释世界,人们对诗性的世界构想作出了补充。

虽然维柯在《新科学》中把各个民族的历史区分成三个阶段,并把第三个阶段明确强调为理性和科学的阶段,但是,他却只对第二个阶段,也就是想象和诗性智慧的阶段,论述得最为详细也最为透彻。这并非出于偶然,而是出于一个明显的原因,那就是,在维柯看来,能够"理性地"建议和指导人的行动的并不是所谓的理智和理性,也不是所谓的批判哲学,譬如笛卡尔主义所倡导的那样,而恰恰是诗性构想、神话以及生活范例中所表现的或然情况。这些主要依靠诗人和文学家创作出来,而不是那些直到第三阶段才粉墨登场的理性主义哲学家。维柯特别指明,"我并不认为,诗人对非真实的东西有特别浓厚的兴趣;相反,我敢说,诗人和哲学家一样在有目的地追求真的东西。哲学家以严谨教诲别人,诗人也教诲别人,但却充满情趣;两者都教导责任,描述人的道德,激励人弃恶向善;只不过哲学家面向的是受过教育之人,使用的是一般概念,而诗人面向的是广大民众,使用的是具体范例,即他认真构想出来的人物的高尚言行。"①诗艺最崇高的使命在于,赋予非感性的对象感性的外形,并在这些对象中倾入激情。儿童也具有相似的特殊天性,他们喜欢把没有生命的东西握在手上,与之玩耍交谈,就像对待有生命的人一样。②

在维柯写给西班牙律师艾斯特万(Francesco Saverio Estevan)的著名信件③中,维柯以意大利诗人塔索(Torquato Tasso)笔下的理想指挥官高浮里多(Goffredo)为例抗议指出,诗人并不像人们指责的那样只会讲述虚构的故事。高浮里多恰恰应当成为所有时代和所有民族指挥官效仿的楷模;其他所有诗歌中的人物也皆应如此,尽管他们在性别、年龄、秉性、习俗、国籍、外在生活条件及遭受的命运上各有不同;他们是人类文化永恒的承载——政治家、经济家、哲学家勾画人类文化,而诗人却把文化转换成生动的形象。

与诗歌相对,维柯在信中极力讨伐的严格理性的教育却认为,年轻人在脱离教育体制踏入生活世界时必须做好准备,以便应对一个由线条、数字和代数公式构成的世界。学校往年轻人头脑中填塞虚无的东西,譬如"证明""证据"和"真理结论",并且轻视或然。然而在实际生活中,或然为真的几率却比逻辑演绎的结构为真的几率大上许多。这是因为,或然告诉我们的是一种常态。通过这种常态,我们得以判

---

① 维柯著/沙尔克(Fritz Schalk)编:《论精神教化的本质和途径》(*Vom Wesen und Weg der geistigen Bildung*),拜德哥斯堡,1947 年,第 79 页。
② 维柯著/克里斯托弗里尼(Paulo Cristofolini)编:《哲学著作选》(*Opere filosofiche*),佛洛伦萨,1971 年,第 441 页。
③ 此封信件写于 1729 年 1 月 12 日。——译者注

断什么在所有人或者至少在大多数人眼里是真的、有价值的和恰当的。除此以外,没有其他标准可以参考——所有人都必须面对这一事实,无论是需要做出决策的政治家、需要操纵船舵的船长、需要维护自己观点的演说家,还是需要审判案件的法官、需要治疗疾病的医生以及指导我们良知的伦理神学家。对于教育者而言,他们需要在现有的教育情境中做出自己深思熟虑的、有理有据的决定,因而固定的标准也就更加无从谈起。毕竟,在人的共同生活领域,人们只能依照常规来平息争端和冲突,来达成妥协和选择,以及给出建议、规划未来,做出教育的思考和教育的行动。而要培养人们掌握常规、成功运用常规的能力,依靠理性科学是行不通的,相反,我们必须依靠认知或然的艺术,依靠共通感以及整个人类传统中表现出来的权威性。由此,作为教育家、教师和教育者,我们无需研究哲学家吹毛求疵的演绎证明和科学家精益求精的推断结论,而是应当首先把学习的目光转向演说家、史书撰写者和作家。①

行动与共同行动

如果此刻我们把视线从维柯身上移开,沿着他的思想引向的道路继续前进,那么,我们就会径直回到伊索克拉底那里,回到修辞式的教化理论的源头。因为与同时代的柏拉图展开激烈论战,伊索克拉底在《泛雅典娜节献词》中问道:"如果不考虑人对科学的研究和专门的研究,什么人才可以称得上是有教养的?"对此,他明确回答:"有教养的人首先是那些能够把握自己每天遇见的事物,愉快地感受呈现在自己面前的机会,并且通常能够发现机会利用价值的人;其次是能在与任何人相处时灵活且恰当地谈话,漠视和容忍他人让人不悦的、羞辱人

---

① 此处参见维柯著/克罗斯(Benedetto Croce)与尼克里尼(Fausto Nicolini)编:《维柯作品集》(*Opere*)第五卷《对应》(*Carteggio*),巴里,1929年。

的举止,并且以愉悦理性的态度对待他人的人;然后是那些在情欲中克制自己、在不幸时不萎靡沮丧而是勇敢面对,有尊严地捍卫自己被赋予的天性的人;最后,尤其具有教养的是那些不被成功侵蚀、不丧失自我、不骄傲自负,而是坚守自己的善心的人,这些人更加热爱天性精神赋予自己的原初善德,而不是命运偶然馈赠自己的财富。"①

鉴于我们这里并不是要阐释伊索克拉底的思想,而只是借用他的思想来指引我们自己的思考,就像我们之前一直所做的那样,所以我们只需要指明,伊索克拉底是为了说明修辞式的教化才使用了哲学的概念。之后,随着人们逐渐接受柏拉图对哲学概念的理解以及由此生成的柏拉图哲学,哲学主要被理解为一种依靠数学培养出来的思维方式,以及(柏拉图)辩证法中对存在的探究。对于把哲学思辨完全聚焦在人的行动和共同行动之上的伊索克拉底而言,这种哲学要么只能算是一种远离实践的精确科学,要么就是一种自相矛盾的演绎推论。

伊索克拉底从根本上相信,更好的做法,同时也是对人的行动更加重要的做法是:理性地认知有用的东西,而不是精确地认知无用的东西。出于这一信念,伊索克拉底将或然(doxa)置于其哲学思想的核心,这就必然导致他对一种教育观作出了批判分析,这种教育观希望通过理论的研究而非考虑具体生活情境的研究构建教育。如此,伊索克拉底把或然作为教育学的核心,其实是在使用这一概念公开挑战那种完全利用科学构建生活的理性主义。②

和之后的维柯相似,伊索克拉底把或然理解为与人未完善的本性相呼应的未完善的认知。这种理解里面包含的意识是,实践行动和人类共同生活的复杂问题永远不能通过创制的科学、通过理论的理论来

---

① 伊索克拉底:《泛雅典娜节献词》,30—32;这里引自里希特斯坦因(Ernst Lichtenstein):《古希腊思想中的教育学起源》(*Der Ursprung der Pädagogik im griechischen Denken*),汉诺威,1970 年,第 120 页。
② 欧肯(Christoph Eucken):《伊索克拉底》(*Isokrates*),柏林,1983 年,第 35 页。

解决。虽然伊索克拉底认为,理论地认知实践行动及人的共同生活并非在原则上不可实现或者不可行,但他深信,即便可以实现,理论认知最终也不会对人的行动起决定的作用。①

伊索克拉底最关心的并不是要在科学上追求明确的、无可争辩的知识,而是要在实践层面追求完全不同的东西,即人们应在共同行动中达成共识和相互理解。在伊索克拉底看来,不管是政治行动还是人格间的相互行动都关系到共识——众所周知,伊索克拉底反对柏拉图在知识基础上建构国家制度,而是重新描绘了一幅关于统治的理想蓝图,即统治应建立在人格之上,建立在共识和相互理解之上。这里的共识并非简单地指多数人的看法,也不肤浅地等同于柏拉图之后提出的纯粹意见(柏拉图其实是在贬低纯粹意见,意图将之剔除出哲学的思想)。相反,伊索克拉底所讲的共识其实往往是没有得到表达、但却一直是人的理性行动依据的观念。由此,伊索克拉底将目光聚焦在了那些经受住事实考验的、能够指引人的行动的现有经验和传统之上。至于哪些经验和传统能够指引行动,人们必须就此不断作出沟通和交流,而交流的方式就是以达成共识为目标、持续不断地进行对话。如此看来,科学不可能成为保障人的教化的主力,数学和几何更是无从谈起,能够为人的教化提供保障的应是语言、交谈的能力以及理性对话的能力:"只因我们天生具有说服对方、告知对方自我意图的能力,我们才能把自己从类似动物所过的生活中解救出来,才能建立共同体、创建国家、制定法律和发明工艺。几乎没有一种成就不是依靠语言(der Logos)的帮助取得的。没有语言,我们就不能建构法规以之来评判对与错、善与恶;没有语言建构出的戒规,我们就不能共同生活在一起。借助语言,我们惩罚恶人、褒奖好人;借助语言,我们指导尚未形成理性之人以及检验已

---

① 欧肯(Christoph Eucken):《伊索克拉底》(*Isokrates*),柏林,1983年,第287页。

获理性之人。之所以能够借助语言作出检验是因为，交谈能力是证明我们具有理智感官（der phronein）最重要的标志，一句真诚的、合规的、恰当的言语就是一个善良的、值得信赖的灵魂的映照（eidolon）。借助语言，我们讨论争议的内容，研究潜在的事情。当一个人能在公众场合交谈时，我们认为这个人是"善于辞令"的，当一个人懂得和自己去沟通自己的问题时（自以为论辩，即诡辩 dialegesthai），我们就认为这个人是"善于谋划"的。总之，世上没有什么与理智有关的东西不是依靠语言发生的，语言是一切活动和思考的领导者，使用语言最多的人就是最具精神的人。因此，蔑视教育和教化的人必须和触犯神灵的人一样，遭到人们的憎恶。"①

此刻，我们认识到教育作为实践的理解观中非常关键的一点：对话的意义。也就是说，人在世界中必须与他人共处，必须始终与他人沟通交流。然而，在笛卡尔的理性主义以及培根的科学理解中，特别是在基于两者之上的教育科学的传统中，对话总被当作让人迷惘混乱的东西，人们应当保护自己免受对话的侵扰，最好是通过反抗来保护自己，而反抗的方式就是用科学来牢固地钳制对话。笛卡尔认为，儿童期和求学期是我们做出错误判断的源头；培根警告我们，教育在我们头脑中植入的是幻想和错觉；杜威要把社会行为尽可能地完全约束在社会科学的掌控下；斯金纳还要更进一步，他甚至把教育搬离到了自由和尊严以外的域界。

科学知识具备无可置疑的确定性和明确性，这不是由行动者在共同行动中达成共识获取得来的，也不是由人们就最可能为真的或然达成一致意见获取得来的。相反，"'唯一的确定性'只在人们唯笛卡尔独尊时才会存在，只在个体保持唯我论的观念时才可以维持。一旦出

---

① 引自里希特斯坦因（Ernst Lichtenstei）：《古希腊思想中的教育学起源》，第 123—124 页。也可参见肯尼迪（George A. Kennedy）非常详细的阐述：《经典雄辩术及其基督教和世俗化传统——从古希腊至现代》（*Classical Rhetoric and Its Christian and Secular Tradition from Ancient to Modern Times*），教堂山（北卡罗来纳），1980 年。

现多元的情况，唯一的确定性就不得不消逝，转而变成人们达成的一致意见。而要获得他人的赞同，就只有去探究那个在他人眼里可能为真的或然。"①

关于作为实践的教育，其最重要的地方在于，教育过程只可被设想和"实践"为一种对话的过程。这种对话是"对应性的"，其恰好代表"分离式"独白的反面。分离式独白是理性主义传统和严格创制的、科学的思考方式所提倡的，因为理性主义传统注重逻辑辩论，创制的、科学的思考方式注重单维度的视角。② 当知识观及科学思考观推崇理性的推导，推崇明辨正误时，那么，这种知识观和科学思考观显然就会导致独白的形成。③ 这种观念排斥任何形态的人格活动、人的责任（除非是对客观准确性应负的责任）以及忠诚约束④，如同它抗拒行动与空间和时间紧密关联，继而由此抗拒人们通过相互交流形成历史的情境一样。

对于原则上独白性的、分离式的"纯粹"理性思考的过程而言，以上这些被排斥的对象都被认为是"干扰性的、迷惑性的因素"，如同"主观因素"或"遭遇者的主观理论"在教育科学的探索中被认为具有干扰性、迷惑性一样。⑤ 然而，人类行动的目标，与此同时还有教育的目标，是不可被表述成抽象的、概念性的真理的，行动与教育也不可直接从真理中演绎而来。人的行动，特别是教育，追求实现一种目标，而要实

---

① 施密茨（Heinz-Gerd Schmitz）：《学习和雄辩》（*Lernen und Rhetorik*），圣奥古斯丁，1982 年，第 21 页。
② 此处参见佩雷尔曼（Chaim Perelman）：《逻辑和论证》（*Logik und Argumentation*），德译版柯尼施泰因/袖珍版 1979 年；同一作者：《雄辩的王国——雄辩与论证》（*Das Reich der Rhetorik: Rhetorik und Argumentation*），德译版慕尼黑，1980 年。
③ 关于这个问题请详细参见布伯纳（Rüdiger Bubner）：《关于辩证之事》（*Zur Sache der Dialektik*），斯图加特，1980 年。
④ 参见前文联系马塞尔的观点所作的表述。
⑤ 此处详细参见格拉西（Ernesto Grassi）：《想象的力量》（*Die Macht der Phantasie*），柯尼施泰因/袖珍版，1979 年。

现这一目标,必须把它展示为"接近真理的"(即维柯所讲的逼真性:Verosimile):这种展示必须始终借助范例来进行。①

因为人的实践及教育不像自然一样可以被技术征服(自然也会"反抗",就像现在经常发生的一样!),而是充满可变性并且一直在变化,所以,如果在人的实践和教育范畴采用一种先研究一般、再将一般套用到特殊之上的做法,是完全不合适的。如果教育学中出现这样一种思维方式,即把教育过程理解成在"实践"中运用一种"理论的"知识,将是极其幼稚和愚蠢的。

在人的行动范畴,特别是在教育领域,涉及一般的知识必须经受各种情境对教育要求的考验。对于这一点,几乎没有哪个教育学家能比施莱尔马赫作出更加明晰和精确的表述,他认为,教育思考和教育行动应不停地"摇摆"在推测一般和研究具体特殊之间。② 对于人的行动以及对于教育而言,正确的做法应是,仅以含蓄的方式去寻找和获取关于一般的知识,也就是说,只在具体认知(行动及教育)情境的要求之内去寻找和获取一般的认知。如果换一个角度来看这种关系,可以将之表述为特殊之中蕴含着一般。而那种能够将其中蕴含的一般表明出来的特殊,我们实际上称之为范例。

现在我们再次回忆一下维柯提到的塔索笔下的高浮里多。正如这一特殊的指挥官因其典范性的、值得效仿的行为能够成为所有指挥官的榜样一样,每一个范例其实都指向其本身之外;它将人的目光引

---

① 格拉西(Ernesto Grassi):《捍卫个体生命》(*Verteidigung des individuellen Lebens*),伯尔尼,1946 年;也可参见该作者的《雄辩作为哲学》(*Rhetoric as Philosophy*),伦敦,1980 年。
② 参见奥尔克斯(Jürgen Oelkers):《从康德至诺尔时期德国教育学中理论和实践的调和》(*Die Vermittlung zwischen Theorie und Praxis in der deutschen Pädagogik von Kant vis Nohl*),汉堡,1975 年,尤其参见第 54—72 页。也可参见莱斯特(Bruno Laist):《施莱尔马赫人类学及教化理论中的依赖问题》(*Das Problem der Abhängigkeit in Schleiermachers Anthropologie und Bildungslehre*),拉廷根,1965 年,尤其参见第 129 及后续几页。

向一种超越所有范例的一般之上,让认识范例的人发现某种新的东西。总之,范例震撼人,鼓舞人,要求人表明立场和做出决定,并呼吁人付诸行动。

对于所有不能被严格方法化的经验,即不能被严格科学化的经验而言,从范例过渡到范例显而就成为恰当的做法;因而也就成为人类实践和教育的方式,即树立典范。巴克①将这一点准确描述为:"实践认知的对象不是那些脱离特殊和超越特殊的、凌驾于情境之上的内容。实践认知不像理论认知那样追求脱离情境的确定性。理论认知利用客观的可能性,把事物视作'某种一般的个别情况',然后以同等方式对待事物,视它们为可供人处置的物质,从而以此方式来满足实践中对确切性和对引领世界的根本需求。与理论认知相对,实践认知关注的是,能否把情境纳入到行动的关联背景中并特别考虑情境的特殊性。实践认知也追求超越特殊,但它的做法是把情境汇聚成一个综合的背景,同时保留特殊在其中的可辨性,就像纸张订在书中可供人阅读一样。实践认知在超越特殊时不将特殊看成某个一般概念的个别情况,不认为这些个别情况之间是可以随意替换的。恰恰相反,实践认知把特殊作为范例来对待"。②

通过认识到教育原则上具有对话的特性,以及由此辨识出教育方式是从范例到范例的过渡,我们算是暂时完成了我们的思考。但是,在此基础上仍然可以做出两个补充,这两处补充其实展望了我们可以(在别处)往何种方向继续我们的思考。其中一处涉及本书基础性的关于人的理解;另一处针对的是,从范例到范例的教育方式如何可以

---

① Günther Buck (1925—1983),当代德国哲学家和教育学家。——译者注
② 巴克:《论对范例的辨识——关于"实践理论"的评论》(*Über die Identifizierung von Beispielen-Bemerkungen zur „Theorie der Praxis"*),出自马瓜德(Odo Marquard)与施帝勒(Karlheinz Stierle)编:《本我身份》(Identität),慕尼黑,1979年,第61—81页;引文出自第67—68页。

具体落实在教学之中。

前面我们已经依据语法上的三种人称区分出三种关于人的理解，即第一人称的抒情式、第二人称的戏剧式以及第三人称的叙事式。如此，我们可以把我们所做的思考明确归类为一种戏剧人类学。

戏剧人类学必须首先以人类此在的偶然性为出发点，也就是说，其必须首先惊叹地看待，我恰巧在此处而不是在彼处，恰巧在此时而不是在彼时存在。对此，法国哲学家帕斯卡（Pascal）也曾做过非常深刻的反思。尽管这一惊叹促使基督教徒认可上帝的存在，促使虚无主义者认为自己的此在是荒唐无意义的，但它却让我们再次联想到世界剧场的比喻：作为马塞尔所说的"旅人"，"我们被载运到世界剧场的舞台上"。① 如此，戏剧人类学必然会承认理性的无能。面对人的生命和历史中的种种纠缠，理性无法深入细致地看透所有细节，无法用"理智的直线"（维柯）进行测量，因而也就无法成为世界迷宫（夸美纽斯）中可靠的引路者。此外，戏剧人类学还不得不考虑人的存在的脆弱性。之所以如此是因为，戏剧人类学联系克尔郭凯尔的思想，将选择作为自己的出发点，视选择为孕育人格的行为，并且承认赌博和冒险是人类生命的基本特征。在戏剧人类学中，人的生命只会被理解为一幅成败没有定数的生命蓝图。最后我们必须看到，戏剧人类学不会狂妄地试图从社会科学的角度揭晓人类人格永远无法彻底澄清的秘密。一旦如此，这一秘密也就被毁灭了。

关于第二个展望，从我们所做的思考来看，有三点是值得注意的：第一，教师和教育者作为价值的代表；第二，实际经历过的生活作为范例；第三，实施论证的对话。如果基于之前的思考追问，一个情境究竟因何变成教育的情境？那么我们似乎可以说，教育情境区别性的特征

---

① 马塞尔：《旅人》（*Homo viator*），德译版杜塞尔多夫，1949年。

就在于其中碰撞着不同的行动规划和生命蓝图。这些规划和蓝图始终以范例的形式——正如我们前面解释的那样——展现在受教者的面前,无论是教师和教育者自身的人格,还是他们向受教者介绍的来自实际生活的范例,抑或是教育者为劝服受教者相信自己所说的行动规划和生命蓝图是优秀的而给出的论据。就像我们所说的,本书无法对该展望作出详细阐述,因此在这里我们只能强调,上述三点具有根本的原则性意义。依据我们的思考,教师和教育者不可单纯地,也不可主要被定义为一个职业性的社会工程师和教学工程师。相反,人们应当把关注焦点明确放在他们的人格之上,也就是说,放在他们各自具体的个性之上。凭借自己的个性,每个人的人性都以独一无二、不可替代的方式作为范例真实存在——虽然这种关于教师和教育者的理解目前不仅要忍受来自教育科学的冲击,而且要忍受来自教师职业政策的冲撞。

至于教育和教化应当传授未成年人什么内容,评判和甄选所有内容的原则应是看内容是不是来自实际生活的范例,是否能够指引自己作出生命的构建。这样一种评判和甄选大概意味着,某些从课程狂热时期遗留下来的落后的教育理念应当得到修正。然而,这一理解决不可被误读为:我们在反对教与学,在赞成"泛教育"成为主宰,甚至在为那种把学校和生活混为一谈的做法提供辩护。这一理解的意思其实是,既然我们支持把教育理解为实践,那就不可将这一实践狭隘地局限在"学习实践"的教学论视野上。①

学校是在某个特定的时间,出于某些特定的原因从生活中产生

---

① 此处参见博姆:《论学习实践中的实践》(*Über das Praktische am Praktischen Lernen*),出自《"来自上个世纪的雪"——改革教育学的新视角》(*"Schnee vom vergangenen Jahrhundert". Neue Aspekte der Reformpädagogik*),乌尔兹堡第二版,1994年,第71—81页。

的,它在完成自己的独立后与生活并列存在。因此,巴劳夫①总是将自己的学校理论标榜为最容易理解的学校理论,他认为学校的迫切任务应当是向学生传授思想,即让学生认知我们几千年的悠久文化中积累起来的知识,并且学会恰当地运用这些知识。在此过程中,学校和课堂始终只能以节选代表的方式,也就是通过范例,引入和展现这些知识及生活。②

最后,关于论证的对话这一点,把教育视作实践的理解观促使我们把教师和教育者认定为一个和受教者共处的同伴。他既不会退缩到那种放任学生不加约束的舒适状态,也不会以专横暴虐的方式行使他的教育权力。相反,他会论证地阐述自己的立场,在对话中解释自己所提的要求,并以说服的方式阐明自己的构想,从而以此赢得自己的教育权威。

只有这样,教育者营造出的教育关系才能孕育出一个尊重人的社会。在这个社会中,人们作为人格相互遇见,共同行动,并就行动反复沟通交流。③ 伽达默尔曾在一篇关于"什么是实践"的文章中以如下表述和问题作出收尾,此处,我们也可以用这一表述和问题来结束本书关于教育作为实践的思考:"实践是团结之下的举止和行动。团结是一切社会理性关键的条件和基础。'哭泣'的哲学家赫拉克利特曾说过这样一句话:虽然语言为人共有,但是,人的行动却表现得似乎每个人都有自己个人的理性。这难道是必然的吗?"④

---

① Theodor Ballauff(1911—1995),当代德国教育学家。——译者注
② 首先参见巴劳夫:《学校的职能》(Funktionen der Schule),法兰克福,1982年。也可参见莫伦豪尔(Klaus Mollenhauer):《被遗忘的关联》(Vergessene Zusammenhänge),慕尼黑,1983年。
③ 此处详细参见博姆:《雄性教育学——雌性教育?》(Männliche Pädagogik-weibliche Erziehung),因斯布鲁克-维也纳,1989年。
④ 伽达默尔:《科学时代的理性》(Vernunft im Zeitalter der Wissenschaft),法兰克福第三版,1991年,第77页。